职业院校汽车类"十三五"规划教材

U0665911

New Energy Vehicle

新能源汽车

概论

杨立平 朱迅 | 主编

人民邮电出版社

北京

图书在版编目（ＣＩＰ）数据

新能源汽车概论 / 杨立平，朱迅主编. -- 北京：
人民邮电出版社，2017.8（2022.7重印）
职业院校汽车类"十三五"规划教材
ISBN 978-7-115-45221-4

Ⅰ. ①新… Ⅱ. ①杨… ②朱… Ⅲ. ①新能源－汽车
－高等职业教育－教材 Ⅳ. ①U469.7

中国版本图书馆CIP数据核字(2017)第086378号

内 容 提 要

本书全面系统地介绍了发展新能源汽车的必要性、新能源汽车的发展现状与趋势，以及新能源汽车的类型。全书共分 9 章，主要内容包括新能源汽车概况、混合动力汽车、纯电动汽车、其他燃料汽车、动力电池及管理、新能源汽车电动机驱动系统、新能源汽车能量管理系统、电动汽车充电技术、新能源汽车使用等。书中内容既有在新能源汽车上已经广泛应用的成熟技术，也有最新发展的一些高新技术。

本书内容丰富，特点鲜明，既适合作为汽车技术类专业学生的教材，也适合从事相关专业的工程技术人员学习参考。

◆ 主　编　杨立平　朱　迅
　　责任编辑　刘　佳
　　责任印制　焦志炜

◆ 人民邮电出版社出版发行　北京市丰台区成寿寺路 11 号
　　邮编　100164　电子邮件　315@ptpress.com.cn
　　网址　http://www.ptpress.com.cn
　　固安县铭成印刷有限公司印刷

◆ 开本：787×1092　1/16
　　印张：14.75　　　　　　　　2017 年 8 月第 1 版
　　字数：334 千字　　　　　　2022 年 7 月河北第 9 次印刷

定价：39.80 元

读者服务热线：(010)81055256　印装质量热线：(010)81055316
反盗版热线：(010)81055315
广告经营许可证：京东市监广登字20170147号

前言

Foreword

　　能源的可持续开发和应用，已成为21世纪能源研发的重大课题。我国是能源消耗大国，又是石油能源紧缺国，在国家高技术研究发展计划（863计划）的关于汽车重大专项中，明确指出研发新能源汽车是我国能源可持续发展和汽车工业可持续发展的重要政策。目前新能源汽车得到极大发展，但是据调查，市场关于新能源汽车类教材还比较少。《新能源汽车概论》的编写是为汽车技术类专业教学提供较完整的，涵盖新能源汽车技术发展，新能源汽车类型、结构和工作原理等内容的教材，并在普及新能源汽车知识、发展新能源汽车方面起到积极促进作用。

　　本书内容丰富、图文并茂、实用性强，作为汽车技术类专业教材，具有以下3个特点。

　　1. 介绍了应用于新能源汽车中的最新技术，如多种能量转换技术、多种能量存储技术、车载网络技术等。

　　2. 以国内常见新能源汽车为例，如丰田普锐斯、宝马X6、特斯拉电动汽车、比亚迪电动汽车等，详细解析新能源汽车的结构特点。

　　3. 采用通俗易懂的语言及结构图、原理图、方框图等图文结合的方式进行描述，便于读者学习理解。

　　本书由北京电子科技职业学院教师杨立平和朱迅任主编。

　　在本书的编写过程中，编者引用了一些网上资料和汽车公司技术培训资料、图片等，在此向各位作者表示深切谢意。

　　由于编者水平有限，书中难免有不妥之处，敬请广大读者批评指正。

编　者

2017年2月

目 录

Contents

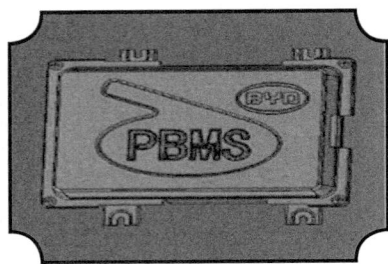

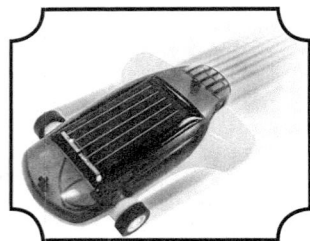

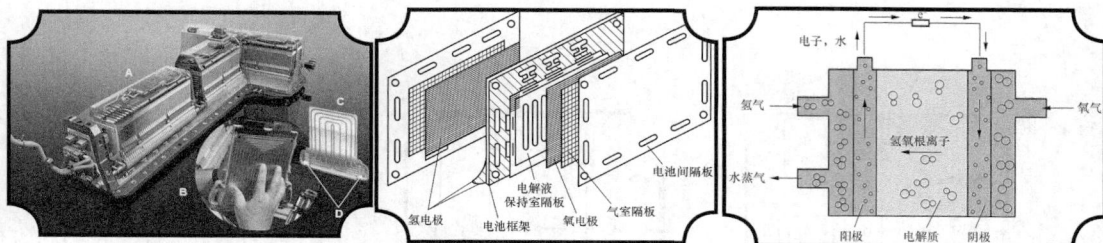

电池间隔板　电解液　保持室隔板　氧室隔板　氢电极　电池框架　氧电极

电子，水　氢气　氧气　氢氧根离子　水蒸气　阳极　电解质　阴极

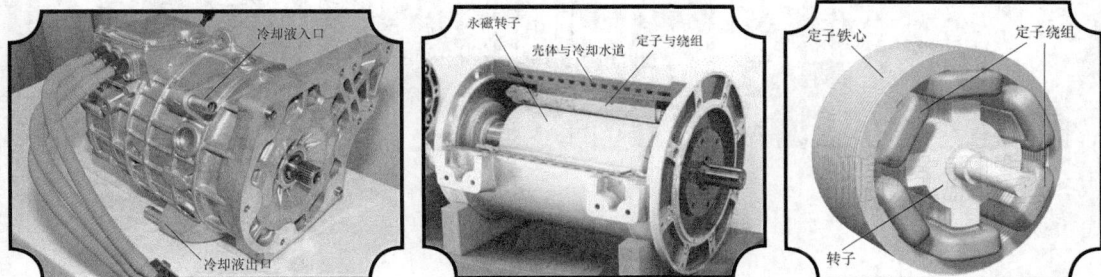

冷却液入口　冷却液出口

永磁转子　壳体与冷却水道　定子与绕组

定子铁心　定子绕组　转子

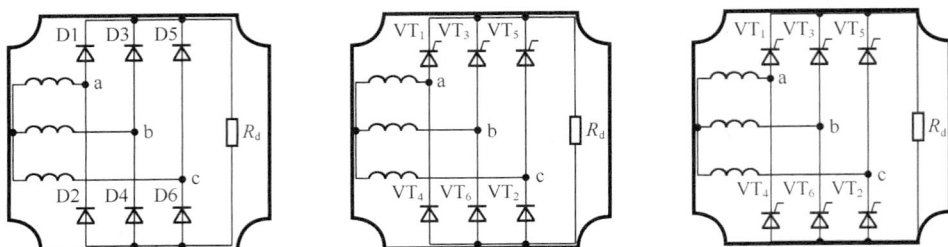

第一章
新能源汽车概况

【学习目标】

1. 掌握新能源汽车的定义和类型。
2. 理解新能源汽车的概念。
3. 了解国内外新能源汽车的发展状况及面临的问题。

第一节 新能源汽车的发展概况

进入21世纪，能源问题已成为制约社会和经济发展的瓶颈，寻找新型能源和可替代能源成为人类社会可持续发展的必经之路。据国内外权威专家预计，在今后20～30年内，世界汽车保有量将会急剧增长。环境保护的迫切性和石油储量日见短缺的压力，迫使人们重新考虑未来汽车的动力问题。近几十年来，世界各国政府和学术界以及工业界一直致力于研究开发和推广使用电动汽车，以解决日益严重的能源紧缺和空气污染等问题。

一、国外新能源汽车技术发展及政策导向

美国、日本和欧洲等发达国家和地区对新能源汽车技术高度重视，并大力推行新能源汽车产业发展优惠政策，为技术研发、税收、补贴等方面提供支持，积极促进各自新能源汽车产业的发展。

1. 美国

美国政府对新能源汽车的生产、销售以及相关基础配套设施都制定了大幅度税收减免政策。首先，通过《能源独立和安全法案》对制造新能源汽车的企业和制造新能源汽车相关零部件的企业给予了税收减免和向银行贷款的政策支持。其次，为了激励汽车企业生产代替传统燃料的新能源燃料，美国政府还对这些专门生产代用燃料的企业实行税收减免政策，根据这些企业的生产规模制定减免幅度。

对于基础设施建设，《美国国家能源政策法案》中规定凡是代用传统燃料的基础设施建设，统一实行税收优惠政策，如规模比较大的加气站可以给予最多3 000美元的减税，如果比较小型的加气站，则最多能给予1 000美元的减税。

此外，为了鼓励消费者购买新能源汽车，政府还提供高额税收减免，规定凡是购买通用汽车、福特及日系符合条件的混合动力车，还可以获得250～2 600美元的税款抵免优惠。

1991年，美国通用汽车公司、福特汽车公司和克莱斯勒汽车公司共同协议，成立了"先进电池联合体"（USABC），共同研究开发新一代电动汽车所需要的高能电池，并且与美国能源部签订协议在1991—1995年间投资2.26亿美元来资助电动汽车用高能电池的研究。20世纪90年代中期，美国政府曾制定了发展电动车的"新一代汽车伙伴（PNGV）计划"，集中研究电池驱动的纯电动汽车。但鉴于当时蓄电池技术还未能获得关键性突破，纯电动汽车一次充电后的续驶里程短，充电时间长，降低电池造价困难，在技术上也难以解决处理废旧电池二次污染、回收困难的问题，而且电池价格昂贵，故而商业化进展缓慢。美国加州经过13年在环保及环保车辆的探索实践，表示不再积极鼓励发展纯电动汽车，而转向了燃料电池。EV1、Chrysler EPIC等相继停产，通用公司也曾经宣布不再继续加大对纯电动汽车研究的投入，而只

是对已经在路上使用的电动汽车进行维护。不过美国国家实验室还在继续进行纯电动汽车先进驱动系统、先进电池及其管理系统等的深入研究。2002年，美国能源部批准经费1 500万美元，用于"工业研究、开发和演示使用电池的电动汽车"的费用共担项目，包括使用效率和动力储存、供电质量等。小型、低速、特种用途的纯电动汽车得到不断发展。

2. 日本

在日本，混合动力汽车已经进入普及阶段，据日本经济产业省统计，2013年，混合动力汽车的销量已经达到了100万辆，2015年，日本的混合动力汽车销量达到150万辆。日本政府在推广新能源汽车时支持力度大而且收效很大，其规划到2030年新能源汽车市场占有率达到50%~70%。

推广和普及燃料电池汽车是日本经济成长战略的组成部分，为了支持和扶持新能源汽车的发展，日本政府对购买使用新能源汽车给予补贴。对售价在380万~440万日元的电动汽车给予清洁能源汽车补贴，每辆汽车最高补贴85万日元。

20世纪70年代，日本开始开发纯电动车，许多汽车企业都陆续进行了一些产品发布与销售运行，但坚持下来进行研发和销售的只有大发和铃木两家。到了20世纪90年代之后，由于环境等问题，一些大汽车企业重新开始研发第二代纯电动车。然而由于技术与价格等方面的原因，在新能源汽车研发战略中，更多的日本汽车企业选择了混合动力汽车作为重点发展方向，坚持纯电动汽车蓄电池技术研发的重任落在三菱重工、富士重工等动力装备类企业。纯电动汽车的产品开发向小型化发展，单人和双人车型成为主力车型，车辆技术、零部件技术、充电设施技术都已相对成熟。截至2002年，日本纯电动汽车的保有量为2 696台。目前，日本电动车辆协会、汽车协会、汽车电子协会等部门已经初步建立了一些纯电动汽车共同利用系统，进行实用化试运行和试运营。

3. 欧洲

欧洲将发放70亿欧元贷款支持制造商生产清洁与节能汽车，德国政府提出2020年普及100万辆电动汽车的目标。英国颁布未来五年的电动汽车计划，购买电动汽车奖励2 000~5 000英镑。相对于美国和日本，欧洲更加侧重于温室气体减排战略。满足日益严格的二氧化碳排放限制要求已经成为欧洲对新能源汽车发展的主要驱动力。欧洲的新能源汽车发展在早期主要以生物质燃料、天然气以及氢燃料为主，本世纪初曾提出到2020年23%的石油替代目标。近期，欧洲则对电动汽车给予高度关注。例如，德国2009年下半年发布电动汽车计划，高度重视纯电动汽车的发展，以纯电动汽车为重点，分别提出了2012年、2016年、2020年的产业化和市场化目标。

与美国相比，欧洲更崇尚追求完美零污染的纯电动汽车。成立于1990年的欧洲"城市电动车"协会至今在欧共体组织内已有60座城市参与，它帮助各城市进行电动汽车可行性的研究和安装必要的设备，并指导城市的电动汽车运营。其中，最为成功和著名的就是电动标致106车型，这种以镍镉电池为动力的电动汽车已经在欧洲各国，尤其是在政府部门当中拥有大量的用户。这与法国政府给予纯电动汽车高度重视和支持，出台了许多鼓励研发和生产产业化的优惠、支持、补贴和扶持政策密切相关。法国政府、法国电力公司、标致一雪铁龙汽车公司和雷诺汽车公司签署协议，共同承担开发和推广电动汽车，共同合资组建了电动汽车的电池公司——萨夫特（SAFT）公司承担电动汽车的高能电池的研究和开发，以及电池的租赁和维修等工作。但它终究还是没有能成功地解决一次充电后的续驶里程短的问题，因此也没有进行更大规模的扩张，而是更多地转向清洁柴油车的产业化。目前，还有一些机构在继续做纯电动汽车的研究开发，例如，体现法国政府意向的法国重要的国营企业——法国电力公司，它与达索集团签约了纯电动汽车的合作开发项目。

二、我国新能源汽车发展情况

我国有计划地开展新能源汽车的研究已经有二十余年的时间。"八五"期间，实施了国家电动汽车关键技术攻关项目。"九五"期间进行了示范运营尝试，启动了国家清洁汽车行动项目，重点开展燃油汽车清洁化，燃气汽车关键技术攻关及产业化，并确定了12个清洁汽车示范城市。"十五"期间，电动汽车开发被列入863计划，以纯电动汽车、混合动力汽车、燃料电池汽车三种车型为"三纵"，多能源动力总成控制系统、驱动电动机及其控制系统、动力蓄电池及其管理系统三种共性技术为"三横"的布局展开研发。"十一五"期间，电动汽车与清洁燃料汽车合并列入863计划，基本形成了完整的新能源汽车研发、示范布局。

1. 纯电动汽车

我国研发的纯电动汽车产品包括：纯电动公交客车、纯电动轿车和纯电动市政用车，主要用于对环保有特殊要求的场合。我国纯电动汽车发展取得的进展包括：基本掌握整车动力系统匹配与集成设计、整车控制技术，样车的动力性和能耗水平与国外相当；在小型纯电动汽车和大型公交车方面实现了小规模生产和示范运行。

2. 混合动力汽车

"十五"期间，我国将混合动力汽车研发列入863计划进行技术攻关，以一汽、东风、长安和奇瑞公司等单位牵头进行研究，完成了中度、轻度和微度混合动力乘用车，以及中度混合动力客车等多种车型的样车开发，其中，混合动力客车率先进行了示范运行。"十一五"期间，我国将混合动力汽车动力系统技术平台和产品开发列为863课题的重点，国内主要汽车厂都参与了混合动力汽车技术研究。在国家课题的带动下，汽车行业对混合动力汽车产业化前景看好，也开始了混合动力汽车的研究。国内多个城市开展了以混合动力汽车为主的示范运行，在为北京奥运会服务的新能源汽车中，混合动力汽车也是最主要的车型。

3. 燃料电池汽车

"十五"期间，我国将燃料电池汽车及其关键技术列入863计划进行攻关。清华大学和北京客车总厂合作承担研究燃料电池客车计划，上海汽车工业集团公司、同济大学、北京机电研究所、上海燃料电池汽车动力系统公司承担了燃料电池轿车的研发任务。燃料电池系统主要由大连化学物理研究所和上海神力公司研制。"十一五"期间，我国燃料电池汽车在整车集成技术、动力平台的成熟性、整车的可靠性方面有了新的提高，主要技术指标与国际先进水平相当。

4. 国家推广节能和新能源汽车的鼓励政策

国家推广节能和新能源汽车的鼓励政策有3项。一是确定在上海、长春、深圳、杭州、合肥等5个城市开展节能与新能源汽车示范推广试点。二是在五个试点城市开展私人购买新能源汽车补贴试点。补贴根据动力电池组能量确定，对满足支持条件的新能源汽车，按3 000元/千瓦时给予补贴。插电式混合动力乘用车每辆最高补贴5万元，纯电动乘用车每辆最高补贴6万元。补贴资金拨付给汽车生产企业，按其扣除补贴后的价格将新能源汽车销售给私人用户或租赁企业。试点期内，每家企业销售的插电式混合动力和纯电动乘用车分别达到5万辆的规模后，中央财政将适当降低补贴标准。三是对消费者购买"节能产品惠民工程"节能汽车给予一次性定额补助。

5. 新能源汽车产量

中国汽车工业协会数据显示，2016年新能源汽车生产51.7万辆，销售50.7万辆，比上年同期分别增长51.7%和53%。其中，纯电动汽车产销分别完成41.7万辆和40.9万辆，比上年同期分别增长63.9%和65.1%；插电式混合动力汽车产销分别完成9.9万辆和9.8万辆，比上年同期分别增长15.7%和17.1%。新能源乘用车中，纯电动乘用车产销分别完成26.3万辆和25.7万辆，比上年同期分别增长7.31%和75.1%；插电式混合动力乘用车产销分别完成8.1万辆和7.9万辆，比上年同期分别增长29.9%和30.9%。

第二节　新能源汽车基础知识

一、新能源汽车基本概念

1. 新能源汽车

新能源汽车是指采用非常规的车用燃料作为动力来源（或使用常规的车用燃料、采用新型车载动力装置），综合车辆的动力控制和驱动方面的先进技术，形成的技术原理先进、具有新技术、新结构的汽车。

2. 电动汽车

电动汽车是指以车载电源为动力，用电动机驱动车轮行驶，符合道路交通、安全法规各项要求的车辆。

3. 非常规车用燃料

非常规车用燃料指除汽油、柴油、天然气（NG）、液化石油气（LPG）、乙醇汽油（EG）、甲醇、二甲醚之外的燃料。

4. 动力电池组

由于电池单体的电压、容量都非常有限，因此为能满足车辆应用的要求，人们用串联、并联的方式将多个电池单体连接成电池组。电池组可用先并联后串联的方法，也可用先串联后并联的方法。

5. 制动能量回收

制动能量回收是指汽车在减速或制动时，驱动电动机运行在发电状态，将汽车的部分动能回馈给蓄电池以对其充电，并产生制动力，使车辆减速或制动，这样既达到了电动汽车制动效果，又实现了能量回收的功能，增加了电动汽车续驶里程。

6. 续驶里程

续驶里程是指电动汽车在动力蓄电池完全充电状态下，以一定的行驶工况，能连续行驶的最大距离。

二、新能源汽车类型与特点

新能源汽车包括五大类型：混合动力汽车（HEV）、纯电动汽车（BEV，包括太阳能汽车）、氢能源动力汽车、燃料电池电动汽车（FCEV）、其他新能源（如超级电容器、飞轮等高效储能器）汽车等。

1. 混合动力汽车

混合动力汽车是指同时装备两种动力来源——热动力源（由传统的汽油机或柴油机产生）与电动力源（电池与电动机）的汽车，如图1.1所示。混合动力电动汽车的优点主要是耗油量较低，同时在内燃机的所有不利运行范围内电动机可以为其提供支持。混合动力模式可以对所使用的电动机和内燃机的功率特性曲线进行较好的补充，电动机的较高扭矩可以为（低转速范围内）内燃机的较小扭矩进行最佳补充，还可以起到起动机和发电机的功能，取消了起动机和发电机（以现有的混合动力车型为依据）。此外，制动能量回收系统可以对减少制动器磨损起到积极的作用（尽量减少现有的制动器磨损）。

根据在混合动力系统中，电动机的输出功率在整个系统输出功率中所占的比重，也就是常说的混合度不同，混合动力系统还可以分为微混合、部分混合和全混合3类。

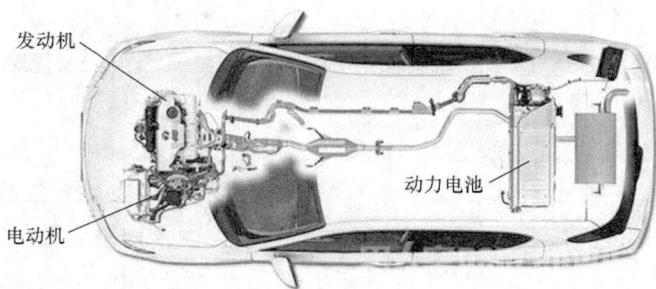

图1.1 混合动力电动汽车示意图

（1）微混合动力车辆是初级混合动力车辆。这种混合动力系统在传统内燃机的起动电动机（一般为12V）上加装了皮带驱动起动电动机。该电动机为发电起动一体式电动机，电动机功率为2～3kW，用来控制发动机的起动和停止，从而取消了发动机的怠速，降低了油耗。由于电动机功率和电压较小，因此限制了制动和滑行阶段中能量回收利用的效率。根据定义，严格地讲微混合动力车辆并不能算是混合动力车辆，因为它仅有一种驱动类型。

（2）部分混合动力系统工作时的电压会超过42V。目前该系统中的部分电压已经超过160V。电动机所提供的功率在10～15kW。部分混合动力系统中的电动机可以在车辆起步和制动时为内燃机提供支持。在一些部分混合系统中，当高压蓄能器处于足够的充电状态且以约 50 km/h 的速度匀速行驶时可以停止为内燃机提供燃油。此时仅使用电动机驱动车辆，因此可以节省燃油。

（3）全混合动力系统是可以在完全不起动内燃机的情况下进行车辆起步和行驶。全混合动力系统中部分高压蓄能器的电压超过200V。通过该系统车辆可以在起动时使用纯电动驱动，并且在高速加速时同时使用内燃机和电动机所提供的扭矩。该过程也被称为"助力功能"。

2. 纯电动汽车

纯电动汽车是以电池为储能单元，以电动机为驱动系统的车辆，如图1.2所示。纯电动汽车的特点是结构比较简单，生产工艺相对比较成熟，行驶中无废气排出，噪声小，可以在用电低峰时充电，以平抑电网峰谷差，使发电设备得到充分利用。但是纯电动汽车还存在续驶里程较短、充电时间或快捷充电会缩短蓄电池寿命等缺点。

图1.2 纯电动汽车示意图

3. 氢能源动力汽车

氢能源动力汽车包括氢气燃料汽车和氢燃料电池电动汽车。

（1）氢气燃料汽车即以氢气为能源的汽车，如图1.3所示。氢气发动机属点燃式发动机，可以由汽油机或柴油机改制。通常的氢气使用方法有压缩氢气汽车、液化氢气汽车和吸附氢气汽车3种。

（2）氢燃料电池电动汽车是将氢气送到燃料电池的阳极板（负极），经过催化剂（铂）的作用，氢原子中的一个电子被分离出来，失去电子的氢离子（质子）穿过质子交换膜，到达燃料电池阴极板（正极），而电子是不能通过质子交换膜的，它只能经外部电路，到达燃料电池阴极板，从而在外电路中产生电流，驱动电动机。电子到达阴极板后，与氧原子和氢离子重新结合为水。

氢能源动力汽车的最大优势首先是环保，汽车在行驶中不产生有害物质排放；其次是氢气在燃烧时比汽油的发热量高，氢能汽车续驶里程长，不需要对汽车发动机进行大的改装。而氢燃料电池直接将化学能转换为电能，不需要经过热能和机械能（发电机）的中间变换，故燃料电池的发电效率可以达到50%以上。但氢能汽车也有许多劣势，主要有制取氢气价格较高、氢的储运比较困难、成本高、氢气加气站设施不完善等。

4. 燃料电池电动汽车

燃料电池电动汽车实质上是电动汽车的一种，如图1.4所示。在车身、动力传动系统、控制系统等方面，燃料电池电动汽车与普通电动汽车基本相同，主要区别在于动力电池的工作原理不同。一般来说，燃料电池是通过电化学反应将化学能转化为电能的，其电池的能量是通过氢气和氧气的化学作用直接变成电能的，而不是经过燃烧。燃料电池的化学反应过程不会产生有害产物，因此燃料电池车辆是无污染汽车，燃料电池的能量转换效率比内燃机要高2～3倍。

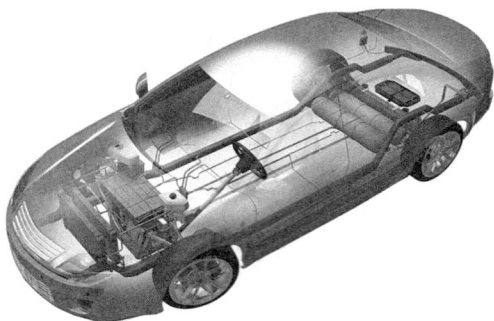

图1.3　氢气燃料汽车示意图　　　　　图1.4　燃料电池电动汽车示意图

燃料电池电动汽车的优点是节能、转换效率高、排放达到零污染、车辆性能接近内燃机汽车、结构简单、运行平稳。但是燃料电池也有一些不足限制其发展，主要缺点是燃料种类单一，要求高质量的密封，比功率还需进一步提高，造价太高，需要配备辅助电池系统等。

三、电动汽车结构

传统燃油汽车的组成有四大部分：发动机、底盘、电器、车身。电动汽车的组成与传统燃油汽车相比，在电器和车身上变化不大，但是在底盘上的传动系统和驱动上变化很大。电动汽车在驱动和传动方面的组成包括电力驱动及控制系统、驱动力传动等机械系统，完成既定任务的工作装置等。电力驱动及控制系统是电动汽车的核心，也是区别于内燃机汽车的最大不同点。电力驱动及控制系统由驱动电动机、电源和电动机的调速控制装置等组成。

（1）电源。电源为电动汽车的驱动电动机提供电能，电动机将电源的电能转化为机械能，并通过传动装置或直接驱动车轮和工作装置。目前，电动汽车上应用最广泛的电源是铅酸蓄电池、镍铬电池、锂电池、燃料电池、飞轮电池等，新型电源的应用为电动汽车的发展开辟了广阔的前景。

（2）驱动电动机。驱动电动机的作用是将电源的电能转化为机械能，通过传动装置或直接驱动车轮和工作装置。目前电动汽车上广泛采用直流串激电动机、直流无刷电动机（BCDM）、开关磁阻电动机（SRM）和交流异步电动机等。

（3）电动机调速控制装置。电动机调速控制装置是为电动汽车的变速和方向变换等设置的，其作用是控制电动机的电压或电流，完成电动机的驱动转矩和旋转方向的控制。它采用交流电动机及其变频调速控制技术，使电动汽车的制动能量回收控制更加方便。

（4）传动装置。电动汽车传动装置的作用是将电动机的驱动转矩传给汽车的驱动轴。当采用电动机驱动时，传动装置的多数部件常常可以忽略。因为电动机可以带负载起动，所以电动汽车上无需传统内燃机汽车的离合器。因为驱动电动机的旋向可以通过电路控制实现变换，所以电动汽车无需内燃机汽车变速器中的倒挡。当采用电动机无级调速控制时，电动汽车可以忽略传统汽车的变速器。当采用电动轮驱动时，电动汽车还可以省略传统内燃机汽车传动系统的差速器。

（5）行驶装置。行驶装置的作用是将电动机的驱动转矩通过车轮变成对地面的作用力，驱动车轮行走。它同其他汽车的构成是相同的，由车轮、轮胎和悬架等组成。

（6）转向装置。转向装置是为实现汽车的转弯而设置的，由转向机、方向盘、转向机构、转向助力装置和转向轮等组成。作用在方向盘上的转向力，通过转向轴和转向机使转向机构带动转向轮偏转一定的角度，实现汽车的转向。转向助力装置可以使转向操纵更加轻便、安全。电动汽车转向助力装置采用电动机助力，控制器（ECU）根据转矩传感器、车速传感器信号控制电动机旋转方向和助力电流大小，电动机的力矩通过减速机构作用到齿轮齿条转向器的小齿轮上，实现助力转向，如图1.5所示。

（7）制动装置。电动汽车的制动装置同其他汽车一样，是为汽车减速或停车而设置的，通常由制动器及操纵装置组成。在电动汽车上，一般还有电磁制动装置，它可以利用驱动电动机的控制电路实现电动机的发电运行，使减速制动时的能量转换成对蓄电池充电的电流，从而得到再生利用。由于电动汽车没有内燃机，即没有了真空源，因此电动汽车真空助力通常采用电动机驱动真空泵产生真空度，实现制动时真空助力，如图1.6所示。

（8）空调。电动汽车空调驱动能量来源于蓄电池，不同于传统燃油汽车。由于作为驱动能量来源的蓄电池能量有限，因此空调系统的能耗对电动汽车的续驶里程有较大影响。故而与传统燃油汽车相比，对电动汽车空调系统的节能高效提出了更高要求。目前电动汽车空调采用电动压缩机，如图1.7所示。

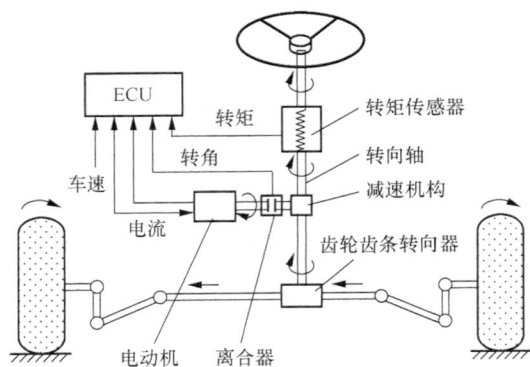

图1.5　电动转向助力装置示意图

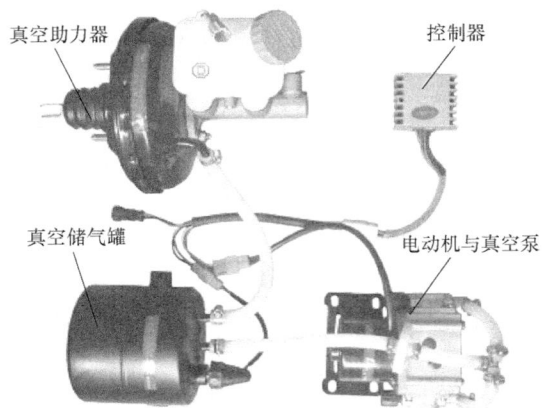

图1.6　电动真空制动助力装置

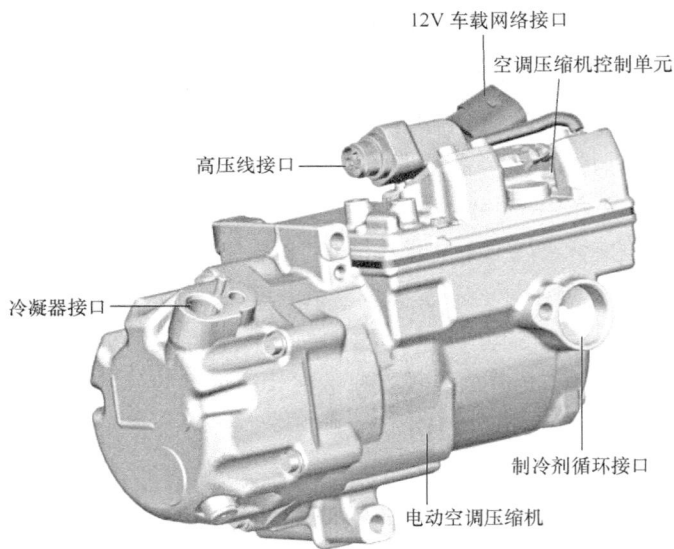

图1.7　电动空调压缩机外形图

四、电动汽车技术性能参数举例

1. 宝马电动汽车MINI E（见图1.8）

整备质量：1 465kg。

电动机：峰值功率150kW（204PS），最大扭矩220 N·m。

电池：5 088块锂电池，额定容量达到35kW·h，而完全充满电也只需要2.5h。

续航里程：250km。

加速时间：从静止加速到100 km/h约耗时8.5s。

最高车速：极速被电脑限定在152 km/h。

减速器：通过单级螺旋齿轮变速箱将动力传输至前轮。

2. 宝马1系电动汽车Concept Active E（见图1.9）

装备质量：1 800kg。

续驶里程：160km。

电池：液冷锂离子电池，完全充满电在3h之内。

电动机：输出功率125kW，峰值扭矩250N·m。

加速时间：从静止加速到100 km/h约耗时9s。

最高车速：电子最高限速为145km/h。

图1.8 宝马电动汽车MINI	图1.9 宝马1系电动汽车Concept Active E

3. 比亚迪e6电动汽车（见图1.10）

装备质量：2 380 kg。

电池：磷酸埋钻铁电池，220V民用交流电源，慢充6～8h可充满。

电动机：永磁同步电动机，最大输出功率90kW。

续驶里程：300km。

加速时间：从静止加速到100 km/h约耗时10s。

最高车速：160km/h。

4. 北汽E150EV电动汽车（见图1.11）

装备质量：1 370kg。

电池：磷酸铁锂动力电池组，6～8h充满。

电动机：永磁同步电动机、单极减速器，最大输出功率45kW，最大输出扭矩144N·m。

最高车速：125km/h。

续驶里程：125km。

图1.10　比亚迪e6电动汽车

图1.11　北汽E150EV电动汽车

5. 丰田普锐斯混合动力汽车（见图1.12）

发动机：排量1.5L，最大功率57kW，最大扭矩115N·m。

电动机：同步永磁交流电动机，最大功率50kW，最大扭矩400N·m。

电池：镍氢混合电池。

混合动力方式：混联、重混，以电动机为主。

6. 奇瑞A5混合动力汽车（见图1.13）

发动机：排量1.3L，最大功率65kW，最大扭矩118N·m。

电动机：同步永磁交流电动机，最大功率15kW，最大扭矩100N·m。

电池：铅酸蓄电池。

混合动力方式：轻混，以发动机为主。

图1.12　丰田普锐斯混合动力汽车

图1.13　奇瑞A5混合动力汽车

第三节　未来新能源汽车发展趋势

一、发展新能源汽车的意义

新能源汽车可使我国实现从汽车大国到汽车强国的转变。因为世界上最先进的汽车生产国和我国在新能源汽车上的技术差距不过只有3～5年，不像传统汽车技术存在几十年的差距，这让我国能紧跟现代化汽车产业的发展。由于我国经济还处在健康高速发展的阶段，汽车产业还处在发展和壮大过程中，所以说在新能源汽车的产业化和商业化方面，与汽车生产强国相比，我们还有一定的市场优势。

新能源汽车对缓解我国目前十分严峻的环境压力，减少空气污染，有着不可替代的作用。现在中国的空气污染已经达到了让我们必须解决的地步，雾霾天气已经严重影响到了人们的生产和生活，而汽车使用过程中产生的尾气是雾霾产生的原因之一。人民既需要现代化的汽车，同时也需要清洁的空气。为了解决这种冲突，节能、环保的新能源汽车产业就是我们必须要走的产业升级之路。

二、我国电动汽车关键零部件发展现状和差距

1. 我国电动汽车关键零部件发展现状

我国在动力电池方面取得的主要进展包括两方面。一是材料方面，我国动力电池主要原材料资源丰富，产业化发展有保障。锂离子电池负极材料已实现国产化，产品性能处于国际先进水平。镍氢电池已实现国产化，产品销量居世界前列。二是动力电池及其成组技术方面，锂离子电池已形成产品系列，安全性能指标取得明显进步，能支持样车和示范车型。镍氢电池已形成产品系列，产品性能已有明显提高，部分可与量产车型配套。

20世纪90年代以来，我国车用驱动电动机系统的研发得到了政府的高度重视和大力支持。进入"十一五"以后，国家和企业投入进一步加大，车用电动机系统产品不断增多，技术水平大幅提高。目前，我国车用驱动电动机主要有交流异步电动机、开关磁阻电动机、无刷直流电动机、永磁同步电动机等。各企业已基本具备自主研发能力，各类型电动机系统可实现整车小批量配套。

2. 我国新能源汽车存在的问题

我国新能源汽车研究起步较早，但政府投入长期不足，企业投入更少，新能源汽车长期处于试验阶段。近年来虽加大投入，有了很大发展，但与国际先进水平相比仍有一定的差距。

（1）我国纯电动汽车发展存在的主要问题以及与国外的差距。整车产品在续驶里程、可靠性和工程化上仍落后于国外先进产品；电池的比能量、安全性、可靠性、使用寿命等方面，还不能满足整车要求；电动机、电池所需部分部件、材料需进口，同时在控制器基础硬件、芯片、高速CAN网关和信号处理放大部件等方面也要依赖进口；电动附件还没有成熟的产品可用，成本高，而且也依赖进口。

（2）我国混合动力汽车发展存在的主要问题以及与国外的差距。整车总体尚处于样车阶段，未经过多轮验证研究，未达到系统优化和批量生产要求；零部件产业链未形成，关键原材料和电力电子元器件依赖进口；整车和零部件工程化不足，产品尚处于产业化初期，成本较高。

（3）我国燃料电池汽车发展存在的主要问题以及与国外的差距。在核心技术上，如燃料

电池堆和发动机系统的技术水平与国外存在较大差距（明显落后于本田、丰田、巴拉德、通用），技术研发进展较为缓慢；示范考核运行规模较小，储氢和氢能源基础设施等问题尚未解决；产品的可靠性和成本离实用化还有相当大的差距。

（4）新能源汽车关键技术方面存在的问题。一是在电池材料方面，磷酸铁锂材料批次稳定性差，导电性存在差异。国产动力电池隔膜产业化尚待时日。储氢材料和氢氧化镍无法完全满足动力电池要求，需要后处理。二是在电池及其成组技术方面，磷酸铁锂电池成品率低，成本高。动力电池产品一致性不好。电池和材料的生产设备厂家研发制造能力薄弱。电池管理系统功能简单，性能较差，产品可靠性差。

在车用驱动电动机技术上部分材料、部件研发能力弱，关键元器件依赖进口，产品性能与国外仍有差距，主要问题包括：一是电动机原材料、部件研发能力较弱，其中硅钢片性能与国外存在差距，电磁线绝缘性能与国外差距较大，生产能力弱，电动机高速轴承依赖进口，快速接插件依赖进口；二是传感器、IGBT功率模块、集成芯片以及汽车专用接插件、高压继电器等控制器核心部件主要依赖进口，成本较高，影响我国电动汽车产业化推进。

目前，电动机控制器的体积、重量相对偏大，制造工艺水平落后，产品可靠性、一致性差，产品电磁兼容水平有待提高，产业化规模较小，成本较高，驱动电动机系统标准有待完善。

三、我国发展新能源汽车产业的对策与措施

1. 加强政府引导，完善政策扶持

发展新能源汽车是我国一项长期性、可持续性的产业战略，需要政府各部门加强配套服务体系建设，营造良好的有利于新能源汽车发展的内外部环境。

（1）要充分发挥政府的引导作用。通过引导新能源汽车企业上市的方式，拓宽融资渠道，吸纳民间资本，从而推动其产业化进程。还要进一步完善新能源汽车配套基础设施建设，创造有利于新能源汽车发展和推广应用的商业化氛围。

（2）继续出台相关优惠政策。对新能源汽车产业的主导产业和关联产业建设项目，可以免收基本建设方面的地方性行政税费；对于新引进的新能源汽车产业龙头企业，可以通过贷款贴息、科技投入等方式全面支持企业加快发展壮大。

2. 加大创新力度，构建完整产业链

目前，我国研发的混合动力汽车在速度和可靠性等方面的性能尚不及传统汽车，纯电动汽车和燃料电池汽车还只能短程行驶，汽车企业应进一步加大自主研发力度，努力掌握核心技术。

（1）加强对新能源汽车产业技术创新的投入，尽快将新能源汽车的关键技术攻关项目列入政府科技发展重点计划。从新能源汽车领域的专利分析结果来看，国内现有专利中发明专利所占比例并不高，虽然国内有关新能源领域的专利数量增长较快，但国际专利的申请量和授权量都很低；整车企业申请专利较多，零部件企业申请专利较少。这些都说明新能源汽车产业还

需要进一步加大技术创新投入，全面提高知识产权创造和运用的能力。

（2）加快构建新能源汽车产业链，促进产学研联盟。加快建设新能源汽车产业基地，培育一批龙头企业，促进企业联盟和产业链整体化服务建设。要依托科研院所和高校的研发力量，鼓励形成产学研联盟，使科研成果尽早转化为生产力。目前国内已经有省份初步建成了新能源汽车产业创新联盟体。

（3）企业在研发过程中也要重视对传统汽车技术的改造。虽然我国在汽车发动机技术上明显落后于发达国家，但发动机技术正是新能源汽车的关键突破口，例如，匀质压燃技术可以将燃油效率提高20%～30%。国内企业应选择好新能源汽车技术的创新角度，力争在某些领域取得好的进展，争创国内领先的技术地位。

3. 完善技术标准，统一规范体系

虽然我国有关新能源汽车的标准体系已经初具框架，但对于新能源汽车的动力方面尚未制定和完善具体的技术标准。要尽快建立各类型新能源汽车及其相关基础设施的产业技术标准，开展产品的标准化工作，为大规模的推广和应用提供有效的技术与产品支撑，同时要对新能源汽车的技术性、环保性、节能性和安全性做好等级认证工作，给相关的生产企业提供一个可遵循的操作规范，这对产业链的完整构建也能起到一定的促进作用。

4. 鼓励新能源汽车消费，出台补助政策

新能源汽车发展初期，由于各方面成本较高致使整车价格高于传统汽车。目前我国新能源汽车主要还是在公共交通领域和出租车行业上推广使用，何时能够进入普通百姓家还是一个十分艰难的问题。各省应按照国家发改委《关于开展私人购买新能源汽车补贴试点的通知》精神，制定鼓励新能源汽车消费的政策。通过政府补贴、减免购置税和消费税等多种方式，鼓励普通消费者购买、使用新能源汽车。此外，还要加强民众的节能环保意识，坚持贯彻节能减排精神，逐步转变消费者的消费理念，提倡购买新能源汽车，限制大排量和超标排量汽车的生产和消费使用。随着人们环保意识的增强以及政府补贴标准的出台，新能源汽车的价格将更接近于普通消费者可以接受的范围，其销售量也会大幅度提高。

【思考题】

1. 从构造和动力性两方面，对电动汽车与传统汽车进行比较分析。
2. 解释"三横""三纵"含义。
3. 新能源汽车有几大类型？试比较各类型的特点。

第二章
混合动力汽车

【学习目标】

1. 掌握混合动力汽车的定义及分类方法。
2. 理解混合动力汽车的结构特点与工作原理。
3. 了解混合动力汽车的关键技术及主要车型特点。

第一节 混合动力汽车概述

广义上说，混合动力汽车（Hybrid Vehicle）是指车辆驱动系统由两个或多个能同时运转的单个驱动系统联合组成的车辆。通常所说的混合动力汽车，一般是指油电混合动力汽车（Hybrid Electric Vehicle，HEV），即采用传统的内燃机（柴油机或汽油机）和电动机作为动力源，共同组成"油-电"动力耦合驱动平台，取代传统的发动机动力驱动平台。

一、混合动力汽车特点

（1）采用混合动力后可按平均需用的功率来确定内燃机的最大功率，此时内燃机处于油耗低、污染少的最优工况下工作。当需要大功率而内燃机功率不足时，由电动机来补充；负荷少时，富余的功率可发电给电池充电，由于内燃机可持续工作，电池又可以不断得充电，故其行程和普通汽车一样。

（2）因为有了蓄电池，可以十分方便地回收制动、下坡、怠速时的能量。

（3）在繁华市区，可关停内燃机，由电动机单独驱动车辆，实现"零"排放。

（4）有了内燃机可以十分方便地解决耗能大的空调、取暖、除霜等纯电动汽车遇到的难题。

（5）可以利用现有的加油站加油，不必再投资。

（6）可让蓄电池保持良好的工作状态，不发生过充、过放，延长其使用寿命，降低成本。

（7）有两套动力，再加上两套动力的管理控制系统，故结构复杂、技术较难、价格较高。

二、混合动力汽车分类

混合动力汽车采用两种动力源作为动力装置，其组成部件、布置方式及控制策略的不同，形成了各式各样的结构形式，因此，混合动力汽车的分类方法也有多种。

（1）按充电方式不同，分为插电式混合动力汽车和不插电式混合动力汽车。

（2）按照燃料种类的不同，分为汽油混合动力汽车和柴油混合动力汽车。

（3）按动力驱动的连接方式不同，分为串联式、并联式和串并联（或称混联）式混合动力汽车。

（4）按在混合动力系统中混合度的不同，分为微混合动力系统、轻混合动力系统、中混合动力系统和完全混合动力系统的混合动力汽车。

三、混合动力汽车的基本组成与工作模式

混合动力汽车有三种基本的工作方式，即串联式、并联式和串并联（或称混联）式。其

组成与工作模式如下。

1. 串联式混合动力汽车（Series Hybrid Electric Vehicle，SHEV）

（1）串联式混合动力汽车动力系统的主要组成。

SHEV由发动机、发电机、逆变器、蓄电池、驱动电动机/发电机和驱动桥等组成。串联式混合动力汽车的基本结构组成如图2.1所示。工作时电能的流动方向如图2.2所示，图2.2中的箭头表示工作时机械能和电能的流动方向，双向箭头表示能量可以双向流动，如电动机/发电机和驱动桥之间的箭头表示电动机可以驱动汽车行驶，汽车的动能也可以带动发电机发电。

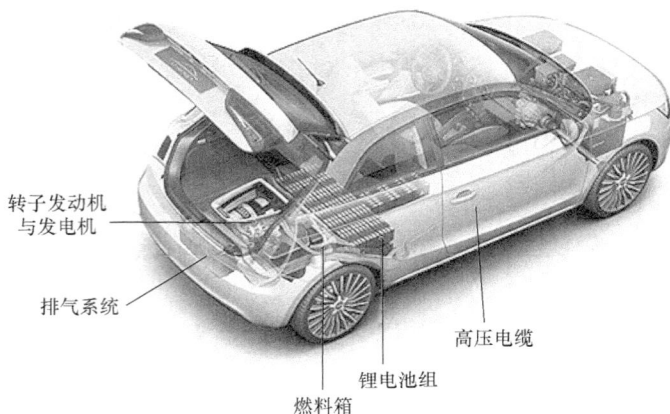

图2.1　串联式混合动力汽车动力系统基本组成

串联式混合动力汽车实质是一种发动机辅助型的电动汽车。如图2.2所示，汽车行驶时，发动机输出的机械能首先通过发电机转化为电能，转换后的电能一部分用来给蓄电池充电，另一部分经由电动机和传动装置驱动车轮。

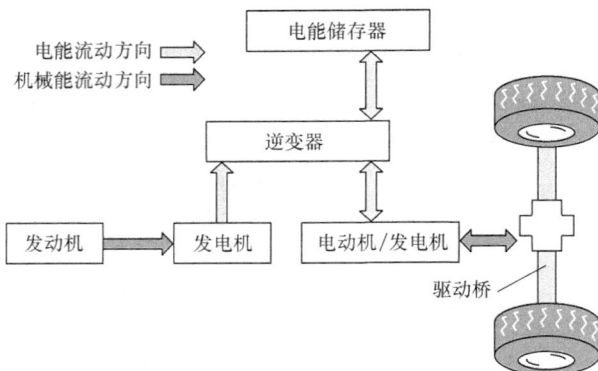

图2.2　串联式混合动力汽车驱动示意图

串联式混合动力汽车布置灵活，传动结构简单，在发动机与发电机之间的机械连接没有离合器，有一定的灵活性。在SHEV设计时，驱动装置的选择应与车辆的用途相结合。如果车辆经常爬坡，需要的功率大，则发动机、发电机和电动机3个驱动装置做的尺寸就会较大；如果用作班车、校车或用作购物等短途运输，相应的发电机装置则可采用较低功率的，动力系统总体尺寸就会较小。串联式混合动力汽车较适合城区行驶的车辆，如公交车。

（2）串联式混合动力汽车的驱动模式。

SHEV的驱动有起步、正常行驶、加速、小负荷、减速、制动停车等模式，如图2.3所示。图2.3（a）所示为汽车正常行驶、起步或加速工况，此时发动机始终在热效率高而排放低的最佳单一工况下运行，并带动发电机发电。在控制器调节下，发电机发出的电能用于电动机，通过变速器或减速器驱动车轮前进。如果发电机发电量不足，则蓄电池也通过控制器向电动机供电。图2.3（b）所示为汽车滑行、低速行驶或小负荷工况，此时发电机发电功率大于电动机所需功率，控制器控制发电机驱动电动机同时向蓄电池充电。图2.3（c）所示为汽车减速制动行驶工况，此时电动机转换为发电机，驱动车轮带动电动机发电，向蓄电池充电（能量回收）。图2.3（d）所示为汽车短暂停车工况，此时发动机带动发电机工作，向蓄电池充电。

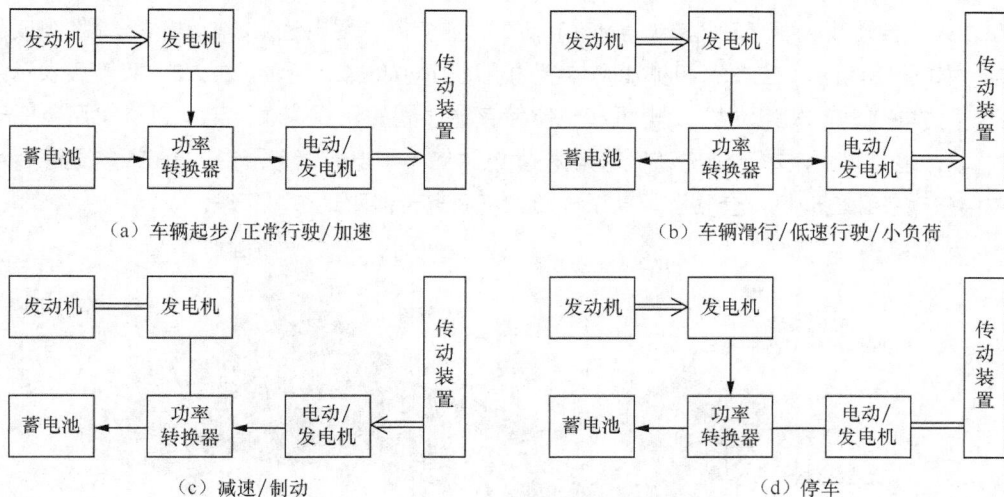

图2.3 串联式混合动力汽车驱动模式

从上面分析可以看出，在SHEV运行过程中，电动机是唯一驱动装置，发动机的工作状态不受汽车行驶工况影响，始终在最佳工作区域稳定运转，控制器控制发电机向蓄电池充电或蓄电池向电动机供电，也就是说，控制器通过蓄电池协调发电机发电量与电动机功率需求，适应汽车行驶中的各种阻力变化。蓄电池的存在，使发动机工作在一个相对稳定的工况，使其排放得到改善。

（3）串联式混合动力汽车的特点。

串联式混合动力汽车的主要优点是在城市行驶时，只用电池组电能驱动，能实现"零排放"行驶；发动机/发电机组的发动机能保持在稳定、高效、低污染的状态下运转，将有害气体的排放控制在最低范围。

串联式混合动力汽车的不足有以下几点。

① 驱动电动机的参数选择难度大。为了能够克服汽车在行驶过程中的最大阻力，驱动电动机的功率要求较大，外形尺寸较大，质量也较重，对动力电池组的容量要求大，需要装置一个较大功率的发动机/发电机组。

② 适用车型少。庞大的动力电池组，外形尺寸较大，质量也较大，较适合在大型客车上采用，在中、小型车上使用还是有一定困难。

③ 发动机由燃料的化学能转换为机械能，然后转换为电能。即必须经过燃料的化学能、热能、电能、机械能的能量转换过程，因而能量损失较大。另外，在动力电池组的充、放电过程中也存在能量损耗，不经常在满负荷状态下运转，总能量转换效率较低。

④ 发动机/发电机组与动力电池组之间的匹配要求较严格。应能自动起动或关闭发动机/发电机组，以避免动力电池组过量放电，这就需要更大的电池容量。

2. 并联式混合动力汽车（Parallel Hybrid Electric Vehicle，PHEV）

（1）并联式混合动力汽车动力系统主要组成。

PHEV主要由发动机、变速器、发电/电动机、逆变器、蓄电池组、驱动桥等部件组成。其基本结构如图2.4所示。工作时机械能和电能的流动方向如图2.5所示。图2.5中双箭头表示能量可以两个方向流动，如电动机/发电机和电能储存器之间的双箭头表示电动机可以用电能驱动汽车行驶，也可以由汽车驱动电动机/发电机发电并储存于电能储存器中。PHEV的显著特点是PHEV由发动机和电动机两套独立驱动系统通过不同离合器驱动汽车行驶。

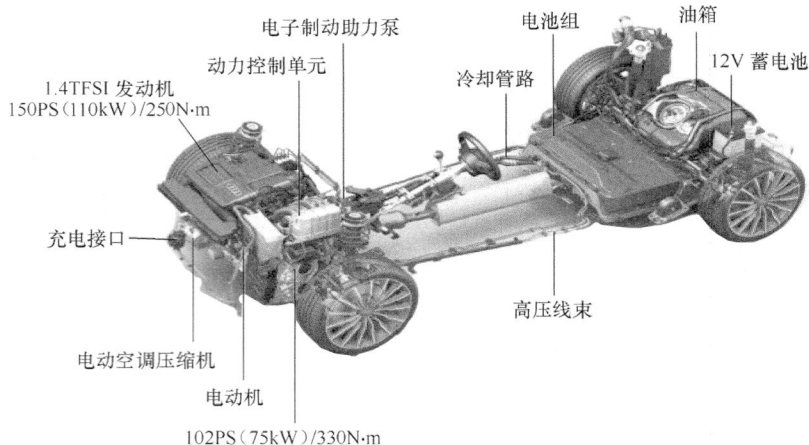

图2.4 并联式混合动力汽车动力系统基本组成

图2.6所示为并联混合动力系统的结构关系图。该系统中发动机为1.4L四缸直喷柴油机，功率为110kW，永磁无刷直流电动机的持续功率为75kW，6速双离合变速器。为车辆提供电源的电池组被嵌入在车身结构中以保证其安全。这个质量为125kg的电池组容量为8.8kW·h，电压在280～390V，纯电动工作模式下可运行50km。该系统工作在低速小负荷时主要靠永磁电动机驱动汽车行驶，而在高速大负荷工作时，永磁直流电动机和柴油机同时驱动汽车行驶。

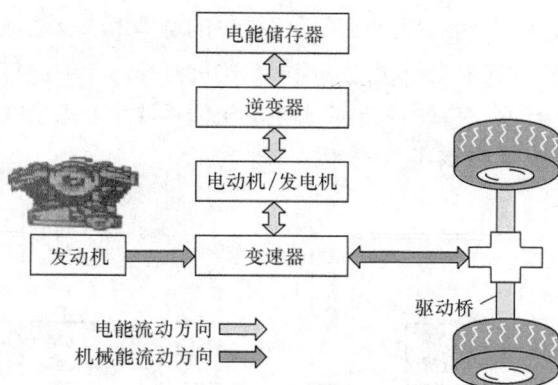

图2.5 并联式混合动力汽车

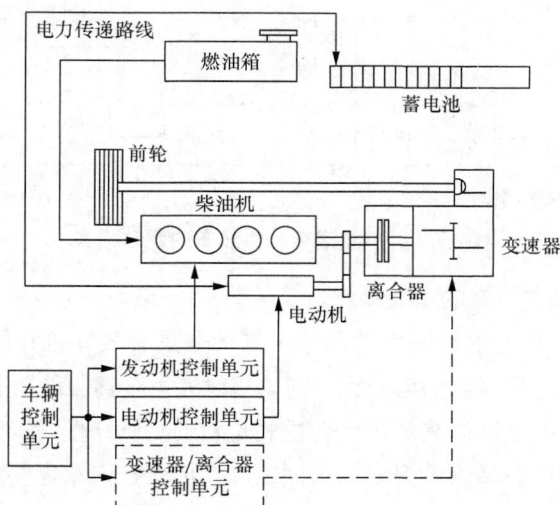

图2.6 并联混合动力系统组成示意图

（2）并联式混合动力汽车的驱动模式。

与串联式混合动力汽车不同的是，并联混合动力汽车采用发动机和电动机两套独立的驱动系统驱动车轮。发动机和电动机可以分别独立地向汽车的驱动系统提供动力，而需要大功率时可用发动机和二次电池共同提供动力，改进了串联系统最大功率不足的缺陷。并联混合动力汽车比较适合经常在郊区和高速公路上行驶的汽车。当汽车在市区行驶时，可以只用二次电池，避免发动机的排气污染。

发动机和电动机通常通过不同的离合器来驱动车轮，工作模式主要有发动机单独驱动、电动机单独驱动以及发动机和电动机联合驱动3种。如图2.7所示，在大负荷、高速、加速超车等需要大功率的行驶时，采用联合驱动模式；汽车在市区行驶时，采用电动机单独驱动模式，PHEV变成了纯电动车，避免发动机的排气污染；在中等负荷行驶时，采用发动机单独驱动模式，可以保证发动机工作在高效率区域和较少的排气污染。从概念上讲，它是电力辅助型内燃机汽车，目的是降低排放和燃油消耗。当发动机提供的功率大于驱动电动车所需的功率或者制动能量回收时，电动机工作在发电机状态，将多余的能量充入电池。与串联式混合动力汽车相比，并联式比串联式混合动力汽车的发动机和电动机体积要小。即使在长途行驶时，发动机的功率可以达到最大而电动机的功率只需要发出一半。

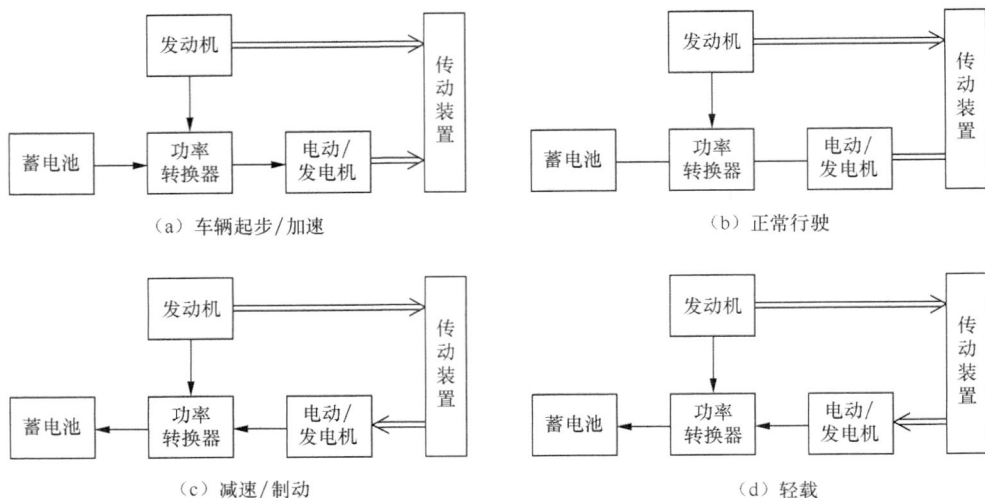

图2.7　并联式混合动力汽车的驱动模式

（3）并联式混合动力汽车的主要特点。

并联式混合动力汽车的主要优点有两个。其一是具有发动机和驱动电动机两个动力总成，每个动力总成（发动机和驱动电动机）的功率设计为车辆驱动功率的50%～100%即可，因此质量和体积要小得多。其二是基本驱动模式是发动机驱动模式，没有机械能→电能→机械能的转换过程，总的能量转换效率要比串联式高。由于在汽车需要最大输出功率时，驱动电动机可以向汽车提供额外的辅助动力，因此发动机功率可以选择得较小，使汽车的燃料经济性提高。

并联式混合动力汽车的主要不足有两个。其一是由于基本驱动模式是发动机驱动，故需要配备与内燃机汽车相同的传动系统，在总体布置上基本与内燃机汽车相同，动力性能接近内燃机汽车，发动机排放的有害气体高于串联式。其二是发动机驱动模式需要装置离合器、变速器、传动轴和驱动器等传动总成，另外还有驱动电动机、动力电池组以及动力耦合器等装置，因此动力系统结构复杂，布置和控制也更加困难。

（4）并联式混合动力系统混合度的概念。

为了区别不同的并联混合系统，经常使用混合度（Degree Of Hybridization，DOH）这个概念。假设并联混合动力系统中内燃机和电动机的最大功率分别为$P_{max, ICE}$和$P_{max, EM}$，则DOH的表达式为

$$DOH=1-|P_{max, EM}-P_{max, ICE}|/(P_{max, ICE}+P_{max, EM})$$

若以（$P_{max, EM}-P_{max, ICE}$）/（$P_{max, ICE}+P_{max, EM}$）为横坐标，以DOH为纵坐标，则各种并联混合系

统如图2.8所示。

对于内燃机汽车$P_{max, EM}=0$，DOH=0；对于纯电动汽车$P_{max, ICE}=0$，DOH=0；当$P_{max, ICE}=P_{max, EM}$时，DOH=1。可见DOH值越大，内燃机和电动机的功率越接近，即混合的程度越大。横坐标为正时，表示内燃机功率小于电动机功率；横坐标为负时，表示内燃机功率大于电动机的功率。

虽然PHEV有不同的结构模型，但都是以发动机为主要驱动模式的。发动机控制在低油耗、高效率和低污染的转速范围内稳定地运转。

3. 混联式（串、并联式）混合动力电动汽车（Parallel-Series Hybrid Electric Vehicle，PSHEV）

（1）混联式混合动力汽车动力系统的主要组成。

混联式混合动力汽车动力系统兼备串、并联混合动力汽车的功能。混联式PSHEV由电动机、发动机、HV蓄电池、发电机、逆变器、动力分配装置、电子控制单元、驱动桥等组成，总成在汽车上的布置如图2.9所示。工作时机械能和电能的流动方向如图2.10所示。

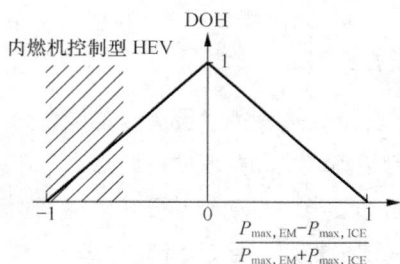

图2.8　HEV的DOH

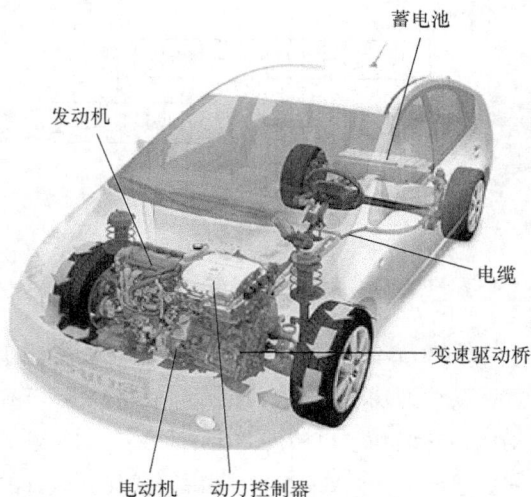

图2.9　混合动力汽车并联系统总成布置实例

典型的混联式PSHEV动力传动系统布置方案简图如图2.11所示，在该系统上既装有电动机又装有发电机，具备串、并联结构各自的特点。图2.11（a）所示的开关式结构通过离合器的结合与脱离来实现串联分支与并联分支间的相互切换。离合器分离，切断了发动机和电动机与驱动轮的机械连接，系统以串联模式运行；离合器结合，使发动机与驱动轮机械连接，系统以并联模式运行。图2.11（b）所示的分路式结构中，串联分支与并联分支都始终处于工作状态，而由行星齿轮传动在串联分支和并联分支间进行发动机输出能量的合理分配。

此结构可通过发电机对串联分支实施各种各样的控制，同时又可通过并联分支来维持发动机与驱动轮间的机械连接，最终实现对发动机的转速控制。

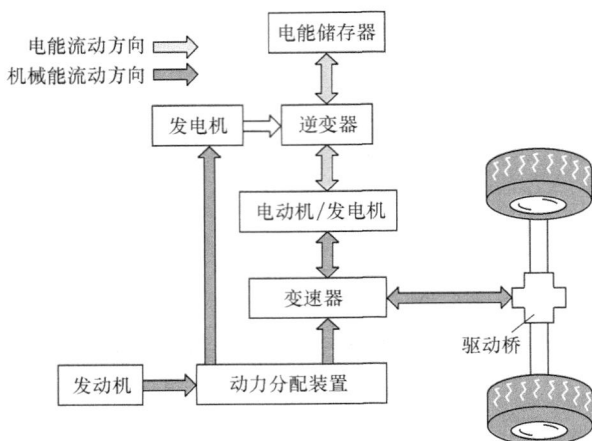

图2.10　串并联混合动力汽车工作时机械能和电能流向

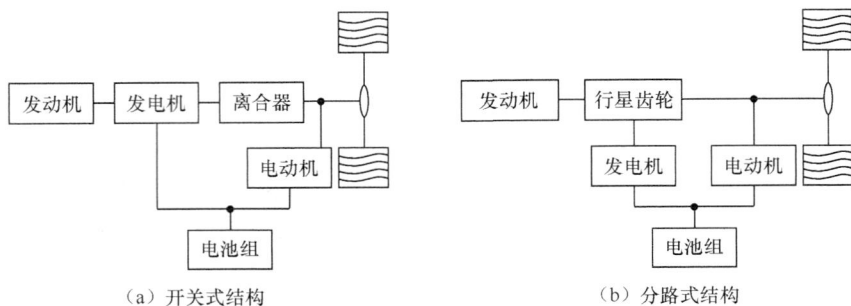

（a）开关式结构　　　　　　　　　　（b）分路式结构

图2.11　串并联混合动力汽车传动结构示意图

　　丰田Prius单桥驱动的混联式PSHEV的动力系统，其显著特点是装备了行星齿轮动力分配装置，又称为功率分配式混合动力系统。该车在结构上综合了串联式和并联式的特点，与串联式相比，它增加了机械动力传动系统；与并联式相比，它增加了电力驱动传动系统，尽管功率分配式混合动力汽车同时具备串联式和并联式的优点，但其结构复杂，且成本高。

　　通过行星齿轮系统组成的动力分配装置将整个系统耦合在一起，根据行驶工况灵活采用串联式或并联式，以实现效率最高、污染排放物最低的目标。一般控制策略是起步或低负荷行驶时用电池电能驱动；匀速行驶时由发动机提供动力；加速行驶时发动机与电池共同提供动力；停车或滑行时，发动机带动发电机向电池充电；制动和减速时通过能量回收系统向电池充电。功率分配式兼有串联和并联的特点，但是系统控制复杂。不过随着控制技术和制造技术的发展，一些现代混合动力汽车更倾向于选择这种结构。

　　（2）混联式混合动力汽车的驱动模式及特点。

　　混联式混合动力汽车的主要结构特点是具有功率分配装置，它根据汽车行驶工况对发动机功率中用于直接驱动汽车的功率和用于发电的功率的比例进行分配。如图2.12所示，汽车正常行驶时，发动机的功率全部用于直接驱动汽车行驶；汽车全负荷、加速行驶时，发动机与蓄电池共同提供动力驱动汽车行驶；汽车停车或滑行时，发动机的功率全部用于驱动发电机向蓄电池充电。

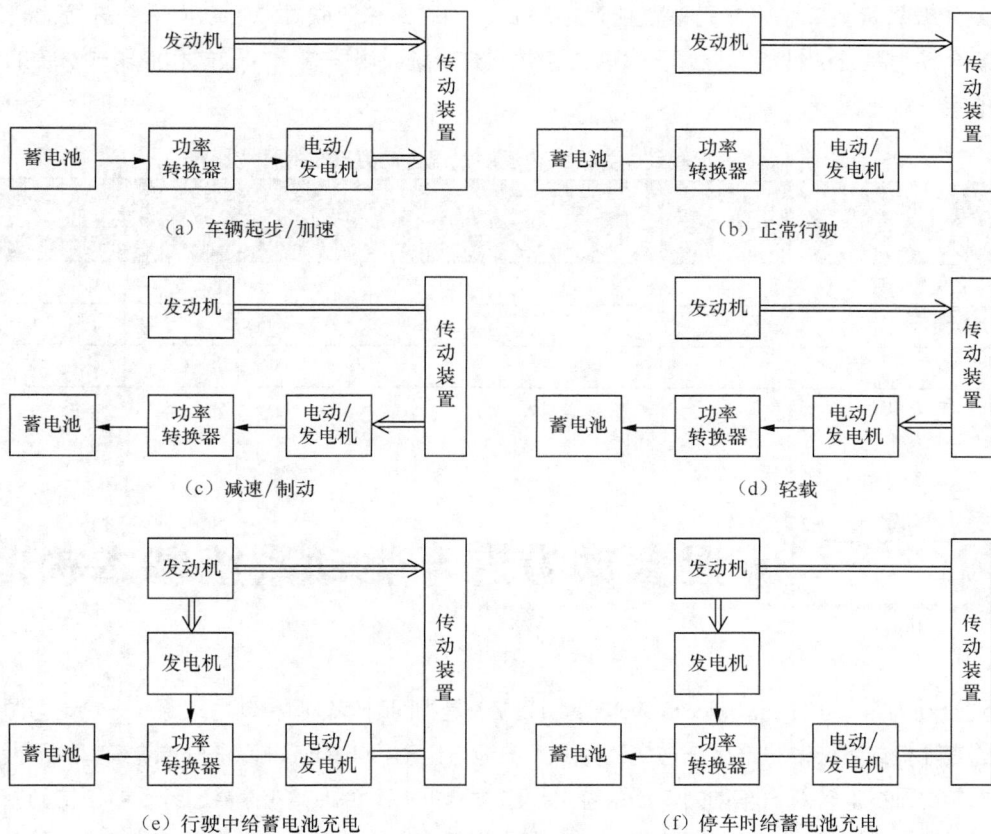

（a）车辆起步/加速　　　　　　　　（b）正常行驶

（c）减速/制动　　　　　　　　　（d）轻载

（e）行驶中给蓄电池充电　　　　　　（f）停车时给蓄电池充电

图2.12　混联式混合动力汽车的驱动模式

混联式混合动力汽车兼有SHEV和PHEV的优点，可以组合成多种形式的驱动模式，发动机、电动/发电机和驱动电动机的功率可以是PSHEV总功率的1/3~1倍，车辆的整备质量可以降低，而且性能更加完善，经济性更好，在动力性能方面接近和达到内燃机汽车的水平，有害气体的排放更少，达到"超低污染"的标准要求。

混联式混合动力汽车的主要优点有4个：其一是各个动力总成的功率和体积小、质量轻，节能且有害气体的排放少；其二是可以选择较小功率发动机，使汽车的燃料经济性提高；其三是综合能量转换效率高；其四是具有电动机独立驱动的模式，可以在城市中实现"零污染"行驶，并可在汽车起步时充分发挥电动机低速大转矩的特性。

混联式混合动力汽车的主要缺点是：需要配备两套驱动系统，发动机传动系统除需要装备离合器、变速器、传动轴和驱动桥等传动总成外，还需要电动/发电机、驱动电动机、减速器、动力电池组以及为协调发动机驱动力与驱动电动机驱动力的专用装置。并且必须装配一个复杂的多能源动力总成控制系统，否则无法达到高的经济性和"超低污染"的控制目标。因而动力控制系统结构复杂、总布置困难、成本增大。

4. 串联、并联和混联式混合动力系统的比较

从能源转换效率和汽车行驶性能对串联式、并联式和混联式混合动力系统进行比较，混联式混合动力系统的性能明显好于串联式和并联式系统。串联式、并联式和混联式系统的性能比较的定性结果见表2.1。

表2.1　　　　　　　　串联式、并联式和混联式混合动力系统的性能比较

连接方式	经济性				运行性	
	自动停止怠速	能量回收	高效运行	总效率	加速性	高功率持续性
串联式	○	◎	○	○	△	△
并联式	○	○	△	○	○	△
混联式	◎	◎	◎	○	○	○

注：由差到好的顺序为△→○→◎。

第二节　混合动力汽车驱动系统基本构造

混合动力汽车（Hybrid Electric Vehicle，HEV）是指同时装备两种动力来源——热动力源（由传统的汽油机或者柴油机产生）与电动力源（电池与电动机）的汽车，它与传统汽车的最大区别是动力传动系统。传统汽车动力传动系统主要由发动机、离合器、变速器、分动器、传动轴、差速器和驱动轴等组成，如图2.13所示为传统四轮驱动汽车动力传动系统示意图。传统汽车的动力源是活塞式内燃机，它具有转速高、输出转矩变化范围小、不能反转、带负荷起动困难等特点。而汽车要求的速度和驱动力变化范围大，并能倒退行驶、平稳起步和停车。传动系统就是为解决这一矛盾而设置的，它可以保证汽车在不同使用条件下正常工作，并获得较好的动力性能。

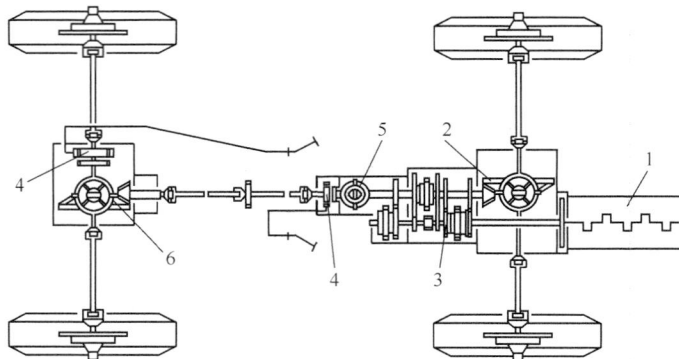

图2.13　传统汽车传动系统
1—发动机　2—前驱动桥　3—变速器　4—离合器
5—中央差速器　6—后驱动桥

混合动力汽车携带有不同的动力源，随道路条件变化并根据行驶的要求，可同时或分别使用不同的动力源使汽车行驶。为此，混合动力汽车与传统汽车传动系统的构造有所不同，需要在动力传递系统之间增加将两个功率叠加在一起或将一个功率分解为两个功率的装置。

实现功率连接或切换的装置被称为动力耦合器。动力耦合器可以是机械结构或是电磁结构，也可以是机械、电磁复合结构，耦合器是混合动力汽车的明显特征之一。图2.14所示为电磁耦合结构串联式混合动力汽车动力传递系统示意图，图2.15所示为机械耦合结构混联式混合动力汽车动力传递系统示意图。对于不同类型的混合动力电动汽车，根据两种动力源对汽车动力输出贡献的不同，其动力源布置和传动系统结构也不一样。

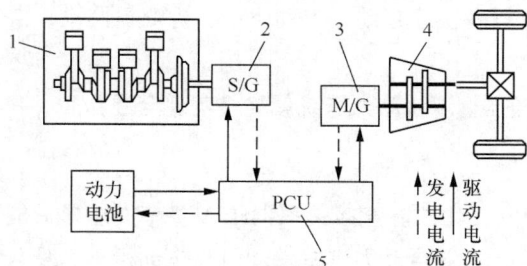

图2.14 电磁耦合式串联式混合动力传动结构
1—发动机 2—发电机 3—电动机
4—变速器 5—动力控制器

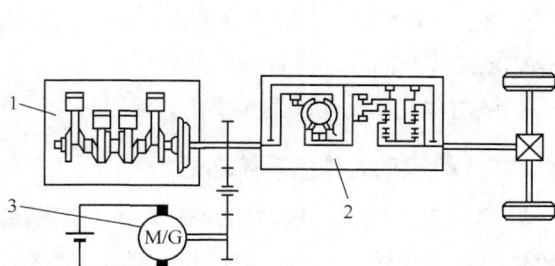

图2.15 机械耦合式混合动力传动结构
1—发动机 2—自动变速器
3—发电/电动一体电动机

一、串联式混合动力驱动系统

串联式混合动力驱动系统是由两个能源对单个动力装置供电，以推动车辆行驶的驱动系统，一般串联式混合动力电驱动系统的组成如图2.16所示，其中单向能源为燃油箱，而发动机和发电机的组合构成单向的能量变换器。发电机的输出可通过可控的电子变流器连接到电力总线。双向能源为蓄电池组单元，并通过可控的双向电力电子变换器连接到电力总线。电力总线连接到电动机的控制器，驱动电动机受电动机控制器控制，或实现电动机功能，并以正向或反向运转；或转换为发电机功能，将车辆的惯性能量转换为电能。串联式混合动力驱动系统从纯电动汽车改变而成，由于纯电动汽车受制于蓄电池组的低能量密度，故为增加电动汽车的行驶里程，在电动汽车上添加了辅助的发动机、发电机组。

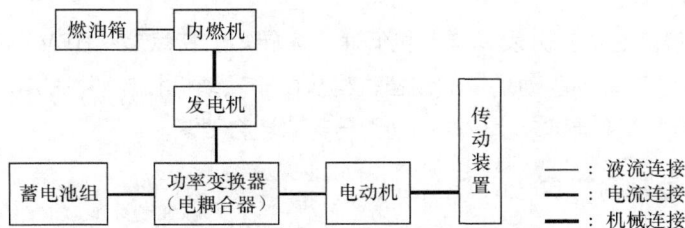

图2.16 串联式混合动力系统的示意图

二、并联式混合动力驱动系统

混合动力汽车（HEV）与传统汽车及纯电动汽车相比，最大差别是动力系统。对于并联和混联式电动汽车，动力耦合系统（耦合器）负责将HEV的多个动力组合在一起，实现多动力源之间合理的功率分配，并把动力传给驱动桥。

1. 混合动力汽车动力系统混合形式与功能

（1）轻度混合。轻度混合具有怠速停机、快速起动和兼有能量回收发电功能。

（2）中度混合。中度混合具有快速起动、电动助力、能量回收功能。

（3）重度混合。重度混合以混联式为特征，具有快速起动、电动驱动、内燃机驱动、混合驱动及能量回收功能。

随着电功率比例的逐步提高，混合程度不断增强，混合动力系统最终将实现全混合。

2. 机电动力耦合系统功能

机电动力耦合系统在HEV开发中处于重要地位，其性能直接关系到HEV整车性能是否能够达到设计要求，是HEV最核心的部分。图2.17所示为混合动力汽车发动机与电动机动力耦合及能量传递路线示意图。不同结构的机电耦合系统使HEV的适用条件和使用要求各不相同，开发难度也相差很大。机电动力耦合系统的主要功能如下。

（1）动力合成功能。它将来自不同动力源的动力分别输入并进行动力合成。

（2）输出不干涉功能。它可以使来自不同动力源的动力单独输出驱动HEV，或让多个动力共同输出驱动HEV，彼此之间不发生干扰，不影响传动效率。

（3）动力分解与能量反馈功能。它将发动机动力的全部或部分传递给电动机，使电动机转换为发电机发电，在再生制动时回收能量，让电动机处于发电状态，将机械能转换为电能进行存储。

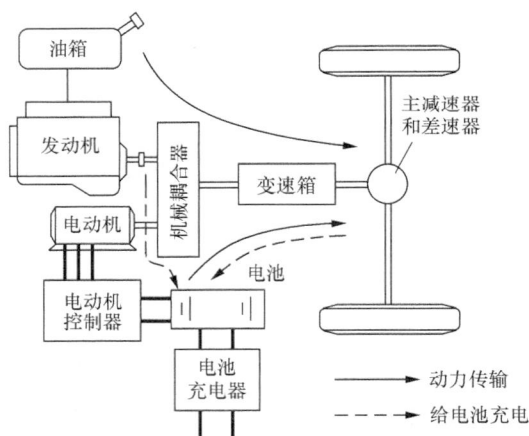

图2.17 并联式机械耦合混合动力结构能量传递示意路线

（4）辅助功能。它能充分发挥电动机低速、大转矩的特点起动HEV，利用电动机的反转特性使HEV倒车，从而取消驱动系统的倒挡机构。由于发动机和电动机的功率及转速输出特性不同，机电耦合系统需要满足多项复杂的动力传递、组合要求。

3. 机械耦合器耦合方式

通常，机械耦合器都遵循能量守恒的原则，即输入功率与输出功率相等。根据机械耦合器机构的不同可分为转矩耦合方式、转速耦合方式和功率耦合方式3种。

（1）转矩耦合。转矩耦合指能将两个动力源的输入转矩耦合叠加，而耦合输出转速并不是两个动力源的转速叠加。如图2.18所示为典型齿轮动力耦合结构，两个动力源的转矩可共同作用在耦合齿轮上形成转矩叠加，但两个动力源的转速不能随意改变，否则会产生齿轮间运动干涉。由于受功率守恒的约束，转矩耦合器实现转矩相加的条件是，两个动力源输入转速成固定比例关系，且不能独立改变转速，这样才能保证动力耦合齿轮相互间不会产生运动干涉。

（2）转速耦合。转速耦合指能将两个动力源的输入转速耦合叠加，而合成转矩不是两个动力源的输入转矩的叠加。如图2.19所示，在典型的行星齿轮结构上，两个动力源的转速彼此无关，可独立控制输入。由于受功率守恒的约束，合成转矩与两个动力源输入转矩成固定比例关系，故不可独立控制，且其中的最小转矩决定了另外两个转矩。

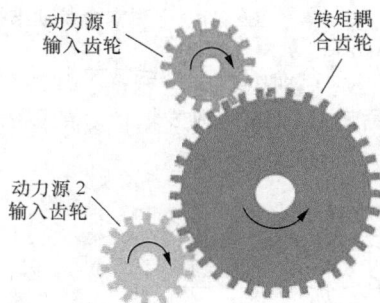

图2.18　齿轮转矩耦合示意图　　　　图2.19　行星齿轮速度耦合示意图

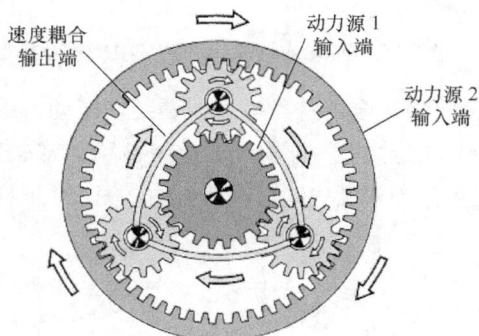

（3）功率耦合。功率耦合系统指既满足转矩耦合条件，又满足转速耦合条件的机电装置。将转矩耦合与转速耦合组合，可构造一种混合动力电驱动系统，其中，转矩耦合与转速耦合状态能交替地予以选择。

第三节　机械耦合器结构

混合动力汽车的动力耦合系统的设计应满足能量消耗最低的要求，以提高混合动力汽车的动力性、经济性和排放性，从而获得良好的社会经济效益，缓解我国能源紧张和环境污染的状况。

一、转矩耦合并联混合动力驱动系统

1. 转矩耦合器类型

混合动力汽车一般采用两个动力源，需要两个输入和一个输出的机械装置。并联式混合动力驱动系统可有多种不同结构，转矩耦合方式可以通过齿轮耦合、磁场耦合、链或带耦合等多种方式实现，常见的转矩耦合类型如图2.20～图2.22所示。如图2.20所示为采用带传动结构图，图2.21所示为电磁耦合传动结构图，图2.22所示为定轴齿轮传动结构图。

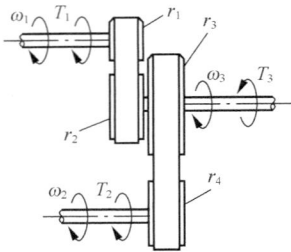

图2.20　带轮或链轮传动结构机械耦合类型　　　　图2.21　电磁耦合传动结构

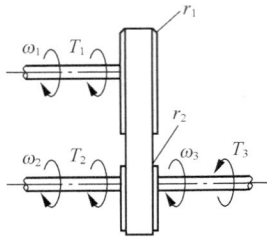

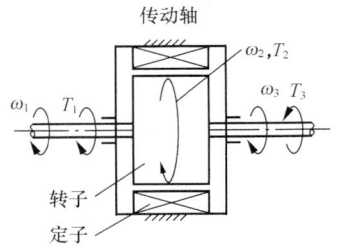

由机械耦合器的类型可以看到，双动力源可以分别从耦合器的不同轴线或方向输入，也可从同一轴线或方向输入。前者被称为双轴式耦合，后者被称为单轴式耦合。如图2.20和图2.22所示为双轴式动力耦合机构，图2.21所示为单轴式动力耦合结构。

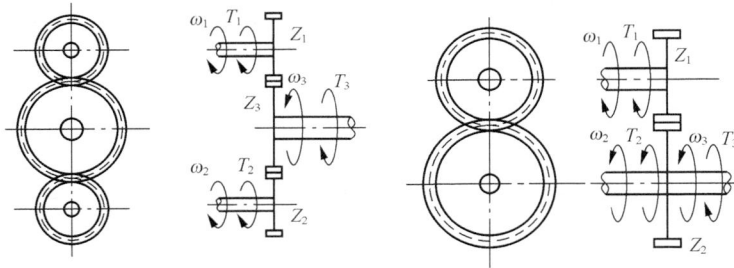

图2.22　定轴齿轮传动结构机械耦合类型

2. 耦合器布置形式

耦合器的不同位置以及不同的传动机构都会获得不同的驱动特性，机械转矩耦合结构根据其耦合特点、动力源布局、应用成本等诸多因素被应用于混合度不同的混合动力汽车上。

例如，对于中度或重度混合动力系统需要传递更大的负荷并需要对耦合的转速有不同的要求，所以在动力传动系统中采用多样化的设计。传动装置可以配置在不同的位置，并设计为不同的排挡数，从而产生相应的排挡特性。

（1）先动力耦合，后进入传动装置。如图2.23（a）所示，发动机与电动机动力耦合后再进入变速器，该传动装置以相同比例提高发动机与电动机两者的转矩。这种设计适用于小型发动机和电动机的情况，同时需应用一个多挡传动装置以增大低速时的驱动力。

（2）先分别通过传动装置，后动力耦合。如图2.23（b）所示，变速器分别装在发动机和电动机之后，再进入转矩耦合器，两个变速器既可以是单级传动又可以是多级传动，这样的结构可以为发动机和电动机系统选择两者最佳区域，提供更多的可能和很大的灵活性。

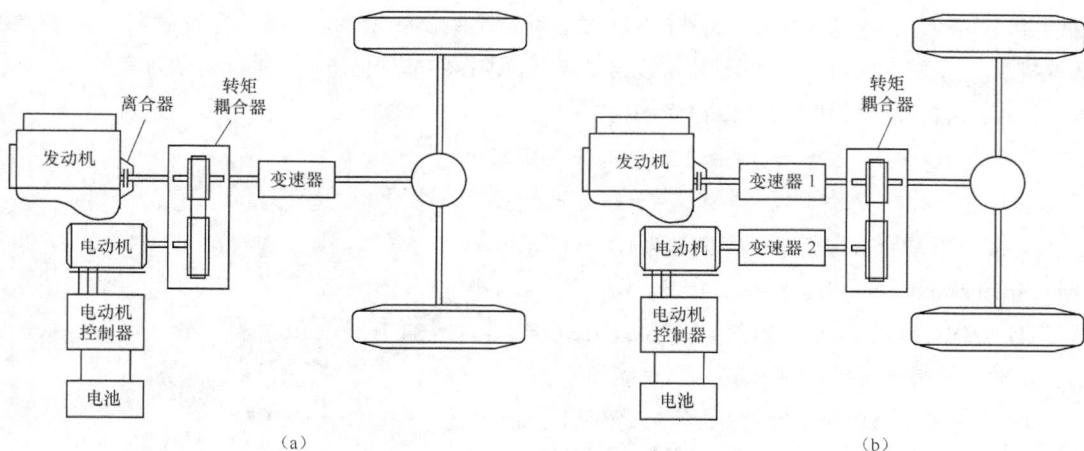

图2.23　转矩耦合器布置位置示意图

3. 带式机械耦合器

（1）一体电动机控制型（ISG）概念。

带式机械耦合结构在轻度混合动力汽车上应用得较普遍。轻度混合指电力作用在汽车动力系统中所占的比重较小，其混合度在20%以下。目前，轻度混合动力系统以发动机动力为主，电动机作为辅助动力的"并联方式"。轻度混合动力汽车主要是以电动机的驱动与发电一体控制技术为基础发展的混合动力技术，即应用于混合动力汽车的一台电动机具有起动、发电、能量回收、电力驱动为一体的电动机控制系统（Integrated Starter Generator，ISG）。

ISG技术利用电动机既具有发电功能又具有电动功能的特性，通过控制器，改变电动机的控制方式，使电动机在汽车不同的行驶状态下具有不同的功能，以满足现代汽车发动机经济、节能、减排的要求。如汽车在发动机驱动状态时，则电动机工作在发电模式，输出交流电，并经过逆变器转换为直流电向蓄电池充电；汽车在发动机静止状态时，控制器利用蓄电池能量驱动电动机运转，且拖动发动机曲轴转动，实现发动机静止到怠速的运转过程。

一体电动机控制型混合动力系统根据电动机驱动曲轴方式和安装位置的不同，可分为传统的电动机齿轮驱动式［见图2.24（a）］和外挂式一体电动机皮带耦合驱动曲轴结构［见图2.24（b）］。

（2）飞轮驱动怠速起动/停止系统。

图2.24（a）所示为传统的发动机的起动机

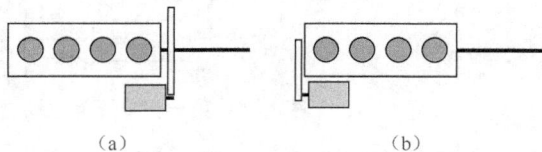

图2.24　带式电动力耦合类型与安装位置

安装结构，12V起动电动机外挂于发动机后侧，通过齿轮作用于曲轴飞轮。电动机通电旋转以驱动曲轴旋转，从而完成气缸活塞初始的吸气、压缩过程，为作功行程做准备。目前，在传统内燃机车辆上安装"发动机自动停止怠速和起动装置"，能够在车辆处于怠速状态下，停止发动机的运转，而在踩下加速踏板同时起动发动机。采取这样的发动机控制方法可以减少发动机尾气排放，使发动机不必要的怠速被停止，而按照指令可迅速起动车辆。该装置对汽车行驶时的转矩和加速性能并没有影响。有试验表明，此种控制方式，可以节约燃料7.5%，并减少怠速时发动机有害物质的排放。由于这是对原有的起动机实现自动控制，所以并非严格意义上的混合动力汽车。

（3）带传动一体机型混合动力系统。

带传动是一种双轴输入式混合动力结构，如图2.25所示，ISG电动机安装于发动机前端一侧，通过挠性传动带与发动机曲轴连接，又被称为BISG（Belt Drive Integrate Starter Generator）系统。

① BISG系统组成与功能。BISG由ISG电动机、传动带和控制器等构成，其主要功能如下。

a. 车辆暂时停驶时对发动机进行起动/停机（Start/Stop）控制。

b. 发动机正常运转时，ISG电动机转换为交流发电机状态，电源控制系统将交流电转换为直流电供用电器使用，并对蓄电池充电。

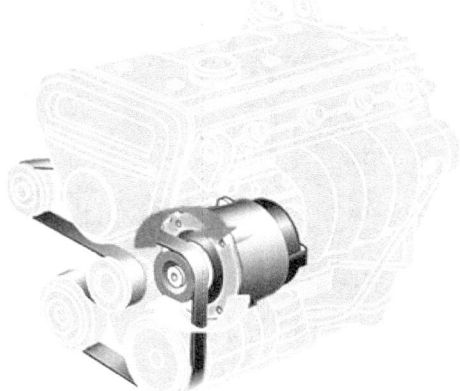

图2.25　带传动一体机安装示意图

c. 当车辆减速或制动时，ISG电动机可将惯性能转换为电能回收。

② BISG系统工作特点。BISG系统可以通过电动机高速驱动运转，将发动机起动转速迅速提高到700r/min以上，从而避开曲轴低速起动运转时过浓混合气而引起的过多有害物质排放。但是由于带传动依靠摩擦传递力矩以及一体电动机功率较小，因此在发动机冷起动阶段，还是需要直流起动机对发动机曲轴实现大扭矩驱动运转，特别是在一些柴油机或中型以上的汽油机中仍然采用起动机作为低速起动装置。

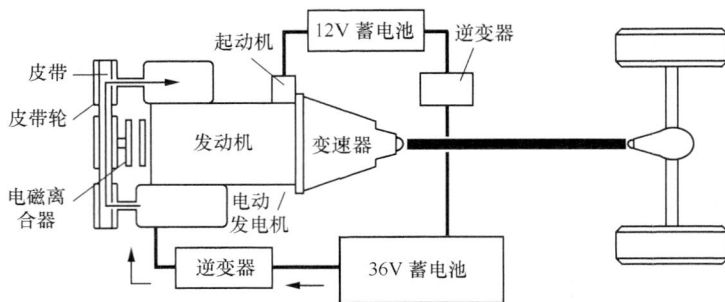

图2.26　第一代丰田混合动力汽车带驱动一体机结构示意图

（4）BISG系统在混合动力汽车中应用。

第一代丰田混合动力汽车曾使用带驱动式起动、发电一体机控制系统，系统结构组成如图2.26所示。该系统的电动机驱动带还与其他电驱动装置连接（如转向助力电动机或空调电动机等），在带轮与曲轴间增设了电磁离合器，可以根据需要切断与曲轴的连接。该一体机系统除包括前面所述功能外，还增加了在发动机停机时，电动机短时向用电负载提供动力的能力。如在发动机停转时，可以在一定时间满足空调与转向助力系统的动力需求。该系统为提高一体机功率和能源效率，增加了36V电压系统。采用高电压系统的主要目的是：一方面为满足汽车日益提高的用电负荷的需求，有利于高效大功率电能输出和制动能量回收。另一方面，由于仍然使用12V电压驱动装置，因此需要两套电压系统和转换控制器，使系统结构复杂。

由以上介绍可知，带驱动一体机结构在汽车整体布局上需要增加一体机和控制器，这些装置都是外挂件，不需要对发动机和传动机构进行很大改动，增加部件少、成本较低，故其在国内外一些轿车和客车上获得应用，如宝马增强型BAS系统、通用君威BAS系统等。中国一汽的奔腾B70轿车和长城SUV也选择了BAS系统。图2.27所示为外挂式带驱动一体机安装示意图。

图2.27　外挂式带驱动安装示意图

目前，随着BISG电动机功率的增加，其功能也有所改变。轻度混合动力车辆BISG系统的电动机具有再起动时产生强大动力的特征，故在汽车起步、加速等发动机燃油消耗较大时，可用电动机辅助驱动的方式来迅速提升发动机转速、降低发动机的油耗和减少有害物质的排放。带传动一体机的结构比较简单，只需要在汽车上增加电动机和电瓶。但该系统的控制系统较为复杂，需要控制电动机实现电动和发电的转换。交流发电机的动力可以通过电驱动系统增加汽车动力系统转矩，辅助汽车行驶，并可节约燃料10%～12%。

（5）带式耦合器特点。

综上所述，采用皮带传动的轻混合动力系统的特点有：相对于齿轮，皮带传动结构简单、材质轻、传动无噪声、维修方便，安装到发动机不用进行过大改动设计，相对成本低等优点，较适合城市使用的经济车型。同样由于一体机安装便利，一些大型混合动力客车也采用带传动结构。

对于BISG来说，也存在一些不足。

① 对传动皮带的性能要求较高。由于传动时滑动和运动迟滞会造成一些功率损失，增加皮带的发热和磨损，从而影响皮带的寿命；皮带的张紧装置需要进行专门设计，以提供稳定的阻尼消除皮带的震动等。

② 由于皮带处于发动机前端，因此在汽车减速制动时，部分惯性作用力已被发动机抵消，其能量回收效果也要被削弱。为了减少对汽车惯性力的消耗，一般的发动机在汽车减速或滑行时采用发动机断油、断火技术，以使惯性能量通过曲轴和皮带充分传递到ISG电动机，实现惯性能量回收功能。

（6）带式耦合器张紧轮结构。

图2.28所示为宝马Active Hybrid 5混合动力汽车的起动发电机传动带张紧结构。为了克服电动机驱动与发动机驱动的作用方向不同时，传动带的松紧边变化引起带的抖动，采用了双向扭

转弹簧预压紧设计。当电动机以顺时针方向驱动曲轴转动时，上侧的皮带张紧，而下侧皮带松弛，则下侧的张紧轮在扭转弹簧作用下将多楔带内压，以消除打滑和震动，如图2.28（a）所示。图2.28（b）所示为发动机驱动一体机发电时，上侧的张紧器将上侧多楔带压紧的情况。

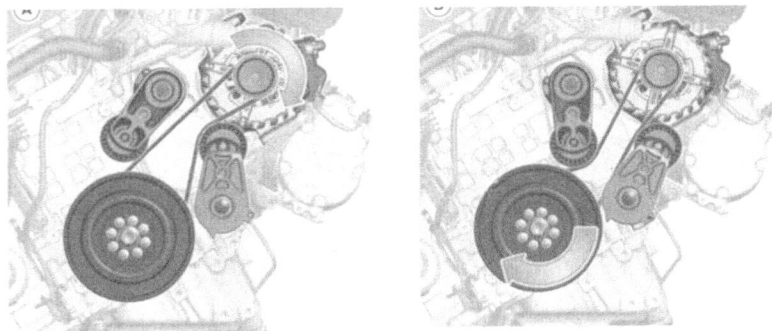

（a）电动机驱动曲轴 （b）曲轴驱动发电机

图2.28　宝马混合动力汽车外挂一体机传动带双向张紧结构

出于同样的目的，通用君越的BSG带传动采用了图2.29所示的多楔带张紧器。该张紧器总成由支撑板、液压减震器和弹簧、张紧带轮等构成弹力扭转压紧结构。支撑板通过支撑销安装在缸体上作为转轴，另一端通过液压减震器与发动机缸体连接。

图2.29　通用君越混合动力汽车采用的传动带张紧结构

当一体机作为起动机驱动曲轴顺时针旋转时，多楔带的上侧为张紧边，左张紧轮上移，弹簧力增加。同时张紧器支架绕支撑销摆动，右张紧轮左移，消除楔带下侧的松弛量，在弹簧作用下保持传动带与带轮的接触压力。结构中利用减震器液压阻尼的作用，可以很好地消除动力换向时运转中带的震动和噪声。

4. 同轴式机械耦合器

（1）同轴式机械耦合器布置形式。

同轴式机械耦合器指两个作用力矩作用于同一轴线上。目前双动力转矩耦合采用的主要是与电动机同轴安装的结构形式。图2.30所示为在曲轴和变速器之间同轴安装ISG电动机的转矩耦合结构。

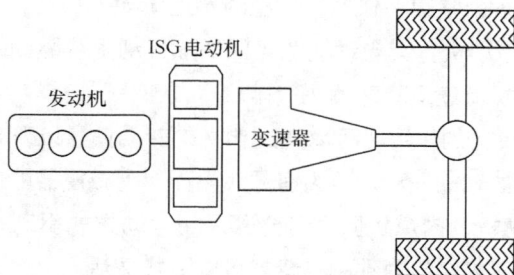

图2.30 单轴混合动力电磁耦合结构示意图

对于转矩耦合的并联混合动力驱动系统，其简单且紧凑的结构当属同轴结构，其中电动机转子起转矩耦合作用，如图2.31所示，电动机既可装在发动机和传动装置之间，也可安置在传动装置和末级驱动之间。

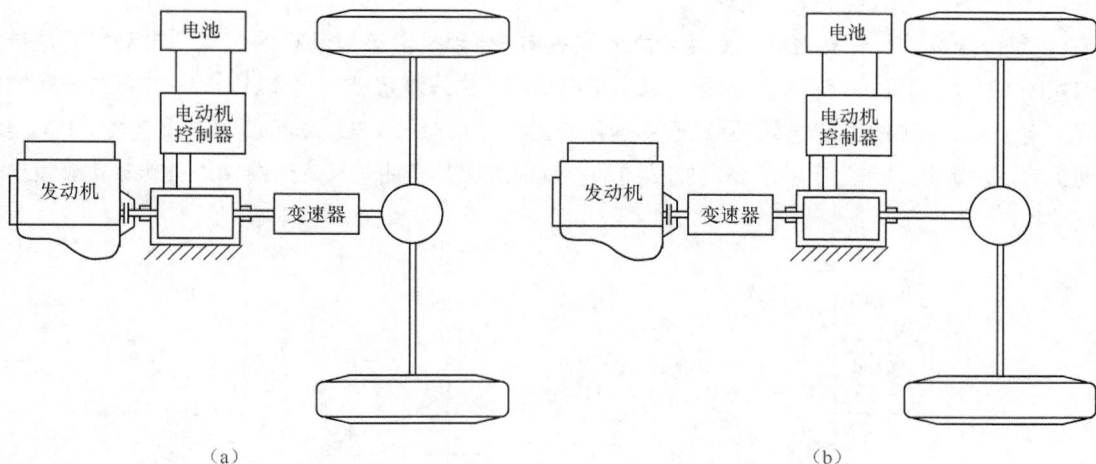

（a） （b）

图2.31 混合动力汽车电磁转矩耦合特点

① 图2.31（a）所示为电动机安装在发动机与变速器之间的同轴机电耦合结构，其特点是电动机转子直接安装在内燃机曲轴输出端，电动机定子固定在发动机与变速器壳体之间，电动机转子随曲轴一起旋转，具有发电机功能；反过来，电动机通电后转子旋转驱动曲轴，为发动机初始工作循环提供外动力。电动机除具有发动机起动、发电功能外，还具有为车辆提供辅助动力和制动能量回收功能。由于ISG电动机转子具有一定质量，电动机转子可以取代曲轴飞轮功能，所以在轻度混合动力系统中发动机飞轮被取消。由于布置空间有所限制，因此ISG电动机最好采用扁平形的结构。

② 图2.31（b）所示的传动结构中，电动机转矩直接传递给末级驱动时，传动装置仅能调节发动机转矩，这一结构可应用于有较大范围恒功率区的大型电动机驱动系统。但应注意，当车辆停止并且电动机刚性连接到驱动轮时，电动机不可能由发动机驱动而对蓄电池充电。

（2）同轴式机械耦合器电动机的特点。

① 电动机直径尺寸大，能输出较大驱动转矩，可直接驱动曲轴旋转起动发动机，可以取消外挂起动机，从而能实现低噪声、快速、平稳的停止/起动。

② 使用功率较大的电动机，其电动功能可以增加传动系统驱动的转矩和转速，在汽车起步或低速上坡时减少发动机低速运转时的尾气排放。

③ 电动机转子取代飞轮的作用，可以通过自身的转动惯量以及在电动机和发电机之间来回切换状态，平衡内燃机曲轴的波动，成为有源飞轮而起到减震器的作用。

④ 同轴安装ISG电动机，内燃机附件可全部采用电动方式驱动，这样可以全部省掉用于传动的齿形皮带及齿轮组，内燃机附件的布置就可以更加灵活。

⑤ ISG用作发电机时可以提供10kW功率输出，全转速范围内的效率达80%以上。普通车用发电机通常通过皮带由内燃机曲轴驱动，最大输出功率仅为1.5～2.5kW，发电机的最大效率为70%，而高速时仅为30%，这是无法满足现代汽车电子产品的功率需求的。

（3）同轴式机械耦合器在混合动力汽车中的应用。

① 部分动力混合ISG应用实例。

奔驰S400轿车在发动机与变速器之间安装ISG电动机。该电动机的位置和电动机组成结构如图2.32所示。ISG电动机采用永久磁同步电动机，由线圈定子2、永磁转子3和中间外壳等构成。电动机定子2通过定子架7固定于变速器壳上，永磁转子3与发动机曲轴末端连接。ISG电动机起动发动机时作为电动机驱动曲轴转动；其他工况则随曲轴和变速器输入轴转动实现发电机功能。

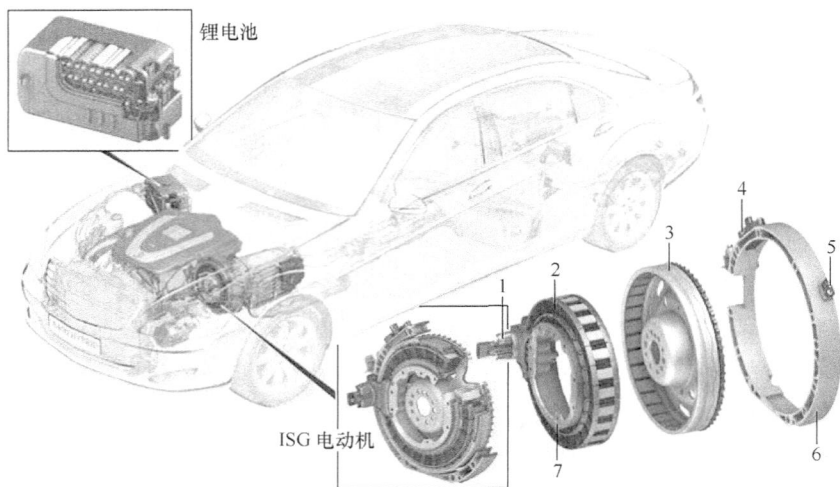

图2.32　奔驰S400混合动力汽车同轴式一体电动机结构与位置图
1—电力接线端子　2—定子电枢　3—永磁转子　4—霍尔传感器
5—转子位置传感器　6—电动机外壳　7—定子架

ISG电动机的主要功能：发动机起动、再生制动和提供发动机助力；电机输出功率为15kW，质量20kg，能产生额定电压124V的三相交流电；转速低于100r/min时不会产生感应交流电。

由于汽车用电系统和储能系统与ISG电动机工作系统电压不同，故需要高、低压两套蓄能装置，发电机产生的高压电需要由电力控制系统控制逆变器实现交直流（AC/DC）转换后存入高压锂电池，转换为直流的部分能量经高低压（DC/DC）转换后存入低压蓄电池。

汽车起步时，电力控制系统根据请求，控制高压蓄电池的电能进行DC/AC转换，并向ISG电动机供电，ISG电动机作为电动机时，为曲轴旋转提供所需的起动转矩。

汽车发动机或传动系统提供动力时，ISG电动机进入发电模式，产生的三相交流电由电力控制装置逆变器（AC/DC）转换为直流电向高压蓄电池充电，并经过DC/DC转换器向12V车载电气系统供电。

汽车滑行或减速时，车辆的动能会被ISG电动机吸收转换为电能，这一过程称为能量再生。在发电模式下，被促动的电动机会产生交流电，其产生减速扭矩的大小受发电量的影响。减速时，电力管理系统会根据路面斜度和滑行速度控制减速扭矩和发动机断油减速功能。

② 全混合动力ISG应用实例。

本田IMA混合动力系统主要由发动机、电动机、CVT变速箱以及IPU智能动力单元4个部分组成，如图2.33所示。其中，混动系统的发动机基本以1.3L和1.5L这两款自然吸气四缸发动机为主，电动机则是三相超薄型DC无刷电动机，作为动力辅助装置，安装在发动机与CVT变速箱的中间。

本田IMA混合动力系统与ISG系统的不同在于其电能可以与发动机协作驱动车辆，并可在一定条件下实现纯电力驱动行驶。本田的电动机在发动机工作在不同工况时具有3个功能：作为发动机的起动电动机、发动机驱动的交流发电机和汽车加速时为发动机提供辅助加速动力的电动机。本田称之为集成辅助电动机（IMA），这个电动机的转子被设计为飞轮的一部分，其厚度只有65mm。

图2.33 本田混合动力电机组成结构图

本田IMA系统实现纯电动行驶的前提是停缸技术。发动机曲轴与电动机是连在一起的，当车辆以纯电动状态行驶时，发动机虽然停止供油但气缸与曲轴仍保持运转，或多或少会消耗电能。停缸技术可有效降低电动机驱动阻力矩，并在滑行或减速时充分进行能量回收。如图2.34所示为IMA系统电动机的驱动与发电功率流的方向。

本田IMA混合动力系统一共有5种工况模式，其中，车辆在起步加速阶段、急加速以及高速行驶阶段发动机与电动机共同出力，可以提升车辆的动力性能。当车辆低速行驶时，发动机气缸关闭，车辆能进行全电力驱动，但速度不能高于40km/h。当车辆在普通加速阶段时，则完全由发动机驱动，电动机退出工作，并用发动机的动能进行充电。

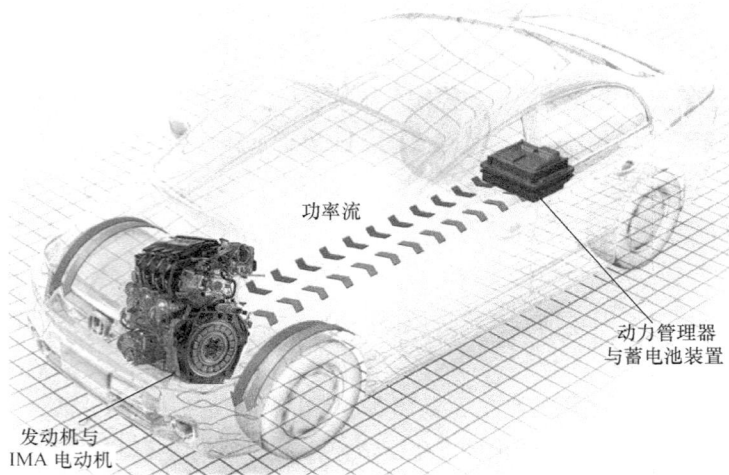

图2.34　本田混合动力驱动与发电功率流示意图

当车辆减速制动时，发动机停止工作，车辆进行能量回收，为电池组充电。当车辆怠速时，发动机也会自动停止工作，从而降低油耗，当然，此时车辆的空调系统也将不会提供冷气，而只是送风。

表2.2以本田2006款CIVIC轿车为例，列出其动力系统配置和主要参数。该车采用的超薄电动机最大功率只有10kW，最大扭矩62N·m。显然，这样的电动机动力只能起到辅助的驱动作用。由于IMA系统能够在特定情况下（如低速巡航）单独驱动汽车，而被划分到中型混合动力汽车的行列。

表2.2　　　　　　　　　　　　　　本田2006CIVIC系统配置

整车性能	
油耗：31km/L（日本10.15工况）	0.100km/h加速时间：12s
汽油发动机	
排量：1.4L	i.VETC三段可变气门正时
最大扭矩： 119N·m/3 300r/min	最大功率： 63kW/5 700 r/min
直流无刷电动机	
助力最大功率：10kW	发电最大功率：12.3kW
助力最大扭矩： 62N·m/ 103N·m（CVT）	发电最大扭矩： 108N·m
NiMH动力电池	
容量：5.5Ah	额定电压：158V
最大放电功率：16.1kW	最大充电功率：13.3kW

③ 带离合器全混合动力ISG应用实例。

与本田IMA类似，日产和丰田都有过同轴整体电动机的混合动力设计。图2.35所示为日产风雅混合动力轿车使用的典型的单电动机双离合结构。这种结构在欧系的混动车型中应用较普遍。这里的双离合器是指发动机与电动机之间、电动机与变速器之间各设置一个离合器。

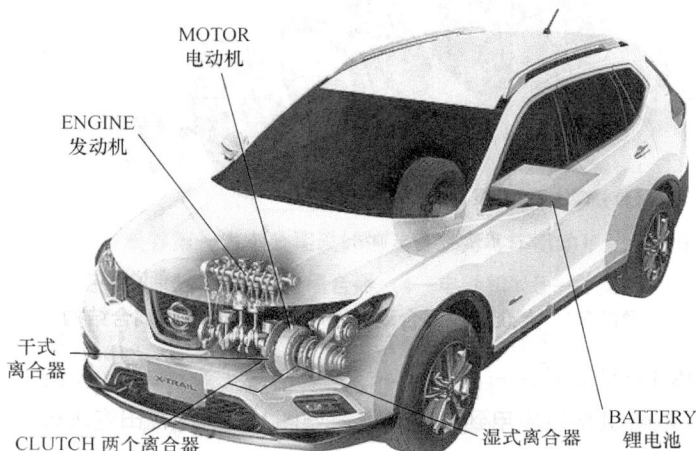

图2.35　日产风雅混合动力汽车结构组成与特点

发动机与电动机之间使用干式离合器，其作用是当车辆起步阶段以及纯电动模式行驶的时候，与发动机曲轴断开连接。汽车起步或纯电动行驶时如果发动机和电动机通过传动机构相连的话，电动机会带动发动机转动，从而浪费能量，所以在发动机不工作的时候，干式离合器会将两者断开连接，单独让电动机来驱动车轮。采用这一技术可以避开发动机停缸技术所带来的复杂结构和高成本，但前提条件是要具备好的离合器自动控制技术。

湿式离合器放在电动机和CVT之间，其作用为整辆车的动力输出开关，其与传统的变速器中的液力变矩器的作用相类似。日产风雅混合动力轿车也采用了CVT技术。

采用较大功率的电动机，可以实现轻度混合动力系统所不具有的电动机单独驱动功能，且能有效提高再生制动的能量回收率，进一步提高整车的燃油经济性，改善排放。

由于单轴式动力耦合的优点，欧洲的很多混合动力汽车都采用该项技术，甚至包括重型货车。大众途锐（Touareg）轿车就是单轴双动力耦合中型混合动力汽车的实例。大众途锐轿车使用的是3.0L、245kW/7 000r/min、 440N·m/2 500～4 800r/min的增压汽油发动机和8速的自动变速器。混合动力系统是在发动机和液力变矩器之间增加了一个额定功率为34kW的电动机和离合器。该离合器使得系统能够实现所有混合动力的功能，例如，在车辆滑行时断开内燃机，快速起、停功能以及纯电动行驶。

大众途锐混合动力汽车单轴电磁转矩耦合结构如图2.36所示，由离合器与电动机构成。干式离合器总成安装在曲轴飞轮上，通过电控液压式分离轴承实现结合和断开操作。电动机定子固定在具有水冷功能的电动机壳体内，与离合器轴、变矩器挠性盘一体的电动机永磁转子装在定子中。电动机为三相交流同步电动机，电压为288V，故电力控制系统需要使用逆变器进行

利。比亚迪秦的混合动力设计采用的策略是汽车在起步、低速时由电动机驱动行驶，汽车在高速大功率时由发动机驱动，汽车在加速和动力不足时采取汽油机和电动机混合动力提升汽车的驱动扭矩。根据这个策略，电动机动力被加在双离合器DCT的低速轴上，电动机与双离合器机械变速器连接示意如图2.41所示。该变速器由两个离合器分别将发动机动力输入变速器一轴和二轴，一轴设1、3、5三个奇数挡，二轴设2、4、6三个偶数挡，相对偶数挡，奇数挡为低速挡。驱动电动机的齿轮仅与变速器的一轴齿轮啮合，由结构可知，利用蓄电池的电能由电动机转换为机械能输入变速器，这一过程仅限于使用奇数挡，即发动机动力工作在偶数挡时，无法实现混合动力驱动。考虑到汽车在起步、加速、低速大扭矩和城市运行工况下才使用电动机驱动，这种单轴动力混动的设计还是非常有效和实用的。

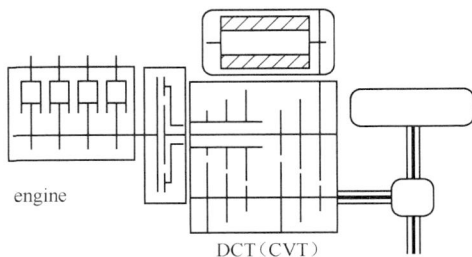

图2.40　比亚迪六速双离合器变速器与驱动电动机外形　图2.41　电动机与双离合器机械变速器连接示意图

比亚迪秦具有4种驱动模式：纯电动节能模式、纯电动运动模式、混动节能模式和混动运动模式。比亚迪秦具有3种工作模式：低速/起步时采用电动模式；必要时采用汽油机和电动机混动模式；高速时采用发动机驱动模式。这样就避免了离合器过热、低速排放和油耗高的问题，并大幅提升了汽车起步和超车的能力。

这种动力混合模式的优点是避开了发动机低速运转时的高油耗和高排放的弊端，减速时刻充分回收能量。

这种动力混合模式的缺点是电动机动力只作用于变速器奇数挡轴，只能获得几个固定的减速比，到汽车高速时电动机的效率就会下降，提供的车轮扭矩也会下降。但结合我国高速公路最高时速限制120km/h的情况，这款汽车能达到185km/h的极限车速，是基本能够满足汽车使用要求的。

二、速度耦合并联混合动力驱动系统

速度耦合是将两个动力装置的动力通过转速耦合相互关联。图2.42所示的行星齿轮机构是一个三端口、两个自由度的机械转速耦合装置。行星齿轮三个端口组件分别标记为中心轮

S、齿圈R和行星架C，其中心轮、齿圈和行星架之间的转速关系可以用行星齿轮机构等效杠杆表示。

1. 等效杠杆法原理

行星齿轮机构等效杠杆分析法是20世纪70年代末由美国提出的用于汽车自动变速器设计的一种方法。它将复杂的行星齿轮机构等效为一个杠杆系统来进行速度和力矩分析。

如图2.43所示，用垂直的杠杆系统等效替代行星齿轮机构，等效杠杆系统上的各点可以等效行星齿轮上的各个旋转件，行星齿轮组上的输入、输出和各组件的转矩在杠杆中用水平力表示。

将一个行星齿轮组转换为具有3个支点的杠杆，3个支点分别代表中心轮S、行星架C和齿圈R。在单行星齿轮机构中，由于中心轮和齿圈在相对于行星架的运动中方向相反，所以在等效杠杆上中心轮S和齿圈R分布于行星架C的两侧，如图2.43（a）所示。对于双行星齿轮组，由于中心轮和齿圈相对于行星架的运动中运动方向相同，所以在等效杠杆中，中心轮S和齿圈R分布于行星架C的同一侧，如图2.43（b）所示。图中Z_S、Z_R分别表示中心轮和齿圈齿数，Z_{R-S}表示齿圈齿数与中心轮齿数之差。

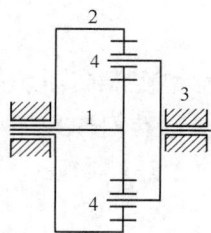

图2.42　行星齿轮结构示意图

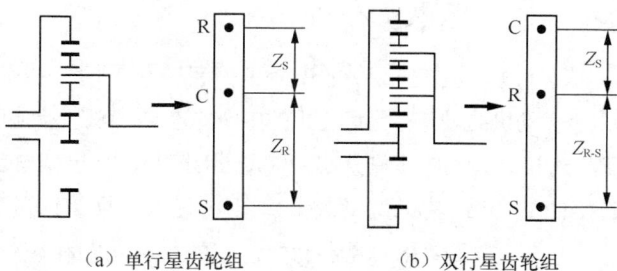

（a）单行星齿轮组　（b）双行星齿轮组

图2.43　行齿轮杠杆等效图

等效杠杆法首先确定行星齿轮中一个组件的正方向，其余各组件的方向可以根据行星齿轮运动规律进行判断。由图2.44（a）的受力方向设中心轮受力为正方向；若行星架作为制动件，则根据行星架的旋向趋势可确定其转矩作用方向；齿圈为输出件，其所输出转矩作用方向与齿圈旋向相反。其扭矩计算公式为

$$T_R \cdot Z_S \cdot T_S \cdot Z_R = 0$$

在等效杠杆图中，利用等效杠杆法对行星齿轮各组件运动进行分析，已知中心轮为输入件，行星架固定，齿圈为输出件，则等效杠杆分析的

图2.44　等效杠杆力矩与速度分析

行星齿轮组各组件的转速方向及对应关系如图2.44（b）所示。行星齿轮各组件转速大小可以通过图中多个相似三角形求出。根据相似三角形原理得：

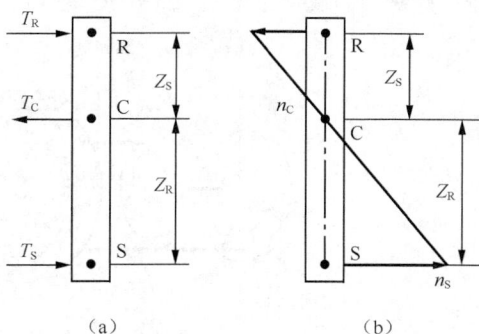

$$\frac{n_S}{Z_R} = \frac{n_R}{Z_S}$$

式中，n_S、n_R分别为中心轮和齿圈的转速。

2. 丰田THS.C混合动力驱动系统分析

（1）丰田THS.C混合动力驱动系统结构。丰田汽车公司THS.C四轮驱动汽车的前驱动桥采用汽油发动机和电动机并联驱动形式，动力耦合采用了行星齿轮速度耦合器，动力耦合与传动结构如图2.45所示。该动力耦合传动结构由发动机、ISG电动机、单行星齿轮、制动器、离合器及带式无级变速器构成。

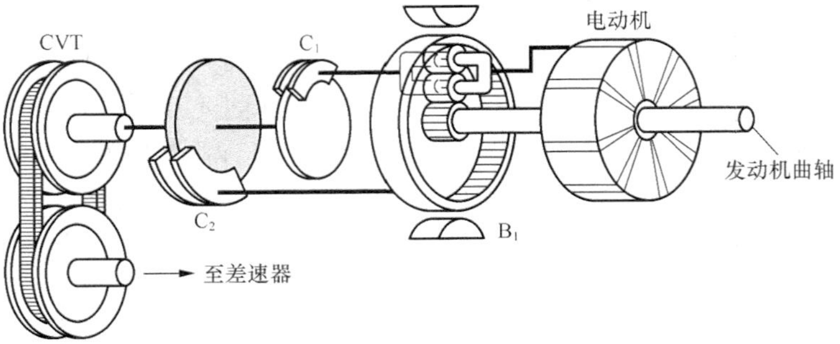

图2.45　丰田混合动力汽车传动系统和速度耦合器结构图

发动机曲轴与行星齿轮组的中心轮连接，ISG电动机轴与行星架连接，齿圈通过离合器C_1、C_2与CVT连接。齿圈的工作状态由制动器B控制，行星架与CVT的连接由离合器C_1控制，齿圈与CVT的连接由离合器C_2控制。系统的动力、速度转换是通过离合器和制动器的接合与断开来实现的。

（2）丰田THS.C混合动力汽车的主要功能和速度耦合器工作原理。

① 发动机起动。点火开关ON，制动器B_1将齿圈固定，离合器C_1、C_2处于断开状态，使动力不能传递到CVT。同时电源管理系统向ISG电动机供电使其逆时针旋转，通过行星架输入齿轮组，中心轮被驱动顺时针旋转，输出动力驱动发动机曲轴旋转。其动力传递路线与转速如图2.46所示。

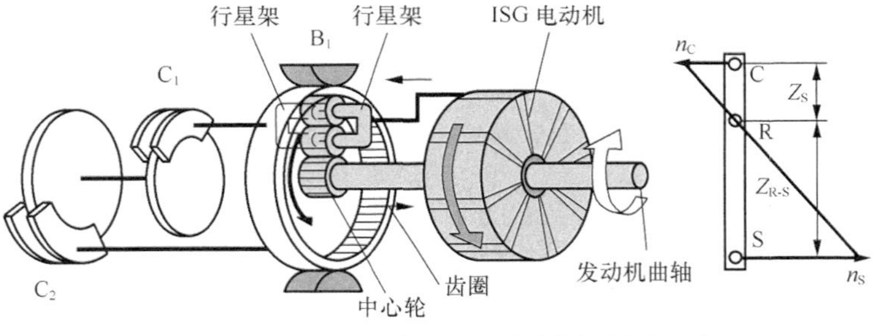

图2.46　发动机起动时动力传递路线与转速示意图

② 停车发电。保持与①相同的行星齿轮控制状态，电源管理系统停止对ISG电动机驱动供电，发动机通过中心轮、行星架驱动ISG电动机逆时针旋转即转换为发电状态。

③ 电动机驱动汽车。如图2.47（a）所示，发动机停止工作，制动器B_1释放，离合器C_1动

作将行星架与CVT连接。电源管理系统控制蓄电池向ISG电动机供电，电动机驱动行星架顺时针转动输出转矩，驱动车辆向前运动。当控制ISG电动机逆时针转动时，则实现车辆向后行驶。

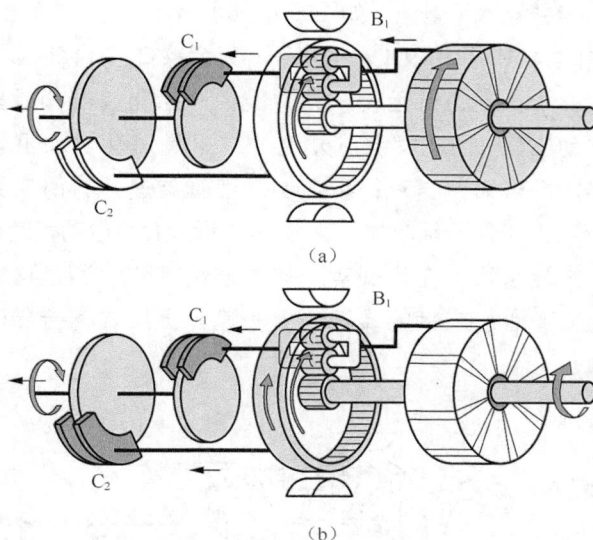

（a）

（b）

图2.47 电动机和发动机分别驱动汽车运动

④ 发动机驱动汽车。电源管理系统停止对ISG电动机供电，制动器B_1保持释放，离合器C_1、C_2动作，可视为行星架与齿圈结合为一个刚体，发动机运转通过太阳轮直接向CVT输出转矩。其传递路线如图2.47（b）所示。

⑤ 发动机与电动机共同驱动汽车。离合器C_1、C_2和制动器B_1保持④的状态，发动机工作情况下，电动机也通电顺时针转动，发动机和电动机两个转矩作用于一个刚体上，此时的情况与机械转矩耦合器相似，提高车辆的加速驱动能力，如图2.48（a）所示。

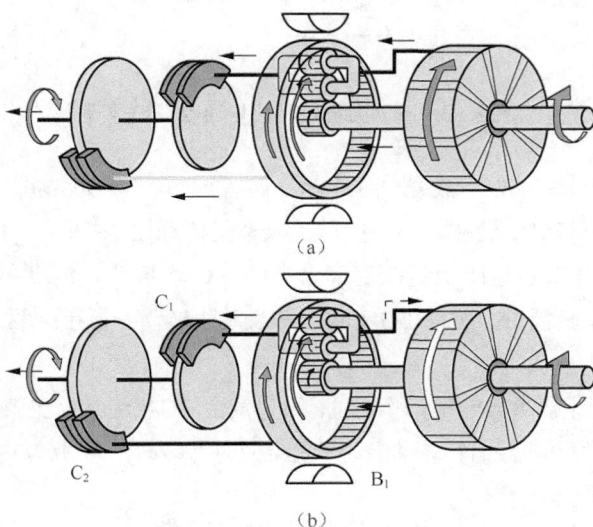

（a）

（b）

图2.48 混合动力驱动汽车运动与发动机发电

⑥ 正常行驶中发电。当车辆只需要维持匀速运行时，离合器和制动器相同于⑤状态，电源控制系统切断驱动电流停止电动机功能。ISG电动机在行星架带动下继续旋转并发电。将一部分发动机动力用于发电并充入蓄电池，如图2.48（b）所示。

⑦ 双动力增矩原理。如图2.49（a）所示，离合器C_2接合使齿圈与CVT连接，离合器C_1与制动器B_1均不工作。发动机运转，动力经中心轮向齿圈和行星架分流，行星架以逆时针方向运转可驱动ISG电动机发电。分流的结果是消耗发动机转矩并减少车轮驱动力。由行星齿轮受力分析可知，当对行星架制动使其转速为零时，则发动机转矩可全部传递至齿圈。要实现输出转矩逐渐增加，需要逐步增大ISG电动机励磁电流，减少行星架逆转，即控制行星架的转速可以在齿圈实现转矩连续变化。通过这样的控制可以在低车速大负荷（上坡）状态下增加车辆的转矩。当车速升高后，离合器C_1接合，则过渡到⑤的双动力驱动状态。

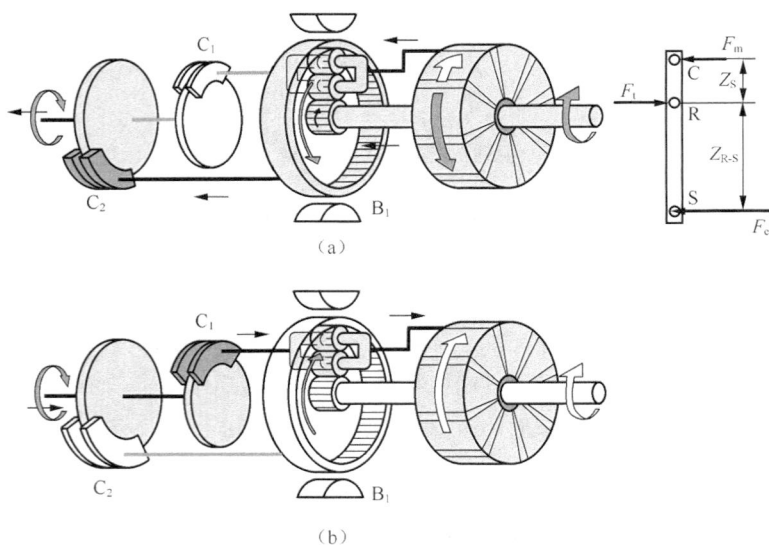

图2.49 双动力增矩和能量回收发电原理

⑧ 能量回收1。汽车中速以下减速时离合器C_1接合，汽车滑行惯性力驱动行星架以图2.49（b）所示方向旋转，驱动ISG电动机并发电。能量回收率受传动比的控制。

⑨ 能量回收2。汽车中速以上行驶时离合器C_1、C_2均接合，制动器B_1不动作，齿圈与行星架结为一个刚体，车辆惯性力驱动ISG电动机和发动机转动。行星架驱动ISG电动机发电，如图2.50（a）所示。

⑩ 发动机驱动倒车。蓄电池电量不足时，通过离合器C_1接合使行星架与CVT直接相连，制动器B_1工作将齿圈制动，发动机顺时针转动带动行星架逆时针转动，通过CVT输出使车轮反转而向后行驶，如图2.50（b）所示。

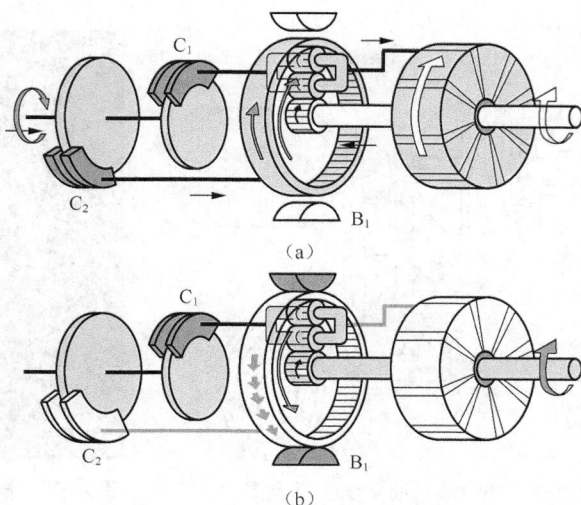

图2.50　汽车减速发电与发动机驱动倒车运动

三、功率耦合混联混合动力驱动系统

功率耦合方式的输出转矩与转速分别是发动机与电动机转矩和转速的线性和，因此在采用功率耦合方式的混合动力汽车中，发动机的转矩和转速都可以自由控制，而不受汽车工况的影响。采用功率耦合方式的混合动力电动汽车理论上不需要离合器和变速器，而且可实现无级变速。因此功率耦合系统与转矩和转速耦合系统相比，无论是对发动机工作点的优化，还是在整车变速方面都更具优越性。

下面以丰田汽车的混合动力传动系统为例，介绍功率耦合器结构与工作原理。

1. 丰田汽车的混合动力传动系统结构

功率式机械动力耦合方式是指：同一时刻可以兼有转速和转矩耦合模式的动力混合结构。这类结构的一个典型实例是丰田汽车的混合动力传动系统，其传动系统结构如图2.51所示。该混合动力系统由发动机、起动/发电一体机MG1和电动机MG2共同构成，动力装置通过一个行星齿轮机构耦合，并传递给车辆传动系统。发动机曲轴与行星架连接，电动机MG1与中心轮连接，电动机MG2固定在齿圈上。一方面，发动机动力、电动机1和电动机2的动力可同时作用于行星齿轮，形成转速混动模式；另一方面，发动机动力和电动机MG2动力可同时作用于行星齿圈上，形成转矩耦合混动模式。丰田混动的双电动机结构如图2.52所示。

2. 丰田汽车的混合动力传动系统工作原理

在全混合动力工况下，发动机和电动机的动力作用在齿圈上用以驱动车辆运动。一部分发动机的动力分配到中心轮带动电动机MG1而发电，发电机的电力可以直接供给电动机使用，也可以向蓄电池充电。车辆在不同行驶工况时的发动机、发电机和电动机的转速要求如下（动力分配机构齿圈、行星架、中心轮转速之间的关系可以用等效杠杆表示）。

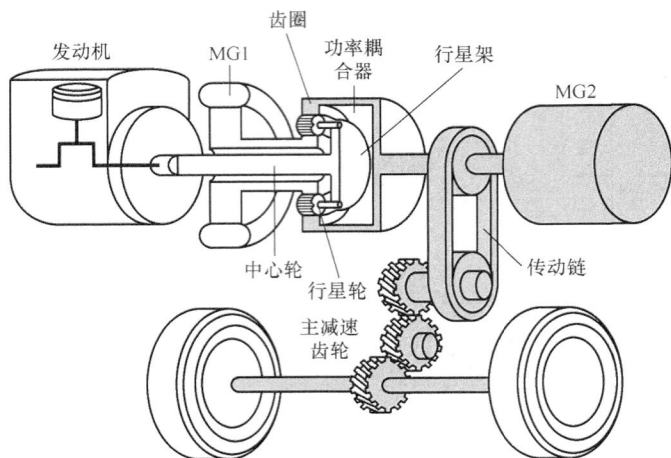

图2.51　丰田混合动力汽车功率耦合装置结构示意图

图2.52　丰田混动的双电动机结构

（1）停车时，要求发动机、发电机和电动机都停止，三者转速均为零。用等效杠杆法观察各个元件的转速关系，如图2.53所示。

（2）发动机起动，车辆静止状态下，电动机MG1兼备汽车发动机和起动机功能，当电动机MG1通电转速提高后，发动机即被起动。发动机起动后则电动机MG1转为发电机功能，并把电流输给蓄电池或电动机。此时与车轮连接的齿圈静止不动，电动机MG1驱动中心轮旋转并经行星架带动发动机曲轴旋转，发动机喷油、点火，起动发动机。发动机、发电机和电动机三者转速的关系如图2.54所示。

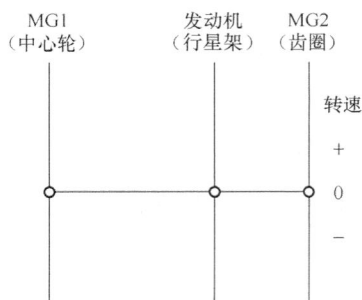

图2.53　车辆停止时的行星齿轮状态

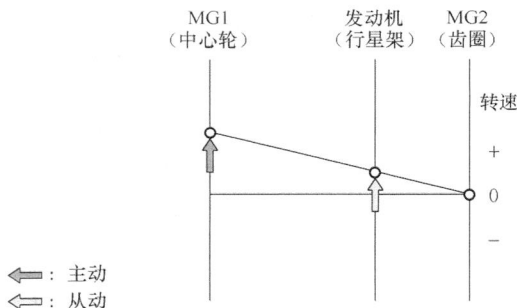

图2.54　发动机起动时行星齿轮状态

（3）汽车起步时，发动机曲轴不运转，行星架静止不动，仅由电动机MG2带动汽车加速前进。发动机、发电机和电动机三者转速的关系如图2.55所示。由于齿圈被驱动旋转，行星轮被带动旋转，故电动机MG1反向空转。

当车辆被电动机MG2驱动达到一定运动速度后，电动机MG1作为起动机驱动发动机运转，实现发动机起动。运行时，起动发动机的过程中发动机、发电机和电动机三者转速的关系如图2.56所示。车辆起步后起动发动机是混合动力汽车经常运行的模式，这样可以利用电动机低速大扭矩的特点，避开发动机起动和冷车低速运行时燃料消耗大和尾气有害物质排放大的弊端。

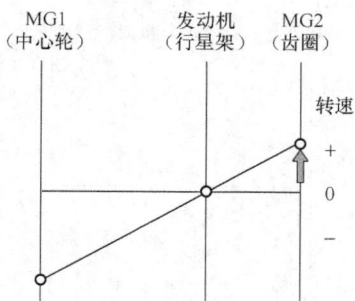

图2.55　车辆MG2电动机起步

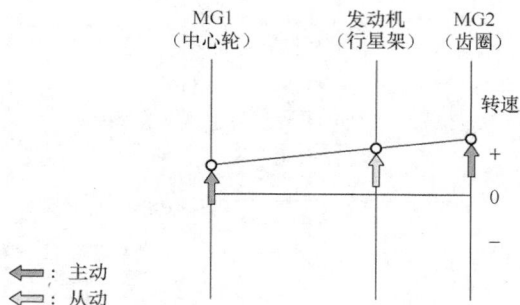

: 主动
: 从动

图2.56　车辆起步后发动机起动

（4）车辆一般正常巡航行驶时，动力主要来自发动机，电动机MG1进入发电状态，为车辆设施提供必要的电量。电动机MG2尽管被驱动旋转但几乎不进行发电，其转速高于发动机转速。发动机、发电机和电动机三者转速的关系如图2.57所示。

（5）加速时，随着发动机转速的提高，发动机部分动力驱动电动机MG1高速发电，发出的电力和蓄电池的电力一起向电动机MG2供电。发动机的一部分输出动力和电动机MG2的动力共同作用，使汽车加速前进。加速时发动机、发电机和电动机三者转速的关系如图2.58所示。在车辆加速时，发动机动力被分配给电动机MG1发电和驱动齿圈，同时由电力管理系统控制的电能作用到电动机MG2上，齿圈上同时作用发动机转矩和电动机MG2转矩，使车辆的驱动力矩和转速提高，加速行驶。在加速过程中，电力管理系统和发动机控制系统控制发动机、电动机MG1和电动机MG2的转速和转矩，实现输出转速的连续变化，从而实现电力控制的无级调速功能。

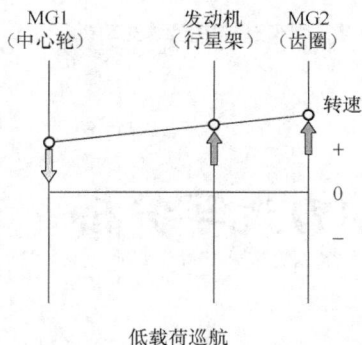

低载荷巡航

图2.57　车辆一般巡航时发动机驱动齿圈并发电

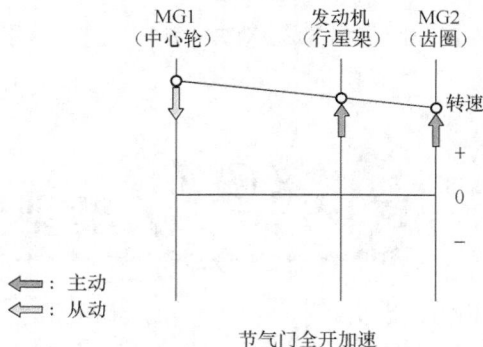

: 主动
: 从动

节气门全开加速

图2.58　加速时发动机与MG2共同驱动齿圈

（6）带制动减速时，发动机怠速运转，电动机MG2惯性驱动发电，同时电动机MG1高速运转，形成对齿圈的反作用力矩，抑制车轮速度上升，起到与发动机制动相同的效果。发动机、电动机MG1和电动机MG2的运动关系如图2.59所示 。

（7）车辆减速时，发动机停止运转，电动机MG1空转，车辆惯性力推动电动机MG2运转发电，电量输入电池组实现能力回收。发动机、电动机MG1和MG2的运动关系如图2.60所示。

（8）倒车时，发动机不转，蓄电池向电动机MG2供电使电动机反转，驱动车轮倒车行驶。发动机、发电机和电动机三者转速的关系如图2.61所示。

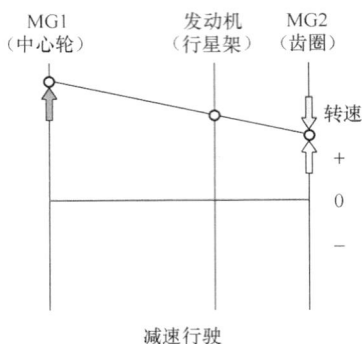

图2.59　减速行驶时

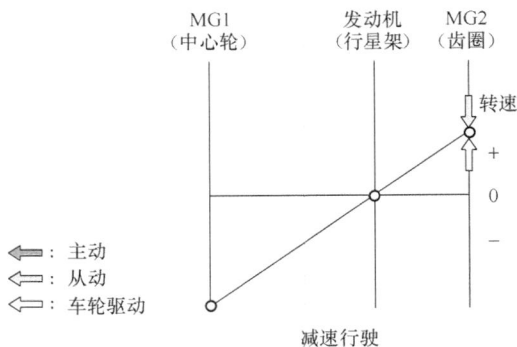

图2.60　车辆减速时电动机MG2能量回收发电

电动模式倒车也可转为发动机倒车模式，电动机MG1以电动机运行驱动发动机起动，如图2.62所示。

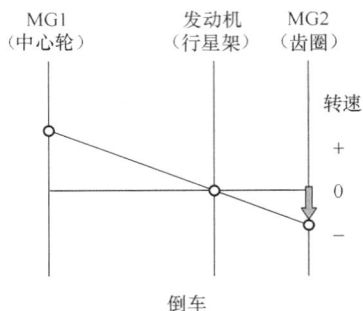

图2.61　由MG2驱动车辆倒车

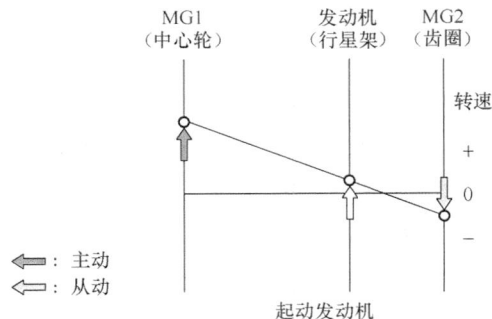

图2.62　倒车过程中起动发动机

第四节　典型混合动力汽车分析

一、丰田凯美瑞THS—Ⅱ混合动力汽车

1. THS—Ⅱ混合动力汽车结构特点

混合动力版凯美瑞是前置前驱式轿车，使用丰田混合动力系统THS—Ⅱ。该系统对3 AZ-FXE发动机和P311混合动力传动桥（混合动力车辆传动桥总成）内的高转速、大功率电动机—发电机组（MG1和MG2）执行最佳协同控制。P311混合动力传动桥提供了良好的传动性能。混合动力汽车结构如图2.63所示。图2.64所示分别为发动机、电动机与传动装置总成和动力控制总成。

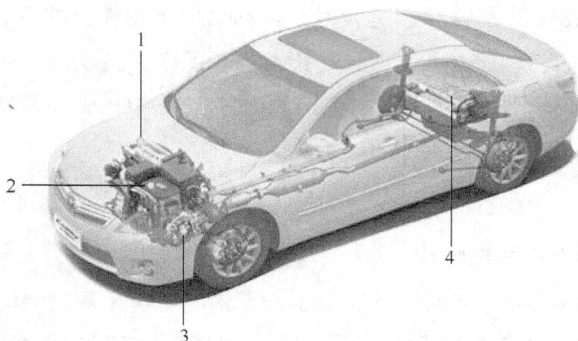

图2.63　丰田凯美瑞混合动力汽车动力总成组成示意图

1—阿特金森循环发动机　2—电力电子控制器　3—双同步交流电动机　4—HV镍氢蓄电池

图2.64　凯美瑞混合动力汽车的动力总成

左图—发动机　右上图—电动机与传动总成　右下图—动力控制总成

（1）优良的行驶性能THS—Ⅱ采用了由可将工作电压升至最高电压（直流650V）的增压转换器组成的变压系统。可在高压下驱动电动机1（MG1）和电动机2（MG2），并以较小电流将与供电相关的电气损耗降到最低。因此，可以使MG1和MG2高转速、大功率工作。通过高转速、大功率MG2和高效3 AZ-FXE发动机的协同作用，达到较高水平的驱动力，使车辆获得优良的行驶性能。

（2）良好的燃油经济性。THS—Ⅱ通过优化MG2的内部结构获得高水平的再生能力，从而实现良好的燃油经济性。当车辆怠速运转时，发动机停止工作，并在发动机工作效率不良的情况下尽量停止发动机工作，车辆此时仅使用MG2来工作。在发动机工作效率良好的情况下，发动机在发电的同时，使用MG1驱动车辆。因此，该系统以高效的方式影响驱动能量的输入—输出控制，以实现良好的燃油经济性。当车辆减速时，前轮的动能被回收并转换为电能，通过MG2对HV蓄电池再充电。

（3）低排放。THS—Ⅱ车辆怠速运转时，发动机停止工作，并在发动机工作效率不良的情况下尽量停止发动机工作，车辆此时仅使用MG2来工作，实现发动机尾气的零排放。在发动机工作效率良好的情况下，发动机在发电的同时，使用MG1驱动车辆。这样，发动机始终工作在燃烧效率最好的状态，有效降低了发动机尾气的排放。

2. THS—Ⅱ的特征

THS—Ⅱ具有以下两个典型特征。

（1）THS—Ⅱ采用了由可将系统工作电压升至最高电压（直流650V）的增压转换器和可将直流电转换为交流电的逆变器组成的变压系统，为MG1和MG2提供系统电压。

（2）THS—Ⅱ功率耦合器采用双排行星齿轮结构，如图2.65所示。在原功率耦合行星齿轮机构上又增加了减速行星齿轮机构，其目的是降低电动机转速，以使高转速、大功率的MG2最适合混合动力传动桥内的动力分配行星齿轮机构。

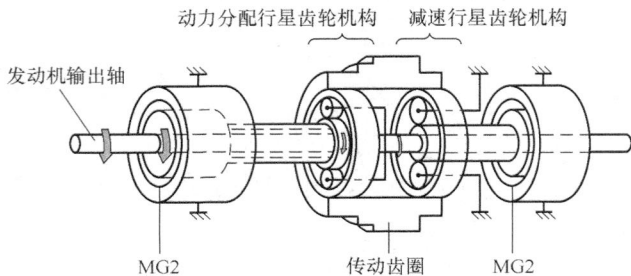

图2.65 双行星齿轮组结构示意图

3. THS—Ⅱ的结构组成

THS—Ⅱ主要由以下系统和零部件组成（见图2.66）。

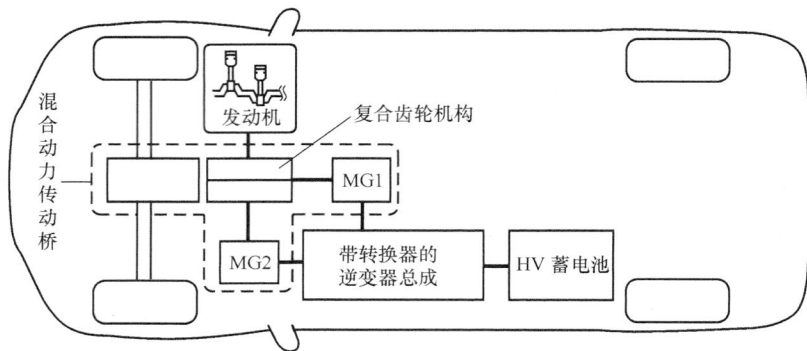

图2.66 THS—Ⅱ混合动力汽车的基本组成装置

（1）电力转换系统。在THS—Ⅱ中，带转换器的逆变器总成内使用增压转换器。增压转换器将系统工作电压升至最高电压（直流650V）且逆变器将直流电转换为交流电，以在高压下驱动MG1和MG2，并以较小电流将与供电相关的电气损耗降至最低，如图2.67所示。因此，可以使MG1和MG2高转速、大功率工作。

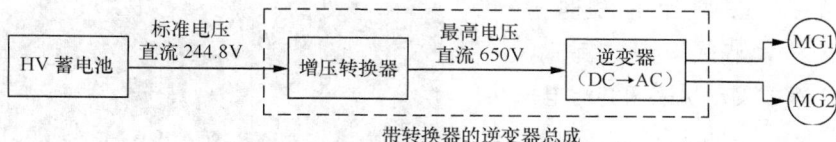

图2.67 THS—II电压转换系统结构示意图

（2）无离合器传动系统。THS—II的动力耦合与动力传递系统间没有离合器，发动机、电动机MG1和MG2均通过行星齿轮将动力耦合至前驱动桥。变速杆位置传感器输出N位置信号，将逆变器（控制MG1和MG2）内所有功率晶体管关闭，以在空挡位置切断原动力，从而切断MG1和MG2操作，车轮处的原动力变为零。

（3）混合动力传动桥。根据车辆驾驶条件，THS—II通过优化方式结合发动机和MG2的原动力来驱动车辆。在该系统中，发动机动力是基础。混合动力传动桥总成内的动力分配行星齿轮机构将发动机动力分成两路：一路用来驱动车轮；另一路用来驱动MG1。因此，MG1可作为发电机使用，为电池充电。

混合动力传动桥总成主要由MG1、MG2、复合齿轮机构（由电动机减速行星齿轮机构和动力分配行星齿轮机构组成）、中间轴齿轮机构以及差速器齿轮机构组成，如图2.68所示。

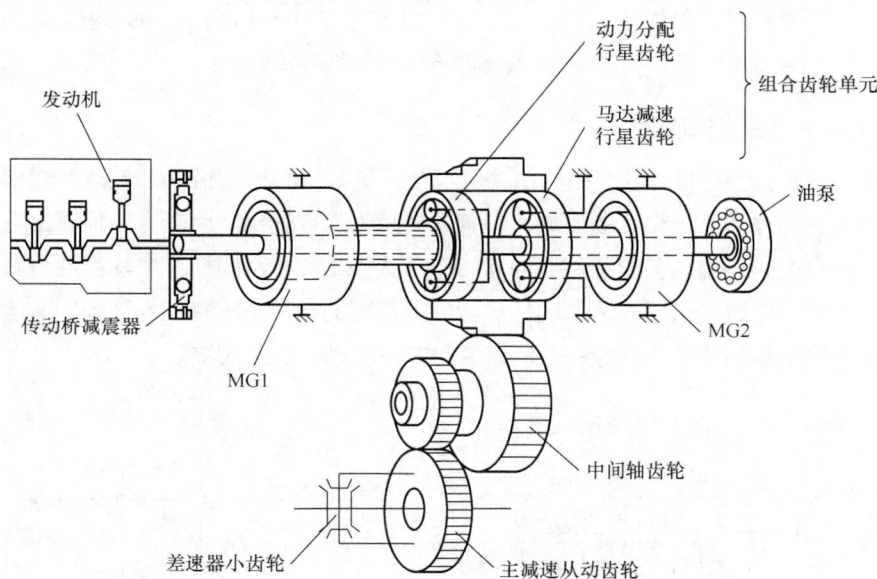

图2.68 混合动力传动结构示意图

发动机、MG1和MG2由行星齿轮机构构成的功率耦合器机械地连接在一起。功率耦合器由电动机减速行星齿轮机构和动力分配行星齿轮机构组成。电动机减速行星齿轮机构降低MG2的转速，动力分配行星齿轮机构将发动机的原动力分成两路：一路用来驱动车轮，另一路用来驱动MG1。在电动机减速行星齿轮机构中，太阳齿轮与MG2的输出轴耦合在一起，且行星齿轮架固定，结构如图2.69所示。此外，复合齿轮机构使用由2个行星齿圈、1个中间轴主动齿轮和1个驻车挡齿轮集成在一起的复合齿轮机构。

（4）无拉索节气门控制装备。THS—Ⅱ的车辆的发动机采用智能电子节气门控制系统（ETCS-i）。无拉索节气门系统不使用加速踏板拉索，而是使用加速踏板位置传感器和节气门位置传感器来检测加速踏板位置和节气门位置，如图2.70所示。

混合动力车辆控制ECU根据加速踏板位置传感器提供的信号、车辆驾驶条件和蓄电池的充电状态（SOC）计算目标发动机转速和所需发动机原动力。根据这些计算结果，混合动力汽车控制ECU优化控制节气门。

图2.69　MG2电动机减速行星齿轮结构

1—MG2电动机驱动齿轮　2—行星齿轮与架　3—共用齿圈

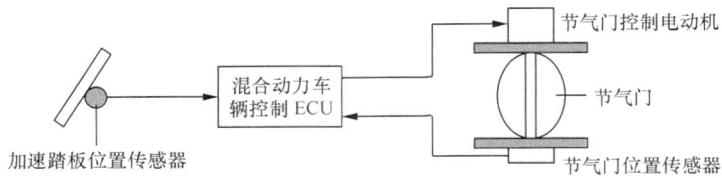

图2.70　智能电子节气门控制系统

4．THS—Ⅱ基本工作原理

由图2.65可知复合行星齿轮组结构由功率耦合行星齿轮和电动机MG2减速行星齿轮构成，两个行星齿轮共同作用于一个齿圈形成对车辆的转矩输入或输出。为较直观地看出行星齿轮上各个构件的速度变化趋势，复合行星齿轮可以等效为图2.71所示的杠杆。其齿圈为两个行星齿轮共用，所以用一个速度表示。两侧的行星齿轮上不同的动力由车辆控制器控制速度和转矩的变化，使其关联齿圈的转速与转矩——即车速和车轮驱动力随之改变。

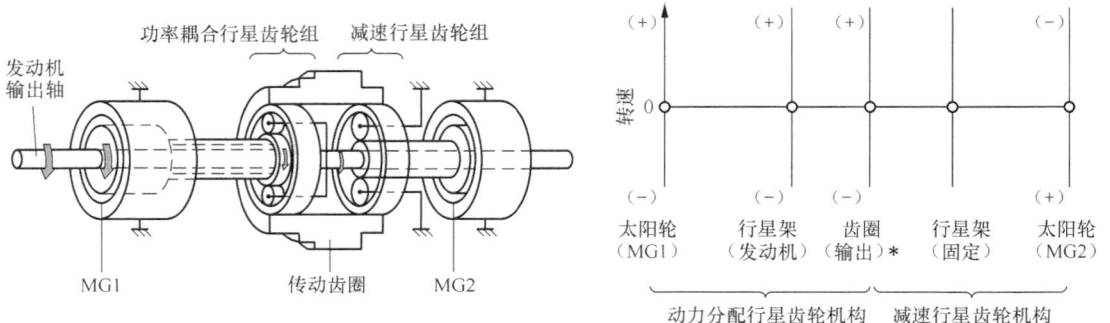

图2.71　复合行星齿轮组无动力输出时杠杆等效速度图

车辆控制器根据驾驶条件，THS—Ⅱ结合发动机、MG1和MG2产生原动力驱动车辆行驶，工作过程如图2.72所示。

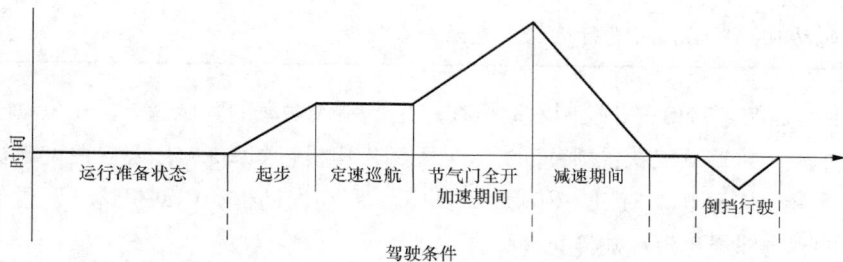

图2.72　驾驶条件与混合动力需要实现的工作过程

下面介绍THS—Ⅱ在车辆的不同工作状态下的动力传递路线与速度关系。

（1）起步工况。当车辆起动时，THS—Ⅱ仅使用由HV蓄电池提供能量的电动机（MG2）的动力驱动车辆运动，此时发动机并不运转，如图2.73所示。因为发动机不能在低转速输出大转矩，而电动机可以灵敏、顺畅、高效地运转起动。

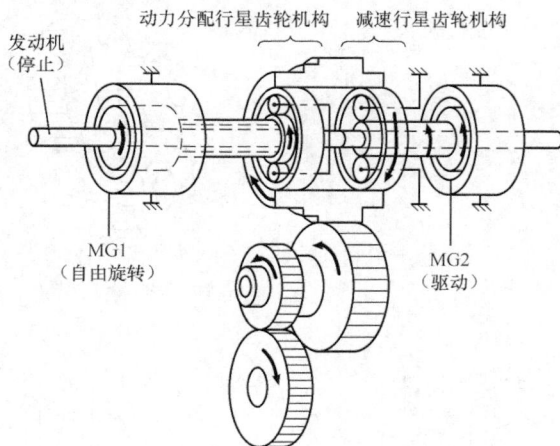

（a）传动机构的工作情况图

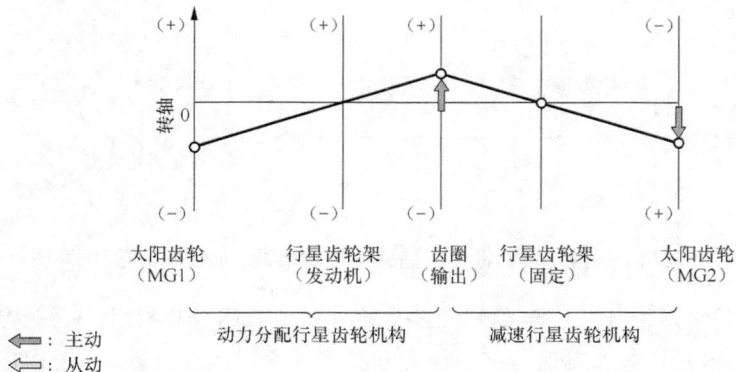

（b）列线图

图2.73　汽车起步时动力传递路线与发动机、MG1和MG2三者的速度关系

> 📟 **注意**
>
> 点火起动时，发动机将进行运转，直至充分预热。

（2）定速巡航。THS—Ⅱ控制发动机在产生最高效功率的区域运转。由发动机产生的动力直接驱动车轮，依照驾驶状况部分动力被分配给发电机，如图2.74所示。由发电机（MG1）产生的动力来驱动电动机（MG2）和辅助发动机。利用发动机和电动机这一双重传动系统，发动机产生的动力以最小消耗被传向地面。

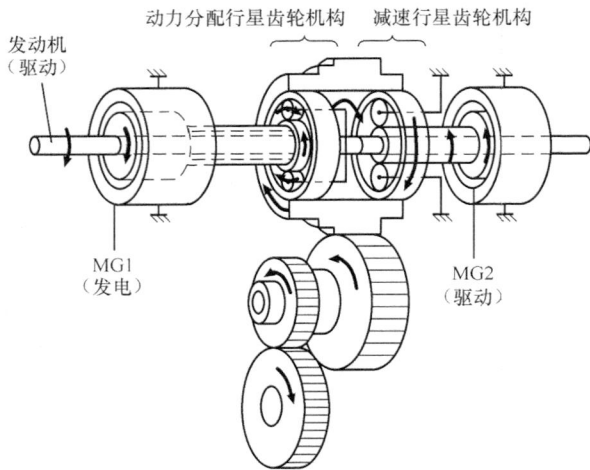

（a）传动机构的工作情况图

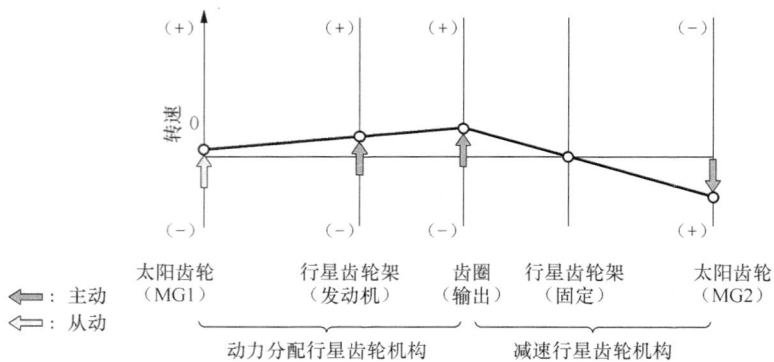

（b）列线图

图2.74　一般行驶时动力传递路线与发动机、MG1和MG2关系图

（3）节气门全开行驶。在车辆爬陡坡及超车时，THS—Ⅱ利用HV蓄电池和发动机两者提供双动力，THS—Ⅱ得以实现与高一级发动机同等水平的强劲而流畅的加速性能，其工作原理如图2.75所示。

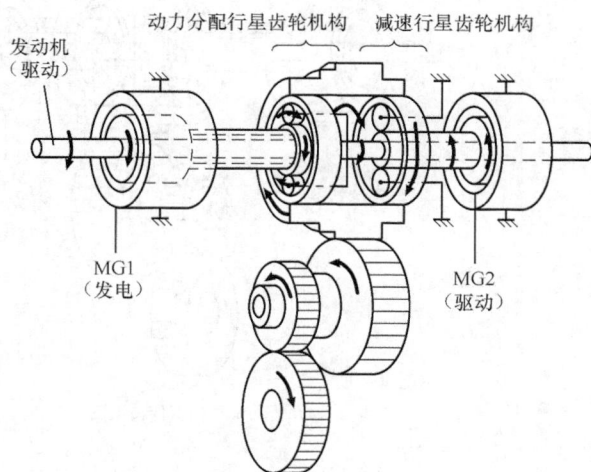

动力分配行星齿轮机构 减速行星齿轮机构

发动机
（驱动）

MG1
（发电）

MG2
（驱动）

（a）传动机构的工作情况图

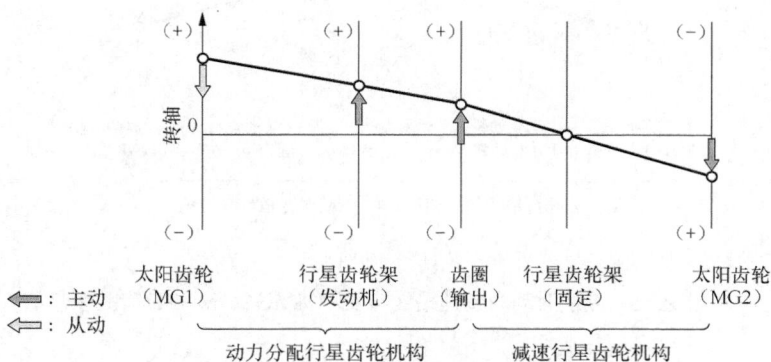

（+） （+） （+） （−）

转轴

0

（−） （−） （−） （+）

太阳齿轮　　　行星齿轮架　　齿圈　　行星齿轮架　　太阳齿轮
（MG1）　　　（发动机）　（输出）　（固定）　　（MG2）

⇐：主动
⇐：从动

动力分配行星齿轮机构　　　　减速行星齿轮机构

（b）列线图

图2.75　全负荷时动力传递路线和发动机、MG1、MG2三者关系

（4）减速和制动。当驾驶人松开加速踏板或踩制动踏板时，THS—Ⅱ使车轮的旋转力带动电动机（MG2）运转，将其作为发电机使用。车辆的惯性力经电动机（MG2）再次被转换成电能，回收到HV蓄电池中进行再利用，如图2.76所示。

（5）停车。在车辆停止时，发动机、电动机、发电机全部自动停止运转，不会因怠速而浪费能量。但当HV蓄电池的充电量较低时，发动机将继续运转，以给HV蓄电池充电。另外，有时因与空调开关连动，发动机会仍保持运转。

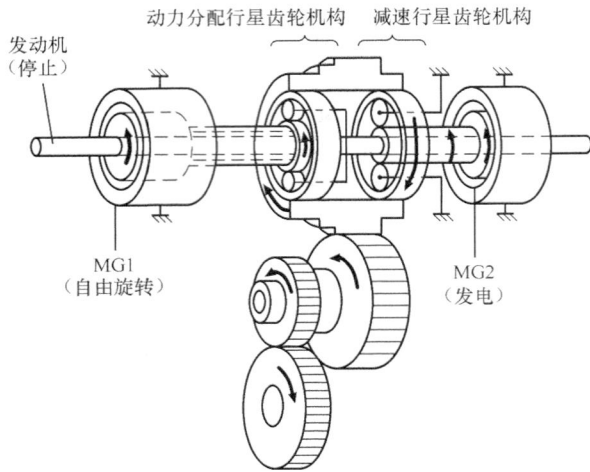

（a）传动机构的工作情况图

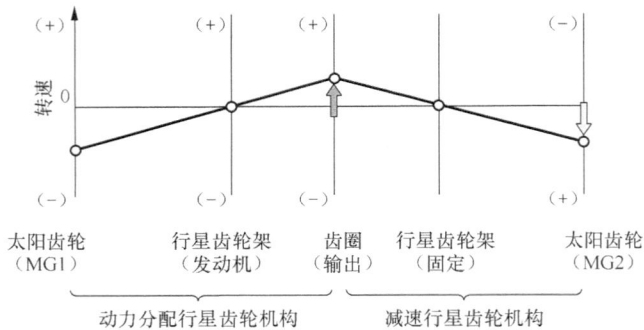

（b）列线图

图2.76 减速时动力传递路线与发动机MG1、MG2三者关系

二、宝马X6混合动力汽车主动变速器

1. 宝马动力混合结构的组成与特点

BMW Active Hybrid X6是一款SUV轿车，如图2.77所示。作为全混合动力驱动的全能轿跑车，结合使用V8发动机和电动驱动装置。该车可以通过纯电动方式、内燃机驱动和使用两种动力混合驱动的方式。采用纯电动、无二氧化碳排放的驱动方式时，最高车速可达60km/h。内燃机会根据负荷要求起动并能在低于65km/h的滑行阶段自动关闭。

E72变速箱为混合动力主动变速器，其整体

图2.77 BMW Active Hybrid X6

结构剖视如图2.78所示，变速器由两个电动机、三组行星齿轮机械结构和液压操纵装置构成，变速器机械结构、电动机结构的连接关系及元件名称如图2.79所示。离合器与制动器位置关系、变速器行星齿轮组位置关系如图2.80、图2.81所示。

图2.78　E72混合动力变速器结构剖视图
1—电动机（EM）A 与功率耦合行星齿轮组　2—电动机（EM）B
3—液压泵电动机　4—转矩耦合行星齿轮组

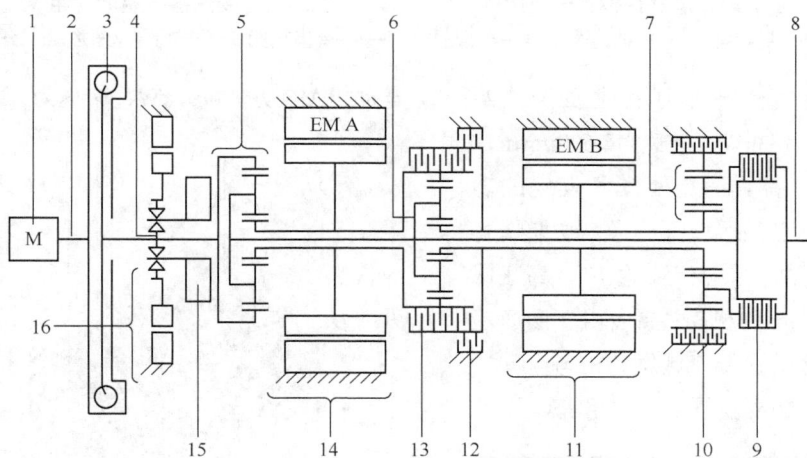

图2.79　变速器内部结构连接关系图
1—发动机　2—曲轴　3—双质量飞轮　4—变速器输入轴　5—行星齿轮组1　6—行星齿轮组2
7—行星齿轮组3　8—变速器输出轴　9—离合器2　10—制动器2
11—电动机B　12—制动器1　13—离合器1　14—电动机A
15—液压泵　16—液压泵驱动电动机

E72主动变速器的工作特点：当行星齿轮机械变速结构处于完全机械传动时，具有4个固定的传动比。当两个电动机的动力分别作用在不同的行星齿轮结构上时，可使变速器固定传动比具有连续变化的功能。由于变速器中增加了电动机对传动比进行电动转速或转矩的调节，实现了速比的连续变化，因此该变速器又被称为E-CVT。

图2.81所示为两个电动机分别置于两个功能不同的行星齿轮组。EMA置于行星齿轮组1和行星齿轮组2之间，可将发动机功率与电动机A功率耦合并向下一级传动机构传递；EMB置于行星齿轮组2与行星齿轮组3之间，可将前级传递过来的转矩与电动机B的转矩叠加送至输出轴。两个电动机既可单独以功率耦合模式驱动（EMA参与的ECVT2），又可以转矩耦合模式驱动（EMB参与的ECVT1），使得变速器具有两个不同的混合动力耦合的驱动形式，故又被称为双模主动变速器。

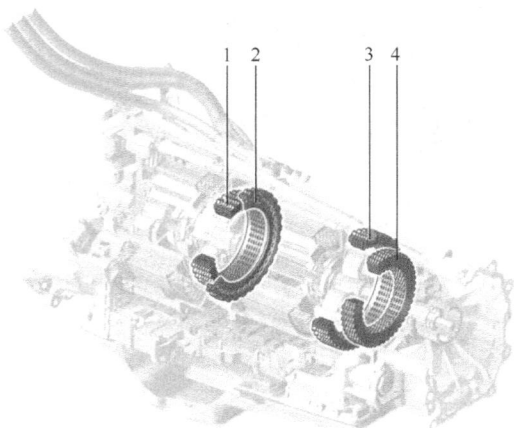

图2.80　离合器与制动器位置示意图
1—离合器1　2—制动器1　3—制动器2　4—离合器2

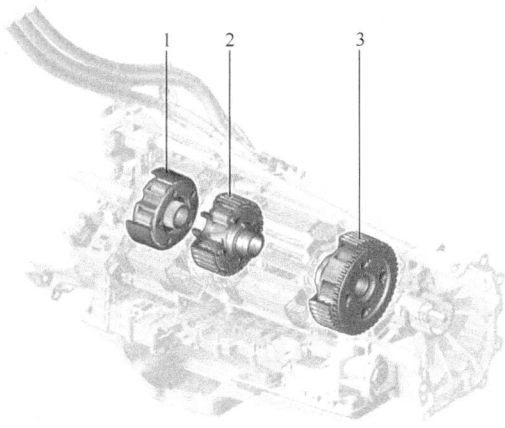

图2.81　变速器行星齿轮组位置示意图
1—行星齿轮组1　2—行星齿轮组2　3—行星齿轮组3

变速器中两个电动机的位置如图2.82所示，电动机A的功率为67kW、转速为9 100r/min，电动机B的功率为63kW、转速为8 600r/min，其功能相近，都具有电驱动和发电的功能，但电动机应用区域不一样，功能略有区别。电动机A主要应用在发电、高速域的混合驱动。电动机B主要应用在低速起步、发动机起动、低速域发动机与电动机的混合驱动、制动能量回收利用等。

2. 宝马X6混合动力变速器工作原理

宝马X6混合动力变速器有四个基本机械挡位，基本挡位指在发动机驱动情况下，变速器机械结构所能提供的固定齿轮变化和传动比。

（1）1挡。传动比为3.889，机械变速1挡传动路线如图2.83所示。离合器1动

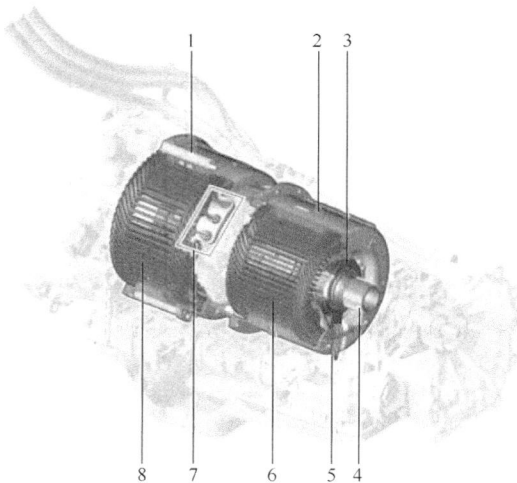

图2.82　电动机位置示意图
1—电动机A　2—电动机B　3—电动机B转子　4—变速器输出轴　5—变速器转速传感器　6—电动机B定子
7—电动机A接线端子　8—电动机A定子

作接合，将行星齿轮组2的齿圈与太阳轮刚性连接，则该行星齿轮组传动比为1；制动器2动作将使行星齿轮3的齿圈制动。则发动机动力经前两级行星轮齿组传递至行星轮齿轮组3，并经行星齿轮组3的行星架减速后传到输出轴，构成变速器1挡。

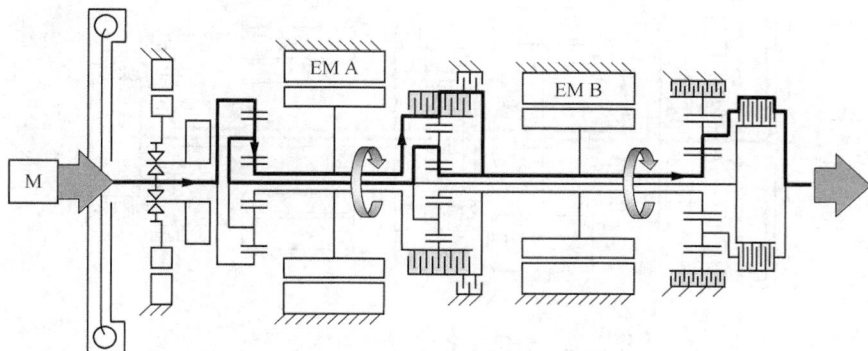

图2.83 机械变速1挡传动路线

（2）2挡。传动比为1.800，机械变速2挡传动路线如图2.84所示。离合器1脱离接合状态，制动器2保持接合将行星齿轮组3齿圈制动，离合器2接合。发动机动力经行星齿轮组1和行星齿轮组2减速后通过离合器2对外输出，构成变速器2挡。

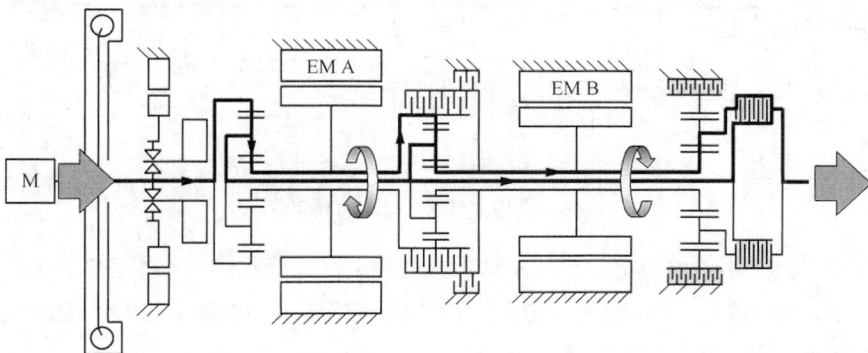

图2.84 机械变速2挡传动路线

（3）3挡。传动比为1.000，机械变速3挡传动路线如图2.85所示。离合器1和离合器2动作接合，分别将行星齿轮组2和行星齿轮组3刚性连接，发动机转速不再分流而直接传递到输出轴，其传动比为1，构成变速器3挡。

（4）4挡。传动比为0.723，机械变速4挡传动路线如图2.86所示。制动器1将行星齿轮组2的太阳轮制动；行星齿轮组1和行星齿轮组2形成的传动比将发动机转速提升后，经离合器2传递至输出轴，构成变速器4挡。

3. 宝马X6混合动力驱动模式

混合动力驱动模式是指发动机和电动机共同驱动的驱动方式，由于耦合了电动机转速连续变化的特点，因此混合驱动方式即使在一个速比范围内也具有了速比连续改变的能力。电动机A与电动机B工作在变速器的不同挡位，且通过不同的动力类型耦合器进行混合动力，故被分为两个连续变速特性功能，EVCT1和EVCT2。

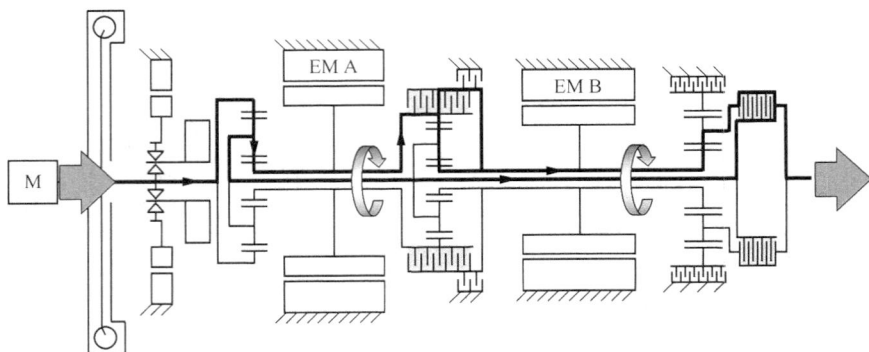

图2.85　机械变速器3挡动力传动路线

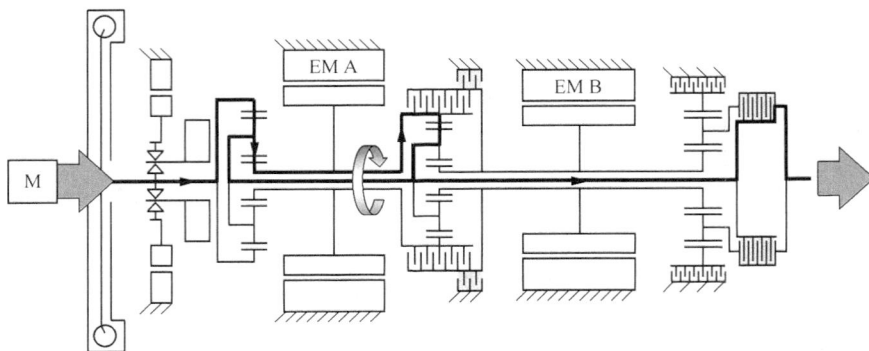

图2.86　机械变速器4挡动力传动路线

EVCT1是指电动机B单独电动或与发动机共同驱动汽车运行的状态，主要是在汽车较低速时提供较大的驱动力矩。传动比在无穷大至1.800之间可连续变化。在这个传动比区间，可以为车辆提供较大驱动力矩和较低车速。

汽车在起步时由电动机B驱动，当车速达到特定值时，才起动发动机，使发动机避开低速起动运转的高油耗和高排放情况。电动机B动力驱动传递路线如图2.87所示。由传递路线可见，电动机B的动力主要作用在行星齿轮组3的太阳轮，由于制动器2将齿圈制动，故电动机B动力经行星齿轮减速后直接从输出轴输出。电动机B还具有发电能力，即在车辆滑行或制动时转为发电功能进行能量回收。

图2.88所示为ECVT1（混动1）模式下混合动力传递路线图。此时EMB作为电动机提供电动力，而EMA由发动机驱动进行发电，为电动机B提供电能并向蓄电池充电。此模式下，发动机动力经行星齿轮组1和行星齿轮组2变速，并在太阳轮上叠加电动机B的电动转矩，经行星齿轮组3减速后传递至变速器输出轴。发动机的一部分动力通过行星齿轮组1、太阳轮驱动电动机A发电。从传递路线图可看出，发动机动力与电动机B动力均作用在同一个刚性元件（太阳

轮）上，二者的运动速度不能相互干涉，故在ECVT1时的动力混合形式为转矩耦合模式。

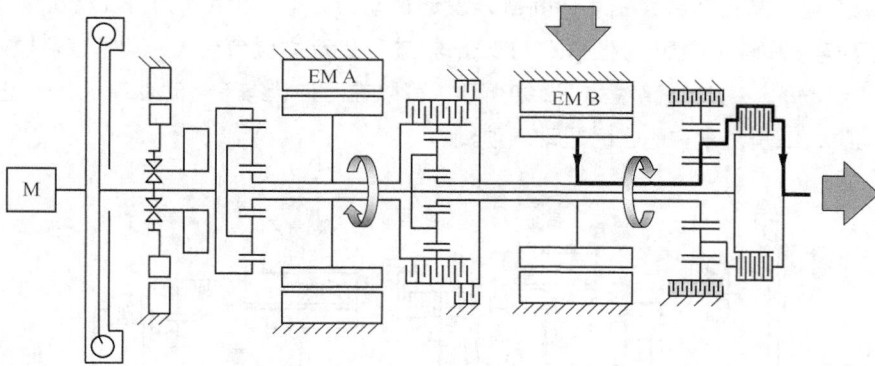

图2.87 电动机B动力驱动传递路线图

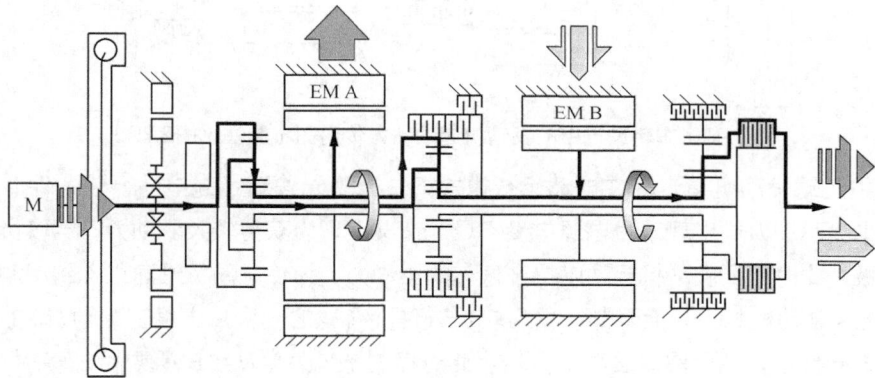

图2.88 ECVT1模式下混合动力传递路线图

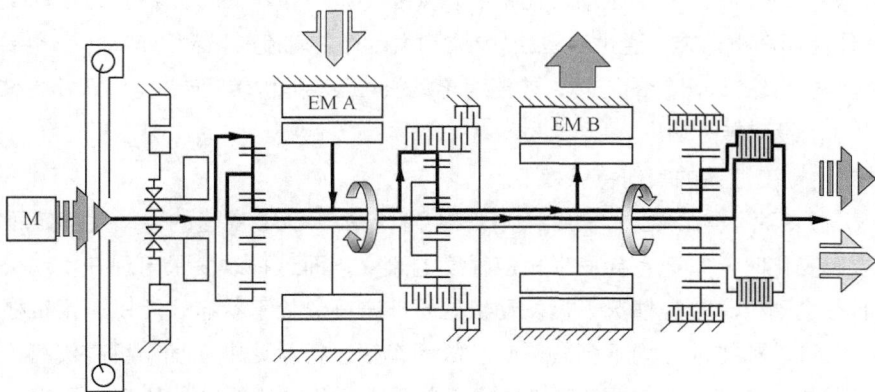

图2.89 ECVT2模式下混合动力传递路线图

ECVT2是指电动机A单独或与发动机共同驱动汽车运行的状态，主要是在高速时提供车辆驱动力矩。其传动比在1.800～0.732之间可连续调节，在这个传动比区间，可为车辆提供较高的车速。ECVT2模式下混合动力传递路线如图2.89所示。此时，发动机动力与电动机A动力经行星齿轮1和行星齿轮2耦合后，经离合器2输出，同时驱动EM B发电，可向电动机A提供电能并向蓄电池充电。从传递线路图可以看到，发动机动力与电动机A动力可在行星齿轮1和行星齿轮2上实现速度和转矩叠加，故在ECVT2工作状态下的动力混合模式为功率耦合模式。

发动机起动的动力传递路线如图2.90所示。可以在两种状态下起动发动机，一是汽车运行中起动发动机，二是汽车在静止时起动发动机。

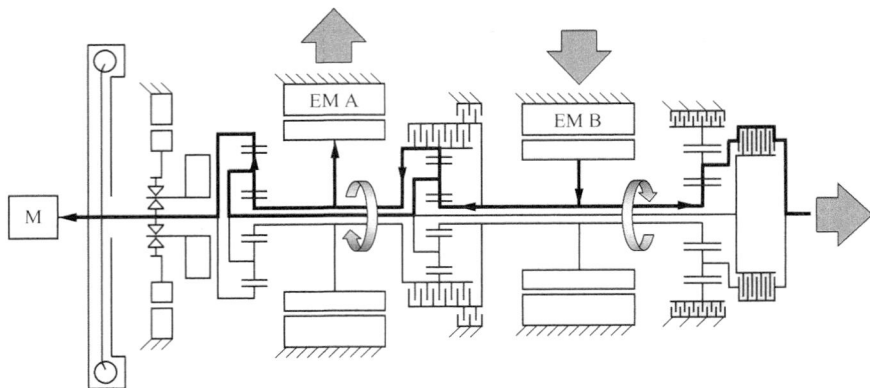

图2.90 车辆运行中的发动机起动动力传递图（图注见图2.79）

运行中起动发动机指汽车在电动运行模式下，出现无法满足纯电动行驶条件时（如突然需要提升车辆驱动力或出现动力电源电量不足等情况），为获得较大驱动力，驾驶员会更多踩下加速踏板，此时需要发动机起动以提升汽车的驱动力。为使发动机迅速进入到起动转速，电动机A会转入制动模式，从而限制行星齿轮1与行星齿轮2的一个自由度，电动机B的部分动力向发动机方向传递，从而驱动发动机运转。此时控制系统为电动机B继续驱动车辆行驶提供额外能量以补偿电动机A制动所产生的转矩损失。

当车辆处于静止状态需要起动发动机时，如蓄电池电量不足，则需要先起动发动机。此时电动机A作为起动机运转，通过行星齿轮1驱动发动机曲轴旋转。同时电动机B也要进入驱动状态，限制行星齿轮2太阳轮的旋转，才能为电动机A运转提供转矩支持。此时离合器2为断开状态，输出轴上没有转矩输出。

宝马E72主动变速器的其他特点如下。

（1）机械变速、电动驱动与混合驱动的功能。由于机械变速的传动比固定不变，因此在发动机转速变化时，车速也会发生相应程度的改变，而这种改变只出现在发动机效率不佳的范围。而在发动机高转矩情况下，发动机处于非常好的效率状态，所以采用机械传动对汽车动力性、经济性和排放性均不会有影响。故而车辆运行策略中在发动机高效率工作范围内仍会选择机械传动方式。相对于ECVT模式，采用固定传动比驱动的优势在于没有电动驱动装置内的双重能量转换的损失。因为通过一个电动机产生的电能去驱动另一个电动机时，能量转换也存在相应损失。

（2）纯电动行驶方式。即发动机保持静止，仅通过电动机驱动车辆行驶。这种电动行驶方式只有在特定条件下才能实现，如最高车速在60km/h以下，只有在高压蓄电池电量充足、驾驶员的加速要求不高时，才会转换到电动方式行驶。

（3）车辆在下坡滑行状态或进行行车制动时，并非主要利用发动机制动以使车辆减速。就混合动力车辆而言，在车辆减速时使发动机处于较高的转速并非最佳选择，所以这种车辆通过电动机来使车辆减速，同时将车辆减速时的能量回收。因此其运行策略中在进行滑行或制动时，会尽量调低发动机转速，充分发挥电动机的能量吸收转换功能。当驾驶员松开加速踏板或踩下制动器踏板时，电动机不再输出动力而转为发电工作状态，充分利用惯性能量将电动机产生的电能送至高压蓄电池内储存。

（4）E72主动变速器上没有机械倒车传动结构。通过ECVT1模式下，电动机B受控反转即可实现车辆倒车行驶。但在高压蓄电池电量不足的情况下倒车时，则需要起动发动机，借助发动机驱动电动机A发电，为电动机B提供充足的电能。

（5）E72主动变速器上采用智能型换挡装置（DCM）。该装置具有独立的电子控制单元，通过程序和电动机进行换挡时的机械操作。智能型换挡执行装置如图2.91所示。换挡操作步骤是：直流电动机2通过皮带传动机构驱动一根螺杆，从而螺杆上的滑板可沿螺杆轴向移动，推动调节机构拨动变速器内的驻车锁止机构。接线插座包括与电源供电插头和与变速器控制模块通信CAN的导线插头。

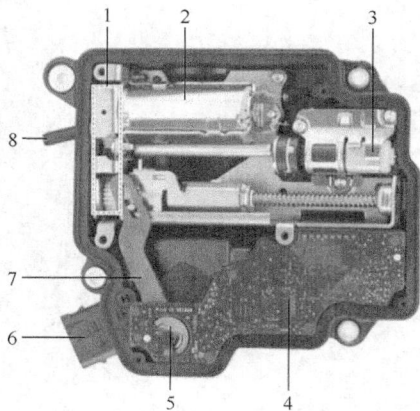

图2.91　智能型换挡装置构成图

1—皮带传动总成　2—电动机　3—辅助电动机　4—电子控制模块
5—机械连杆　6—接线插座　7—调节机构　8—通气口

【思考题】

1. 混合动力汽车是如何分类的？
2. 简述机械耦合器的作用及种类。
3. 如何理解混合动力汽车的混合度？

第三章
纯电动汽车

【学习目标】

1. 掌握纯电动汽车的定义及分类方法。
2. 理解纯电动汽车的结构特点与工作原理。
3. 了解纯电动汽车的关键技术及主要车型特点。

汽车作为当今出行必不可少的现代化交通工具，为人类社会活动带来了很大便利。但随着汽车保有量的急剧增加，也带来了一些负面影响，最突出的问题就是能源危机和环境污染。纯电动汽车（Electric Vehicle，EV）是指由电动机作为唯一驱动装置驱动车轮行驶的汽车。电动机的驱动电能来源于车载可充电蓄电池或其他能量储存装置。纯电动汽车与传统汽车相比，具有节能环保、整车轻量化、运行成本低等优势。因此，发展电动汽车，推动汽车领域的节能减排，对于缓解能源压力和改善环境具有重要意义，发展电动汽车也是未来汽车业的必然趋势。

第一节 纯电动汽车概述

纯电动汽车是指以车载电源为动力，用电动机驱动车轮行驶，符合道路交通、安全法规各项要求的车辆。纯电动汽车主要由电力驱动控制系统、汽车底盘、车身以及各种辅助装置组成。除电力驱动控制系统外，其他部分的功能及其结构组成与传统汽车相同，一般采用高效率蓄电池或燃料电池为动力源。纯电动汽车无需再用内燃机，因此，纯电动汽车的电动机相当于传统汽车的发动机，蓄电池相当于传统汽车的油箱，如图3.1所示。

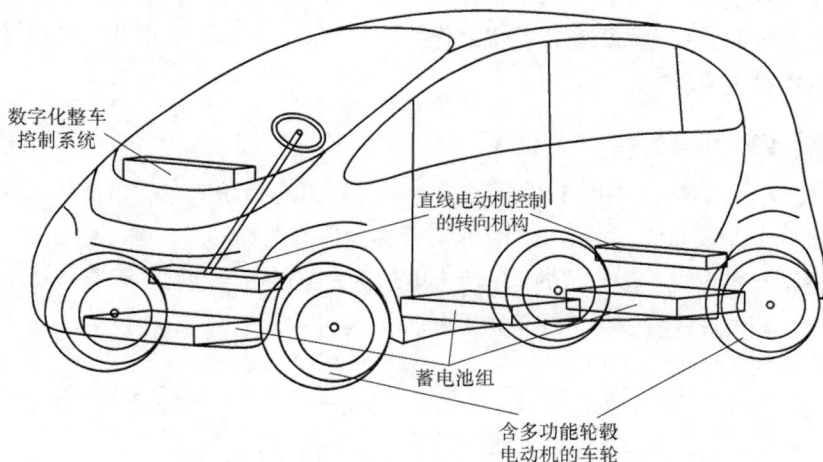

图3.1　纯电动汽车示意图

一、纯电动汽车特点

1. 纯电动汽车优点

（1）零排放。纯电动汽车使用电能，在行驶中无废气排出，不污染环境。

（2）电动汽车比汽油机驱动汽车的能源利用率要高。

（3）因使用单一的电能源，省去了发动机、变速器、油箱、冷却和排气系统，所以结构较简单。

（4）噪声小。

（5）可在用电低峰时进行汽车充电，以平抑电网的峰谷差，使发电设备得到充分利用。

2. 纯电动汽车缺点

（1）续驶里程较短。

（2）采用蓄电池及电动机控制器使成本较高。

（3）充电时间长。

（4）目前没有授权服务站，维护成本较高。

（5）蓄电池寿命短，几年就得更换。

二、纯电动汽车类型

纯电动汽车有多种分类方法，可按所选用的储能装置或驱动电动机的不同分类，其间又可有多种不同组合；也可按驱动结构的布局或用途不同分类。

1. 按储能装置分类

纯电动汽车目前所采用的储能装置主要有铅酸蓄电池、锂电池、镍氢蓄电池等。其中铅酸蓄电池技术比较成熟，价格低，但其性能和寿命比较差。其余几类蓄电池都比铅酸蓄电池性能好，但是成本较高。纯电动汽车以蓄电池作为唯一能源，所以，蓄电池的各项性能指标对纯电动汽车的性能有重要影响。

2. 按驱动结构布局分类

（1）传统的驱动方式，如图3.2所示。此种驱动形式与传统汽车的布置基本相同，通常是在传统汽车基础上改装而成，根据电动汽车有无离合器有两种形式，图3.2（a）所示为带有离合器的机械驱动布置形式；图3.2（b）所示为电动机直接通过传动轴与固定传动比的减速器相连的布置形式，该种形式减少了传动系统质量。

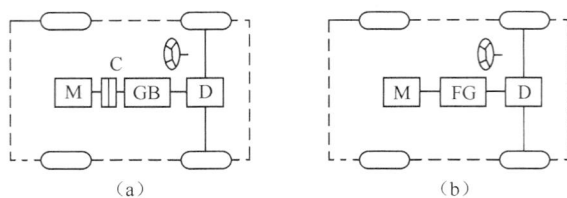

图3.2 传统驱动方式
C—离合器 D—差速器 GB—变速器 FG—固定器 M—电动机

（2）电动机—驱动桥组合式驱动方式，如图3.3所示。此种驱动形式是把电动机、固定传动比的减速器和差速器集成为一个整体，通过两个半轴驱动车轮。

（3）电动机—驱动桥整体式驱动方式，如图3.4所示。此种驱动方式取消了机械差速器，采用两个电动机通过固定的两个减速器分别驱动两个车轮，每个电动机可以独立控制。

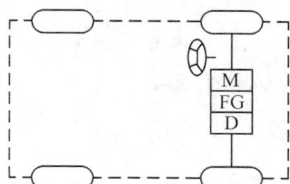

图3.3　电动机—驱动桥组合式驱动方式
D—差速器　FG—固定器　M—电动机

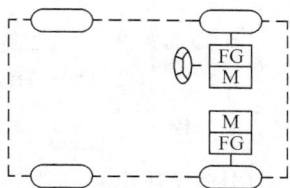

图3.4　电动机—驱动桥整体式驱动方式
FG—固定器　M—电动机

（4）轮毂电动机分散式驱动方式，如图3.5所示。此种布置形式将驱动电动机直接安装在车轮上，缩短了电动机和车轮之间的机械传动装置。

由于汽车转弯时，外侧车轮的转弯半径比内侧车轮大，所以需要通过差速器来配合两侧车轮转速不同的要求。前两种方式采用具有行星齿轮结构的机械式差速器；第三种方式的差速器可选机械式或电控式；而第四种方式可实现电子差速控制。

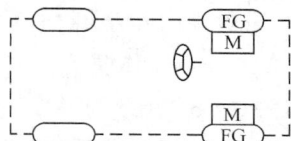

图3.5　轮毂电动机分散式驱动方式
FG—固定器　M—电动机

3. 按驱动电动机分类

纯电动汽车按其驱动电动机类型可分为4种，直流电动机、交流电动机、永磁无刷电动机和开关磁阻电动机。

三、增程式电动汽车

1. 增程式电动汽车概念

增程式电动汽车是指为了解决纯电动汽车续航里程短的问题，在纯电动汽车的基础上，增加一个增程器（RE）以增加电动汽车的续航里程。RE通常是一台小排量发动机带动一个发电机给蓄电池充电的辅助能量装置，如图3.6所示。在行驶中，仍然以蓄电池为主要动力，小排量发动机不直接驱动汽车，而仅用于带动发电机发电，因此，其结构和动力性能都接近纯电动汽车。

发动机/发电机

驱动电动机

电池

图3.6　增程式电动汽车示意图

2. 增程式电动汽车工作模式

增程式电动汽车有两种工作模式，即纯电动模式和增程模式，如图3.7所示。

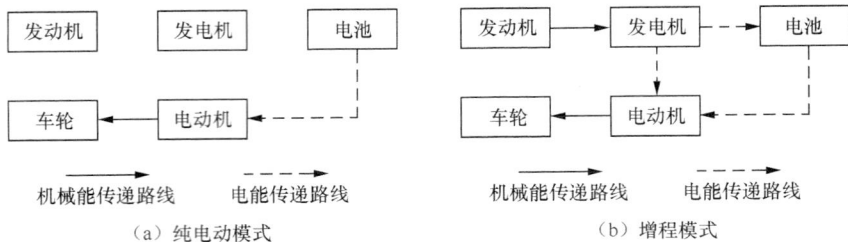

（a）纯电动模式　　　　　　　　　　　（b）增程模式

图3.7　增程式电动汽车工作模式

（1）纯电动工作模式

图3.7（a）所示为纯电动工作模式，此阶段属于电量消耗阶段。根据动力电池最佳工作区间特性，预先设计一个荷电状态（SOC）最低阈值（SOC_{low}）。当电池SOC值处于这个阈值以上时，车辆与纯电动汽车一样，由动力电池提供能量，由驱动电动机提供行驶动力。发动机不起动，只做非正常情况时备用状态，达到零排放。

（2）增程工作模式

图3.7（b）所示为增程工作模式，此阶段属于电量维持阶段。随着车辆在纯电动模式下运行，电池SOC逐渐降低，当低于设定阈值时，如果再继续使用电池，将会减少电池的使用寿命。这时，应当起动增程器，将增程器发出的电能提供给驱动电动机用于行驶，同时，多余的部分电能为电池充电，使电池SOC略微增加至预定阈值（SOC_{hi}），并保持SOC处于前述两个阈值之间，即满足$SOC_{low} \leqslant SOC \leqslant SOC_{hi}$，直至停车充电。将电池充满，之后车辆行驶时，又进入纯电动模式。

3. 增程式电动汽车特点

增程式电动汽车源于电动汽车电控系统的发展，兼备纯电动汽车和传统发动机汽车的优点，其主要特点如下。

（1）增程式电动汽车相对于传统汽车，其发动机只是相当于常规轿车的小型发动机，其功率小、噪声低、可靠性高，且发动机总是保持工作在高效率区，燃油消耗和排放都大幅度降低。

（2）相对于传统混合动力汽车，增程式电动汽车蓄电池容量比较大，车辆在较长距离内以纯电动模式运行。能提供足够电功率使电动机驱动车辆起动、加速、爬坡，避免了传统汽车起动加速等发动机过载工况带来的油耗和排放的增加。

（3）增程式电动汽车可以通过车载发电机随时对蓄电池充电，因此其蓄电池只需配置同级纯电动汽车电池用量的30%～40%，其生产及使用成本大幅下降。此外，对纯电动汽车来说，空调用电是一个很大负担，据有关研究，开空调会使行驶里程减少大约1/3；而增程式电动汽车则可以通过发电机组给空调提供动力，降低了蓄电池能耗，使车辆续航里程增加。

（4）由于增程式电动汽车的电池容量相对较小，充电所需时间减少，因此可以利用小功率充电桩或家庭用电进行充电，而且还可以利用晚间"谷电"和午间休息时间充电，避免了新辟充电站等供电设施建设，节约了大量人工成本，而且还帮助电网"分散调峰"，进一步提高了能源利用率。

第二节　纯电动汽车基本结构与工作原理

电动汽车一般由车身、底盘、电力驱动控制系统等组成。其车身和底盘与传统汽车结构相类似，甚至有所简化，而电力驱动控制系统和传统汽车有着根本的不同。传统汽车由内燃机提供动力，动力从内燃机输出后，送达飞轮和离合器，再进一步传递到传动系统，直至驱动车辆前进，内燃机消耗的燃料储存在油箱中。电动汽车使用电动机提供动力，动力输出到传动系统驱动车辆行驶。电动机的能量来自于蓄电池。因此，电力驱动控制系统决定了电动汽车的结构组成及性能特征，是电动汽车的核心。

一、纯电动汽车电力驱动控制系统的组成及功能

纯电动汽车电力驱动控制系统的组成如图3.8所示，主要由电力驱动主模块、车载电源模块和辅助动力供给模块3部分组成。当汽车行驶时，由蓄电池输出电能通过控制器驱动电动机运转，电动机输出的转矩经传动系统带动车轮前进或后退。电动汽车续驶里程与蓄电池容量有关，蓄电池容量受诸多因素限制。

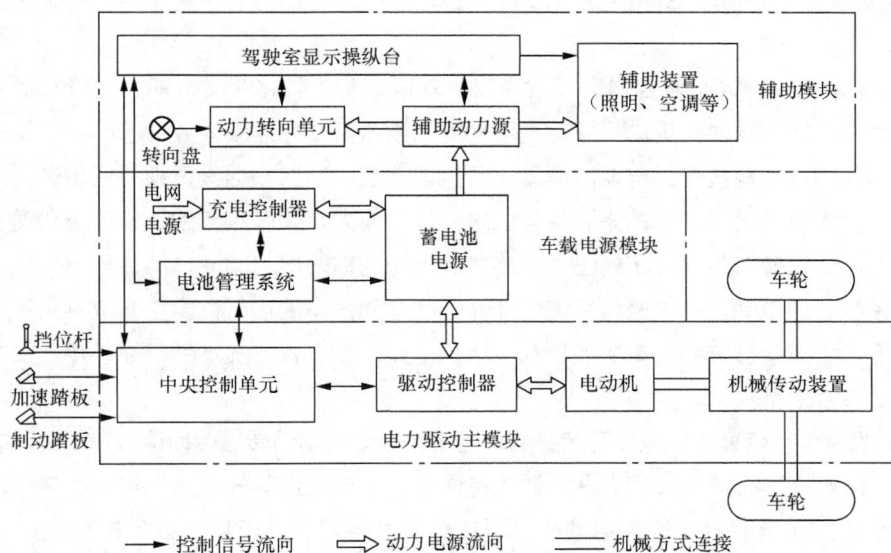

图3.8　电力驱动控制系统组成示意图

1. 电力驱动主模块

电力驱动主模块主要由中央控制单元、驱动控制器、电动机和机械传动装置等组成。从图3.8中可以看出，为适应驾驶人的传统操纵习惯，纯电动汽车仍保留了加速踏板、制动踏板及有关操纵手柄或按钮等。不过，在电动汽车上是将加速踏板、制动踏板的机械位移量转换为相应的电信号，输入到中央控制单元来对汽车的行驶实行控制的。对于挡位变速杆，为遵循驾驶人的传统习惯，一般仍需保留，同样除了传统的驱动模式外也就只有前进、空挡、倒退3个挡位，并且以开关信号传输到中央控制单元来对汽车进行前进、停车、倒车控制。

（1）中央控制单元。中央控制单元不仅是电力驱动主模块的控制中心，而且要对整车控制起协调作用。它根据加速踏板或制动踏板的输入信号，向驱动控制器发出相应的控制指令，对电动机进行起动、加速、减速和制动控制。在电动汽车进行减速或滑行时，中央控制单元还配合车载电源模块的能源管理系统进行发电回馈，即向蓄电池充电。另外，还将与汽车行驶状态有关的速度、功率、电压等信息传输到辅助模块显示。

（2）驱动控制器。驱动控制器的作用是按照中央控制单元的指令和电动机速度、电流反馈信号，对电动机的速度、驱动转矩和旋转方向进行控制。驱动控制器必须与电动机配套使用，电动机的调速主要采用调压和调频等方式，这主要取决于所选用的驱动电动机类型。由于动力蓄电池组以直流电方式供电，因此对于直流电动机，主要是通过DC/DC转换器进行调压调速控制；对于交流电动机，需通过DC/AC转换器进行调频调压矢量控制；对于磁阻电动机，则是通过控制其脉冲频率来进行调速。当汽车倒车时，需通过驱动控制器使驱动电动机反转来驱动车轮反向行驶。当纯电动汽车处于减速和下坡滑行时，驱动控制器使驱动电动机运行于发电状态，驱动电动机利用其惯性发电，将电能通过驱动控制器回馈给动力蓄电池组，所以驱动控制器与动力蓄电池组电源的电能流向是双向的。

（3）电动机。电动机承担电动和发电双重功能，电能转化为机械能，或者机械能转化为电能。当汽车正常行驶时，电动机发挥电动功能，当汽车在减速或下坡滑行时，它发挥发电功能，即将车轮惯性动能转变为电能。驱动电动机的选型一定要根据其负载特性来选，汽车在起步和上坡时要求有较大的起动转矩和相当的短时过载能力，并有较宽的调速范围和理想的调速特性，即在起动低速时为恒转矩输出，在高速时为恒功率输出。驱动电动机与驱动控制器所组成的驱动系统是纯电动汽车中最为关键的部件，纯电动汽车的运行性能主要取决于驱动系统的类型和性能，它直接影响着汽车的各项性能指标，如汽车在各工况下的行驶速度、加速与爬坡性能及能源转换效率。

（4）机械传动装置。机械传动装置的功能是将电动机驱动转矩传输给汽车的传动轴，带动车轮行驶。由于电动机本身具有良好的调速特性，因此电动汽车的变速机构可被简化，采用一种固定传动比的减速装置。因为电动机可以带负载直接起动，所以可以省略传统内燃机汽车的离合器。又由于电动机可以很容易实现正反向旋转，因此也无须使用变速器中的倒挡齿轮组实现倒车。

2. 车载电源模块

车载电源模块包括蓄电池、电池管理系统和充电控制器。其主要功用是向电动机提供驱动电能、检测电源使用情况以及控制充电动机向蓄电池充电。

（1）蓄电池。蓄电池是纯电动汽车的唯一能源。它除了供给汽车行驶所需的电能外，也供给汽车各种辅助装置的工作电源。为满足要求可以由多个12V或24V蓄电池串并联96～384V高压直流电池组，再通过DC/DC供给不同所需的电压。

（2）电池管理系统。电池管理系统的作用是在汽车行驶中进行能源分配，协调各功能部分的能量管理，使有限能源得到最大利用。电池管理系统与电力驱动主模块中的中央控制单元配合控制发电回馈，使电动汽车在减速、制动、下坡滑行时进行能量回收，从而有效利用能源，提高电动汽车的续驶能力。电池管理系统还与充电控制器一同控制充电，对电动汽车用电池单体及整组进行实时监控、充放电、巡检及温度检测等。

（3）充电控制器。充电控制器的作用是将电网供电制式转换为满足蓄电池充电要求的制式，即把交流电转化为相应电压的直流电，并按要求控制其充电电流。

3. 辅助动力供给模块

辅助动力供给模块的主要作用是供给电动汽车辅助系统不同等级的电压，并提供必要的动力，它主要给动力转向、空调、制动及其他辅助装置提供能源。

（1）辅助动力源。辅助动力源主要由辅助电源和DC/DC功率转换器组成，功用是供给电动汽车上其他各种装置所需的动力电源。一般是12V或24V直流低压电源，主要给动力转向、制动力调节控制、照明、空调、电动门窗等各种电气设备提供电源。

（2）动力转向单元。转向装置是为实现汽车转弯所设置的。为提高驾驶员的操控性，现代汽车都采用动力转向。纯电动汽车通常采用电子控制动力转向系统（EPS）。

（3）驾驶室显示操控台。驾驶室显示操控台类似传统汽车的仪表盘，不过显示信息内容会根据电动汽车驱动的控制特点有所增减。其信息指示更多采用数字或液晶显示屏。它与前面所述的电子驱动主模块中的中央控制单元结合由计算机控制。

二、纯电动汽车结构特点与工作原理

1. 传统驱动方式

如图3.9所示，传统驱动系统仍然采用内燃机汽车的驱动系统布置方式，包括离合器、变速器、传动轴和驱动桥等总成，这种驱动方式是将内燃机换成电动机，离合器用于切断或接通驱动电动机到车轮之间传递动力的机械装置，变速器是一套具有不同速比的齿轮机构，驾驶员可按需要选择不同的挡位，使得低速时车轮获得大转矩低转速，而高速时车轮获得小转矩高转速。由于采用了调速电动机，因此变速器可相应简化，挡位数一般有2个就够了，倒挡也可利用驱动电动机的正反转来实现。驱动桥内的机械式差速器使得汽车在转弯时左右车轮可以不同的转速行驶。这种布置方式可以提高纯电动汽车的起动转矩，增加低速时纯电动汽车的后备功率。

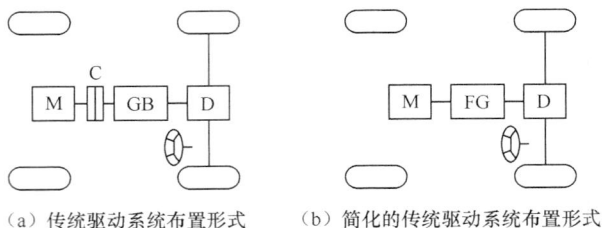

（a）传统驱动系统布置形式　　（b）简化的传统驱动系统布置形式

图3.9　传统驱动系统布置形式

C—离合器　D—差速器　FG—固定速比减速器　GB—变速器　M—电动机

这种驱动系统布置形式有电动机前置—驱动桥前置（F-F）、电动机前置—驱动桥后置（F-R）等驱动模式。但是，F-R驱动系统布置形式结构复杂、效率低，不能充分发挥驱动电动机的性能。在此基础上，还有一种简化的传统驱动系统布置形式，如图3.9（b）所示，采用固定速比减速器，去掉离合器，这种驱动系统布置形式可减少机械传动装置的质量，缩小其体积。

2. 电动机—驱动桥组合式驱动系统

如图3.10所示，这种驱动系统布置形式即在驱动电动机端盖的输出轴处加装减速齿轮和差速器等，电动机、固定速比减速器、差速器的轴互相平行，一起组合成一个驱动整体。它通过固定速比的减速器来放大驱动电动机的输出转矩，但没有可选的变速挡位，也就省掉了离合器。这种布置形式的机械传动机构紧凑，传动效率较高，便于安装，但对驱动电动机的调速要求较高。按传统汽车的驱动模式来说，电动机—驱动桥组合式驱动可以有驱动电动机前置—驱动桥前置（F-F，见图3.10）和驱动电动机后置—驱动桥后置（R-R，见图3.11）两种方式。这种驱动系统布置形式具有良好的通用性和互换性，便于在现有的汽车底盘上安装，使用和维修也较方便。

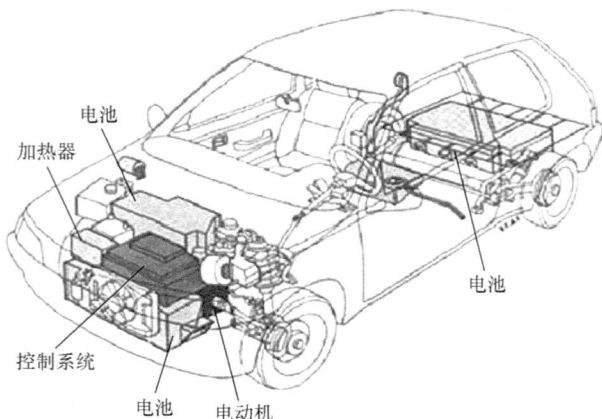

图3.10　电动机—驱动桥组合式

3. 电动机—驱动桥整体式驱动系统

如图3.12所示，这种驱动系统布置形式与传统汽车发动机横向前置前轮驱动布置方式类似，把电动机、固定速比减速器和差速器集成为一个整体，两根半轴连接驱动车轮。它具有结构更紧凑、传动效率高、重量轻、体积小、安装方便的特点，并具有良好的通用性和互换性，在小型电动汽车上应用比较普遍。

图3.11 电动机后置—驱动桥后置（R-R）

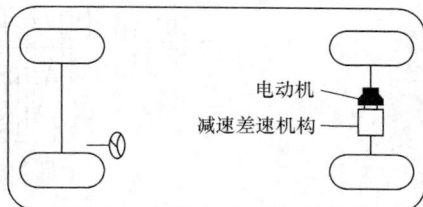

图3.12 电动机—驱动桥整体式

电动机—驱动桥整体式驱动系统在汽车上的布局也有电动机前置—驱动桥前置（F-F）和电动机后置—驱动桥后置（R-R）两种驱动模式，其布置形式有同轴式（见图3.13）和双联式（见图3.14）两种。

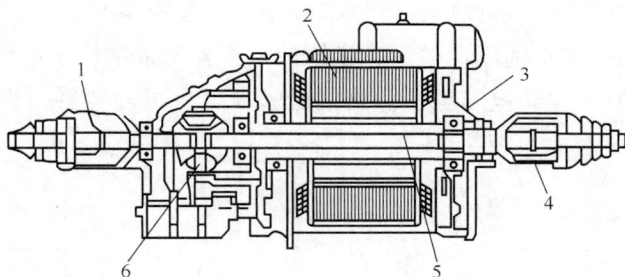

图3.13 同轴式电动机—驱动桥整体式
1—左半轴 2—驱动电动机转子 3—驱动电动机外壳 4—右半轴
5—驱动电动机空心轴 6—驱动桥差速器

（1）同轴式驱动系统。如图3.13所示，同轴式驱动系统的电动机轴是一种特殊制造的空心轴，在电动机左端输出轴处的装置有减速齿轮和差速器，再由差速器带动左右半轴，左半轴直接带动，而右半轴通过电动机的空心轴来带动。此种驱动系统需要采用机械式差速器。

（2）双联式驱动系统。双联式驱动系统也称为双电动机驱动系统，如图3.14所示，由左右2台永磁电动机直接通过固定速比减速器分别驱动两个车轮，左右2台电动机由中间的电控差速器控制，每个驱动电动机的转速可以独立调节控制，便于实现电子差速，不必选用机械差速器。电子差速器的优点是体积小、质量轻，在汽车转弯时可以实现精确的电子控制，提高纯电动汽车的性能。其缺点是由于增加了驱动电动机和功率转换器，增加了初始成本，而且在不同条件下对2个驱动电动机进行精确控制的可靠性需要进一步发展。

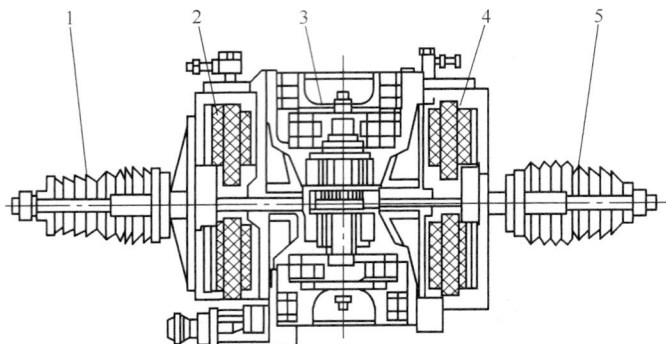

图3.14　双联式电动机—驱动桥整体式

1—左半轴　2—左驱动电动机　3—电控差速器

4—右驱动电动机　5—右半轴

4. 轮毂电动机分散驱动式驱动系统

轮毂电动机分散驱动式驱动系统布置形式是将轮毂电动机直接装在车轮轮毂上，如图3.15所示。这种驱动系统布置形式可以节省空间方便布置电池，以提高车辆的续驶里程，同时电动机的扭矩响应时间比较短，扭矩的大小控制很精确。每台驱动电动机的转速可独立调节控制，便于实现电子差速。这样既省去了机械差速器，也有利于提高汽车转弯时的操控性。

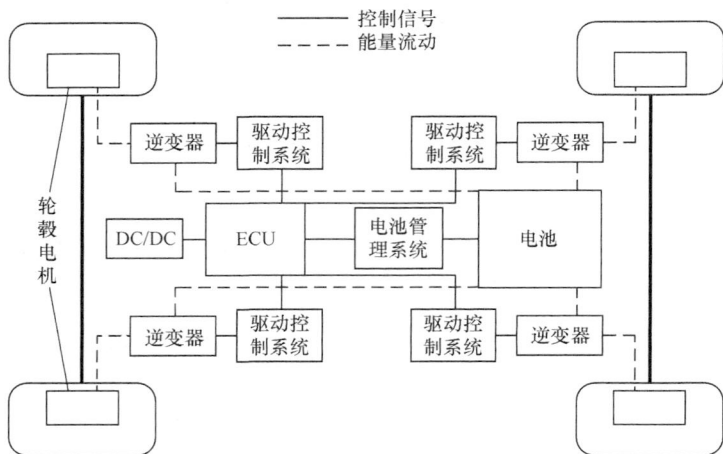

图3.15　轮毂电动机分散驱动式

轮毂电动机结构如图3.16所示，主要由定子、小型逆变器、转子、轴承、悬架轴承座、铝合金轮辋等组成。在汽车上的布置方式可以有双前轮驱动、双后轮驱动和前后四轮驱动（4

Wheel Drive，4WD）等模式。轮毂电动机动力系统根据电动机的转子型式主要分为：内转子型和外转子型两种结构。

图3.17所示为外转子型轮毂电动机的结构。低速外转子电动机结构简单、轴向尺寸小、比功率高，能在很宽的速度范围内控制转矩，且响应速度快，电动机的转速高达1 000r/min，最高1 500r/min。外转子直接和车轮相连，没有减速机构，车轮的转速与电动机转速相同，因此效率高。但缺点是如要获得较大的转矩，必须增大发动机体积和质量，因而成本高、加速时效率低、噪声大。

图3.16 轮毂电动机结构

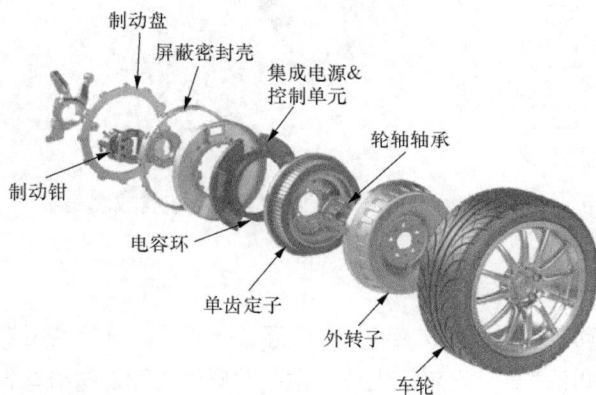

图3.17 外转子型轮毂电动机结构

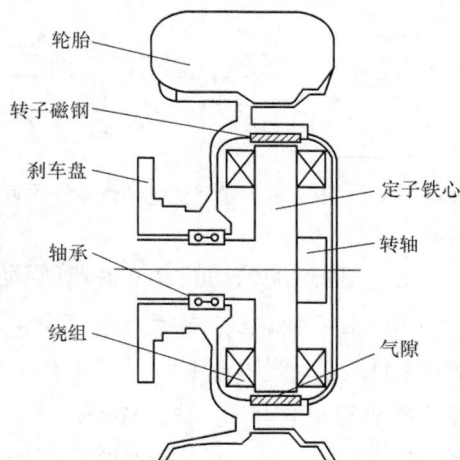

内转子型轮毂电动机具有转速高（转速约10 000 r/min）的特点，因此需要装备固定传动比的减速器降低车速。一般采用高减速比行星齿轮减速装置，如图3.18所示。行星齿轮减速装置安装在电动机输出轴和车轮轮辋之间，其转子作为输出轴与固定减速比的行星齿轮变速器的太阳轮相连，而车轮轮毂通常与其齿圈连接，它能提供较大的减速比，来放大其输出转矩。由于驱动电动机装在车轮内，形成轮毂电动机，因此缩短了从驱动电动机到驱动轮的传递路径，且输入轴和输出轴可布置在同一条轴线上。高速内转子的轮毂电动机优点是具有较高的比功率，质量轻，体积小，效率高，噪声小，成本低；缺点是必须采用减速装置，使效率降低，非簧载质量增大，电动机的最高转速受线圈损耗、摩擦损耗以及变速机构的承受能力等因素的限制。

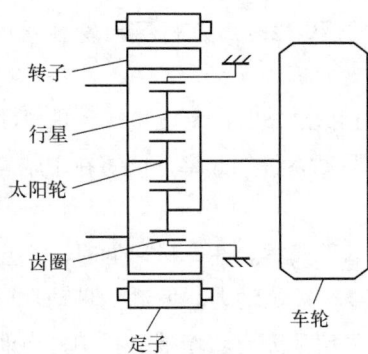

图3.18 内转子型轮毂电动机结构

三、增程式电动汽车结构与工作原理

增程式电动汽车以提高纯电动汽车的续驶里程为目的，是在纯电动汽车的基础上增加增程器而成的。它的基本结构由增程器、动力电池、驱动电动机及传动系统组成，结构框图如图3.19所示。增程器通常由发动机和发电机组成，如图3.20所示。当动力电池电量不足时，通过增程器发电为驱动电动机提供电能。动力电池和驱动电动机的类型与其他纯电动车相同，动力电池电量充足时，为驱动电动机提供电能。

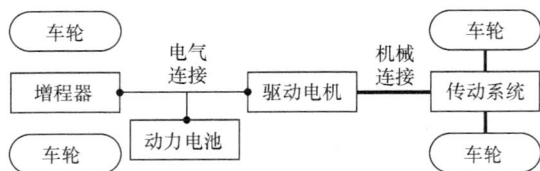

图3.19　增程式电动汽车结构框图　　　　图3.20　发动机与发电机构成增程器

1. 美国通用公司的Volt增程式电动汽车基本结构

Volt增程式电动汽车由增程器、主驱动电动机、动力电池及3个离合器组成，其结构框图如图3.21所示。增程器由1.4升汽油发动机和永磁直流发电机组成，主驱动电动机和发电机与行星齿轮机构集成设计，称为Voltec系统，如图3.22所示。两台电动机之间通过行星齿轮机构驱动车辆，根据车辆不同的行驶模式，通过控制3个离合器使发电机处于不同的工作状态。

2. Volt的工作模式

Volt同样具有纯电动模式和增程模式，如图3.21所示由于Volt的特殊结构，在每种模式下又分为低速和高速行驶模式。

（1）低速纯电动模式。在此模式中，离合器C3接合，C1和C2分离，行星齿轮齿圈锁止。发动机和发电机不工作，主驱动电动机提供车辆所需的驱动力矩。

（2）高速纯电动模式。在此模式中，离合器C2接合，C1和C3分离。发电机变为电动机与主驱动电动机共同为整车提供驱动力，这种方式提高了整个驱动系统的效率，能够在车辆高速行驶时提供更多的行驶里程。

（3）低速增程模式。当SOC低于预定阈值时，整车进入增程模式。在车速较低时，离合器C1、C3接合，C2分离。此模式下，只有主驱动电动机提供整车行驶动力。发动机带动发电机发电，维持电池SOC处于最小荷电状态，待停车后使用电网为电池充电。增程器和动力电池共同为主驱动电动机提供电能。

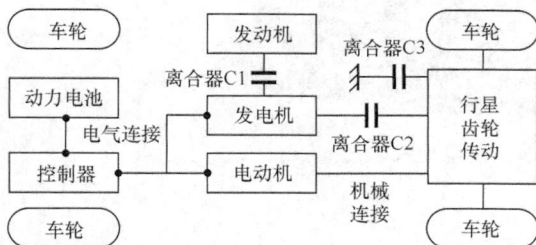

图3.21　Volt增程式电动汽车结构框图

图3.22　Voltec系统
1—行星齿轮　2—驱动电动机　3—发电机与离合器C1
4—离合器C3　5—离合器C2

（4）高速增程模式。在此模式中，离合器C1、C2接合，C3分离。发动机带动发电机，一方面发电，另一方面通过发电机与主驱动电动机共同为整车提供驱动力。但是，与混合动力汽车不同的是，如果没有主电动机参与驱动，发动机是不能直接驱动车辆行驶的。

第三节　典型纯电动汽车分析

目前，世界发达国家都很重视电动汽车的研发，不惜投入巨资并制定了一些相关的政策、法规来推动电动汽车的发展。以美国蓝鸟客车公司、英国的FRZAERNASH公司、日本丰田公司、日本本田公司为代表的电动客车和轿车已经上市，英国已有数万辆电动汽车在使用，已经初步形成了纯电动汽车运行体系。在近年的国际性大型运动会上，电动汽车也成为各国展示其科技实力和环保意识的工具之一。亚特兰大奥运会使用了美国蓝鸟客车公司生产的纯电动客车作为公务和电视转播车，悉尼奥运会购买了英国FRAZER- NASH 公司的近400辆电动客车作为运动员接送车辆。

中国电动汽车的发展虽然不如欧美等国家起步早，但从"八五"开始到现在，电动汽车研究一直是国家计划项目，并在2001年设立了"电动汽车重大科技专项"。通过组织企业、高等院校和科研机构，集中各方面力量进行联合攻关，现正处于研发势头强劲阶段，部分技术已经赶上甚至超过世界先进水平。

一、比亚迪E6电动汽车

E6是比亚迪自主研发的以ET-POWER铁电池为动力源的纯电动汽车，如图3.23所示。它兼容了SUV和MPV的设计理念，采用前后贯通式纵梁承载式车身，使动力电池包与车身有机地融为一体，充分保证了电池和整车的安全，续驶里程超过300km，为同类车型之冠。

图3.23　比亚迪E6纯电动汽车

1. 比亚迪E6汽车优点

比亚迪E6汽车技术参数如图3.24所示，其主要优点如下。

内容	E6技术参数	
尺寸及质量		
长	mm	4 560
宽	mm	1 822
高	mm	1 630/1 723(天线)
轴距	mm	2 830
轮距前/后	mm	1 556/1 558
最小离地间隙	mm	150
整备质量	kg	2 295/2 455
动力总成		
电机功率/扭矩(前)	kW/N·m	75/450、160/450
电机功率/扭矩(后)	kW/N·m	40/100
电池能量	kW/h	57
性能		
定员	人	5
0~100km加速时间	s	≥8.0
最高车速	km/h	>160
续航里程		
等速工况下(50km/h)	km	400
城市工况下	km	300

图3.24　比亚迪E6电动汽车技术参数

（1）环保、无污染，噪声低。E6的动力电池和起动电池均采用比亚迪自主研发和生产的铁电池，其含有的所有化学物质均可以无害的方式分解吸收，能够很好地解决二次回收等环保问题，不会对环境造成任何危害，是绿色环保的电池。

（2）节能、经济、实惠。百公里能耗为21度电以内。

（3）铁电池经过高温、高压、撞击等试验测试，安全性能极佳。

（4）动力强劲，百公里加速时间为10s，最高车速可达160km/h以上。

（5）使用方便，慢充只需220V民用电源；快速充电，10min左右可充满电池50%。

（6）续驶里程超过300km，是目前世界上续驶里程最长的纯电动轿车。

2. 比亚迪E6汽车组成与工作原理

与传统汽车的结构相比，纯电动汽车在动力驱动方面区别最大，比亚迪E6汽车在动力驱动上主要由电动车控制模块、动力模块和高压辅助模块三大模块组成。

如图3.25所示，其工作原理如下。

整车工作原理示意图(前驱原理)

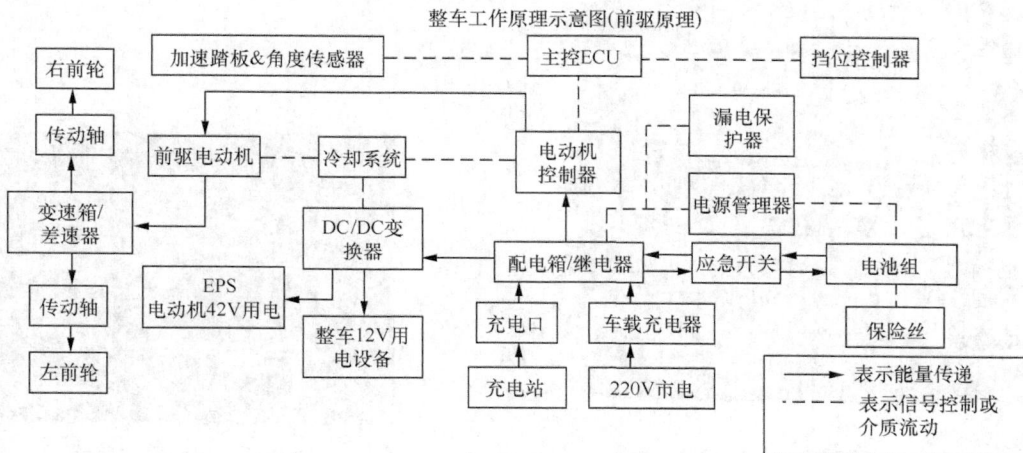

图3.25 比亚迪E6工作原理框图

（1）电动车控制模块。比亚迪E6汽车控制模块主要由电动机控制器、DC/DC、动力配电箱、电池管理单元等组成。

① 电动机控制器为电压逆变器，外观如图3.26所示。其功用是利用IGBT将直流电转变为交流电，并通过接收挡位开关信号、油门深度信号、制动踏板深度信号及旋转方向信号等传感器信号进行驱动电动机电压的输出控制，控制电动机的前进、倒退，维持电动车的正常运转。电动机控制器的关键零部件为IGBT。IGBT 实际为大电容，目的是为了控制电流的工作，保证能够按照驾驶员的意愿输出合适的电流参数。

② DC/DC转换器外形如图3.27所示，负责将330V高压直流转换为低压12V提供给车载低压用电设备，如空调、EPS等，并且在蓄电池亏电时给蓄电池充电。

图3.26 电动机控制器

③ 动力配电箱负责对电池包体中的能量进行控制，相当于一个大型的继电器，通过继电器的吸合来控制电流通断，并将电流进行分流。为了控制大的电流通过整车，需要通过几个继电器并联工作，这也对继电器的工作一致性和可靠性提出了苛刻的要求。

④ 电池管理单元是电动汽车电池系统的参数测试及控制装置，具有安全预警与控制、剩余电量估算与指示、充放电能量管理与过程控制、信息处理与通信等主要功能，其外形如图3.28所示。它主要保证每节串联电池的电压、电流等各项性能指标的一致性，由于电池的原理有些像木桶效应，某一节短板的话，则所有电池性能都将按照这一节的性能计算，因此要对电池可靠

性提出极其高的要求。为了防止过充、过放、过温等一系列影响单节电池性能的问题出现，须通过电池管理单元进行监控，时刻保证电池工作在正常工作状态下。

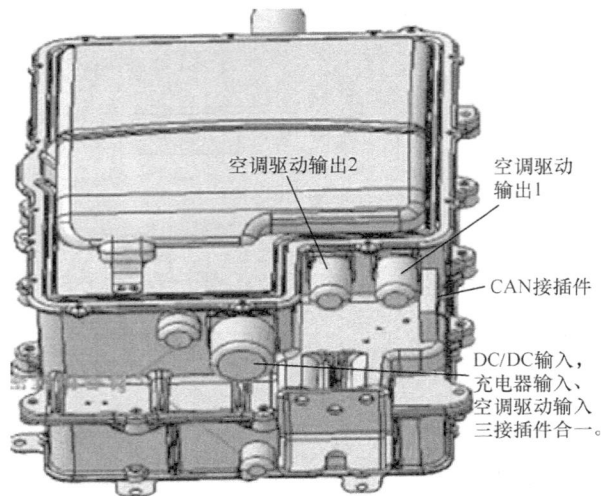

图3.27 DC/DC转换器

图3.28 电池管理单元

（2）动力模块。比亚迪E6汽车动力模块主要由动力总成和磷酸铁钴锂电池包体总成组成。

① 动力总成主要由驱动电动机和变速器组成，如图3.29所示。电动机为水冷交流无刷永

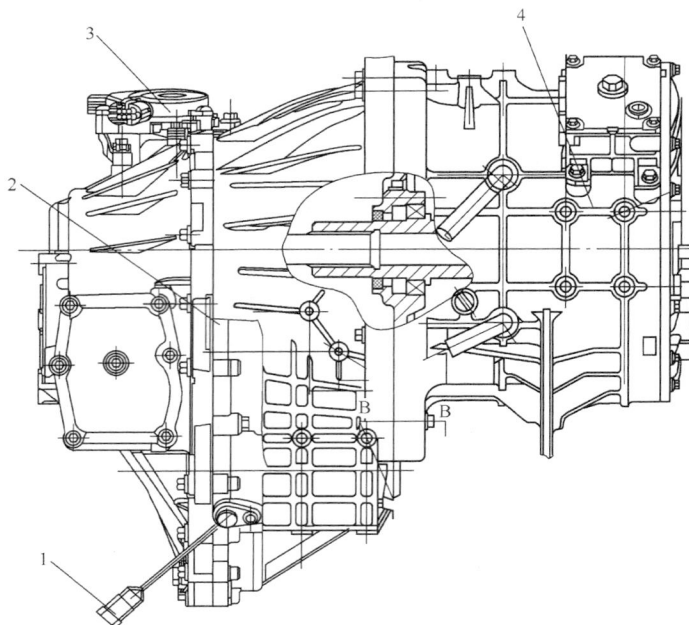

图3.29 动力总成
1—速度传感器 2—前驱变速器总成 3—P挡电动机 4—驱动电动机

磁同步电动机，额定功率为75kW，是汽车的唯一动力源，驱动汽车行驶，同时还可以在汽车高速滑行和制动时作为发电机为动力电池充电。

②　磷酸铁钴锂电池包体总成由96个单体磷酸铁钴锂电池组成，如图3.30所示。磷酸铁钴锂电池是用磷酸铁钴锂材料作为电池正极的锂电池，每个电池单体电压为3.3V。

（3）高压辅助模块。高压辅助模块主要由漏电保护器、挡位执行器、主控ECU、加速踏板、车载充电器、应急开关等组成。

①　漏电保护器外形如同3.31所示，其一端与负极相连，一端与车身连接，检测系统中电流和电压值，一旦发现有超出限制的电流和电压，则发出报警，并切断控制模块，保证用电安全。

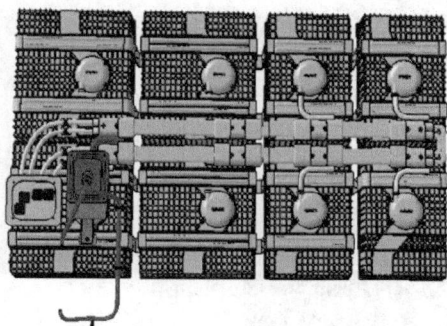

图3.30　磷酸铁钴锂电池包体总成

图3.31　漏电保护器

②　挡位执行器是人机对话窗口，控制电动车前进、后退、停车等动作，挡位显示在换挡手柄上，如图3.32所示。P挡是驻车挡，踩下制动踏板，起动车辆，OK灯亮起后，才能将P挡切换到其他挡位。只有在起动时需要踩下制动踏板换挡，其他挡位可直接操纵换挡手柄进行切换。换挡成功后，放松换挡手柄，换挡杆自动回到中间位置。

③　主控ECU接受各高压监控系统发出的信号，并加以判断，控制冷却系统、制动系统、车速里程等。

④　加速踏板通过控制电流大小控制电动机转速。

⑤　车载充电器有两种充电方式，直流充电和交流充电，如图3.33所示。交流充电主要是通过家用插头和交流充

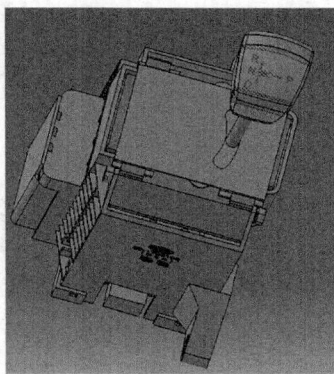

图3.32　挡位执行器

电桩接入交流充电口，通过车载充电器将家用220V交流电转为330V直流高压电给动力电池进行充电。直流充电主要是通过充电站的充电桩将直流高压电直接通过直流充电口给动力电池充电。充电时需要保证整车防水密封性，并且要保证车载充电口能够承受瞬时大电流。

⑥　应急开关为人工操作的安全开关，外形如图3.34所示。应急开关布置在电池的正负极附近，保证能够在紧急情况下通过人工操作将电池电压封闭。

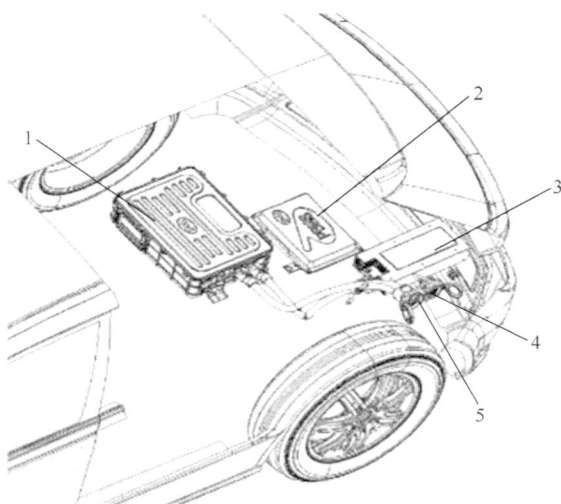

图3.33　车载充电器

1—高压配电器　2—电池管理器　3—车载充电器　4—交流充电口　5—直流充电口

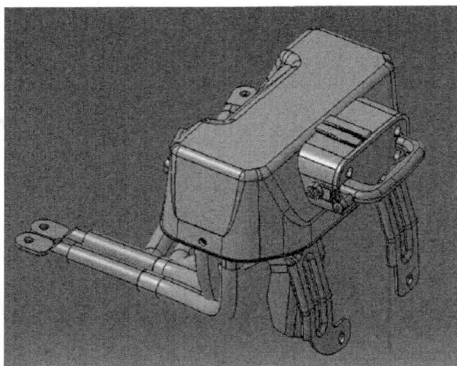

图3.34　应急开关

二、北汽E150EV纯电动汽车

E150EV纯电动轿车是北汽新能源基于北汽集团自主品牌首款轿车车型BC301平台开发的A0级纯电动轿车产品，是北汽集团2012年在新能源汽车领域重点推出的车型。目前，该车已实现了批量生产，并有超过1 000辆纯电动车参与示范运营。

E150EV纯电动轿车外形如图3.35所示。该款纯电动轿车产品搭载永磁同步电动机、单级减速器的电驱系统，具有高效简单的驱动特点。它采用3磷酸铁锂动力电池组，以自主研发整车电控系统核心技术为主要技术路线。技术参数如表3.1所示。

图3.35　E150EV汽车

表3.1　　　　　　　　　　　　　　　E150EV技术参数

类别	项目	参数
整车参数	长×宽×高/mm	3 398×1 720×1 503
	整备质量/kg	1 370
	最高车速/(km/h)	120
	最大爬坡度	20%
	等速续驶里程/km	160
电动机参数	峰值功率/kW	20/45
	额定扭矩/N·m	64/144
电池参数	电池类型	磷酸铁锂
	额定电压/V	320
	电量/kW·h	25.6

　　E150EV纯电动轿车动力系统由整车控制系统、电池及电池管理系统和电动机及电动机管理系统3部分构成，如图3.36所示。整车控制系统主要判断操纵者意愿，根据车辆行驶状态和电池与电动机系统的状态合理分配动力，使车辆运行在最佳状态。电动机及电动机管理系统是电能和机械能相互转换的子系统，其功能是接收整车控制器的转矩信号，驱动车辆行驶、转向和再生制动回馈能量，同时监控电动机系统状态并故障报警和处理。电池及电池管理系统的作用主要是进行能量的储存及能量的释放，需要电压的转换和电池状态的检测等。

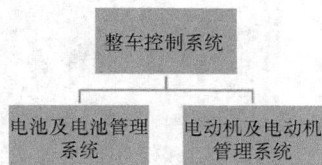

图3.36　E150EV纯电动轿车动力系统结构图

1. 电池及电池管理系统

　　电池板电池管理系统主要由动力电池模组、电池管理系统、动力电池箱及辅助元器件等4部分组成，如图3.37所示。

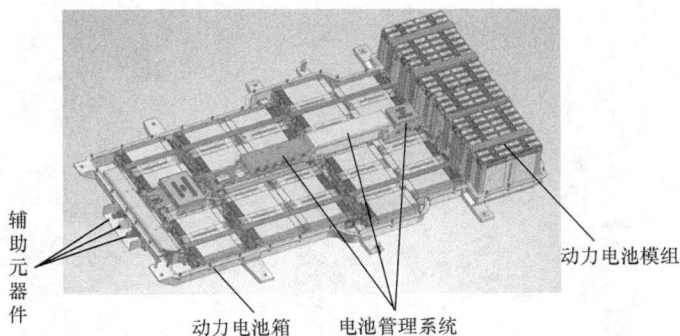

图3.37　电池及电池管理系统示意图

　　（1）电池单体是构成动力电池模块的最小单元。它一般由正极、负极、电解质及外壳等构成，可实现电能与化学能之间的直接转换。

（2）电池模块是一组并联的电池单体的组合，该组合的额定电压与电池单体的额定电压相等，是电池单体在物理结构和电路上连接起来的最小分组，可作为一个单元替换。

（3）模组是由多个电池模块或单体电芯串联组成的一个组合体。

（4）电池管理系统不仅要保证电池安全可靠的使用，还要充分发挥电池的能力和延长使用寿命。作为电池和整车控制器以及驾驶者沟通的桥梁，电池管理系统通过控制接触器控制动力电池组进行充放电。其外形如图3.38所示。

（5）动力电池箱是支撑、固定、包围电池系统的组件，主要包含上盖和下托盘，还有辅助元器件，如过渡件、护板、螺栓等，动力电池箱有承载及保护动力电池组及电气元件的作用，如图3.39所示。

图3.38　电池管理系统外形图　　　　　　图3.39　动力电池箱

（6）辅助元器件主要包括动力电池系统内部的电子电器元件，如熔断器、继电器、分流器、接插件、紧急开关、烟雾传感器等，维修开关以及电子电器元件以外的辅助元器件，包括密封条、绝缘材料等。

2. 驱动电动机及电动机管理系统

北汽E150EV驱动系统包括驱动电动机和电动机控制器，如图3.40所示。

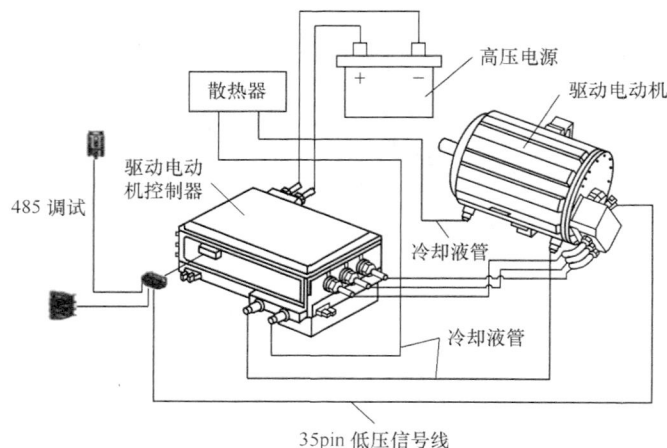

图3.40　驱动系统示意图

（1）驱动电动机采用永磁同步电动机，是电能与机械能转化的重要执行部件，并将自身的运行状态信息发送给电动机控制器。驱动电动机效率高、体积小、重量轻及可靠性高，并且电动机还使用了一些传感器以提供电动机工作信息。例如，旋转变压器用以检测电动机转子位置，温度传感器用以检测电动机的绕组温度。

（2）电动机控制器是电动机系统的控制中心。它对所有的输入信号进行处理，并将电动机控制系统运行状态的信息发送给整车控制器。电动机控制器内含功能诊断电路。当诊断出现异常时，它将会激活一个错误代码，发送给整车控制器。电动机控制系统使用了一些传感器来提供电动机的工作信息：电流传感器用以检测电动机工作的实际电流；电压传感器用以检测供给电动机控制器工作的实际电压；温度传感器用以检测电动机控制系统的工作温度。

3. 整车控制系统

如图3.41所示，E150EV整车控制器安装在轿车前机舱内，是进行纯电动汽车动力控制及电能管理的重要装置。一方面，整车控制器通过自身数据采集模块获取驾驶员需求信息；另一方面，整车控制器与电动机控制器、电池管理系统、电动辅助系统等部件组成CAN总线网络，实时获取当前整车状态、电动机、电池、电动辅助等部件参数。它采用优化算法协调电动辅助部件和电动机运行，在满足驾驶员对整车动力性和舒适性需求的前提下，最大限度地节约电能的消耗。

图3.41 E150EV 前机舱主要部件示意图
1—整车控制器 2—洗涤液储液罐 3—低压保险丝盒（新能源） 4—驱动电动机控制器
5—高压控制盒 6—车载充电动机 7—DC/DC变换器 8—制动液储液罐
9—低压蓄电池 10—前舱低压电器盒

其具体功能如下。

（1）通过车速传感器、挡位信号传感器等采用不同的采样周期，时刻检测整车的运行状态。

（2）通过CAN总线获得原车功能模块、动力电池系统、电动机驱动系统等状态信息。

（3）通过加速/制动踏板位置、当前车速和整车是否有故障信息等，判断出当前需要的整车工作模式（如起步、加速、减速、匀速行驶），根据判断得出的整车工作模式、动力电池系统和电动机驱动系统状态，计算出当前车辆需要的扭矩。

（4）整车故障的判别及处理。

（5）电动汽车辅助系统的控制。

【思考题】

1. 纯电动汽车按储能装置分有几种类型？

2. 纯电动汽车的特点有哪些？

3. 增程式电动汽车与混合动力汽车的区别是什么？

4. 简述电动汽车的结构与工作原理。

第四章

其他燃料汽车

【学习目标】

1. 掌握汽车代用燃料的种类、特点。
2. 理解氢燃料汽车结构的特点与工作原理。
3. 理解天然气汽车结构的特点与工作原理
4. 了解代用燃料汽车的发展现状与存在问题。

所谓代用燃料，是指能够取代或部分取代目前内燃机传统燃油（汽油、柴油和煤油）的燃料。良好的代用燃料应能满足下列要求：资源丰富、价格适宜；燃料的热值尤其是混合气热值能满足发动机动力性能的要求和车辆起动性能、行驶性能以及加速性能等方面的要求；能量密度较高、储存运输方便；发动机的结构变动较小、技术上可行；对人类健康、环境保护以及安全防火等无有害的影响；对发动机的寿命以及可靠性没有不良影响。已开发的代用燃料有气态烃〔压缩天然气（CNG）、液化天然气（LNG）、液化石油气（LPG）〕、醇燃料、二甲醚、生物柴油、氢、燃料电池等。

第一节　燃料电池电动汽车

燃料电池电动汽车（Fuel Cell Electric Vehicle，FCEV），兴起于20世纪70年代末，以燃料电池作为动力源，通过氢氧反应产生电能驱动电动机来驱动车辆行驶。由于该车型的排放物为水，氢氧利用率较高，因此被普遍认为是一种新型、高效、清洁的环保车型。

一、燃料电池电动汽车分类

燃料电池电动汽车的优点是效率高、续驶里程长、绿色环保、零排放、过载能力强、噪声低、震动小、设计方便灵活。其缺点是燃料电池电动汽车的制造成本和使用成本比较高；辅助设备复杂且质量和体积都比较大；起动时间长，系统的抗震能力还需要加强。

1. 按多电源配置不同分类

按多电源配置不同，可以分为纯燃料电池驱动电动汽车（PFC）、燃料电池与辅助蓄电池联合驱动混合动力电动汽车（FC+B）、燃料电池与超级电容联合驱动混合动力电动汽车（FC+C）、燃料电池与辅助蓄电池和超级电容联合驱动混合动力电动汽车（FC+B+C）。

（1）纯燃料电池驱动的燃料电池电动汽车（PFC）只有一个燃料电池动力源，如图4.1所示，汽车的所有功率负荷都由燃料电池承担。优点是结构简单，便于实现系统控制和整体布置；系统部件少，有利于整车轻量化，并且整体能量传递效率高。缺点是燃料电池功率大，成本高；对燃料电池系统的动态性能和可靠性提出了很高要求；不能进行制动能量回收。

（2）燃料电池与辅助蓄电池联合驱动的燃料电池电动汽车（FC+B）结构有串联式和并联式。在图4.2所示的并联结构中，燃料电池和蓄电池一起为驱动电动机提供能量，驱动电动机将电能转化为机械能传递给传动系统，以驱动汽车行驶；在汽车制动时，驱动电动机变为发电机，为蓄电池充电。

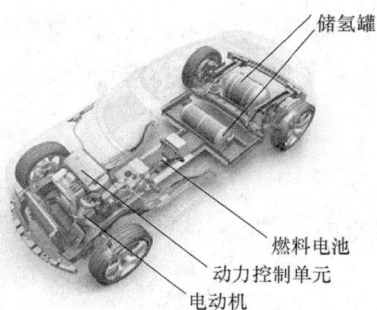

图4.1　纯燃料电池电动汽车结构示意图

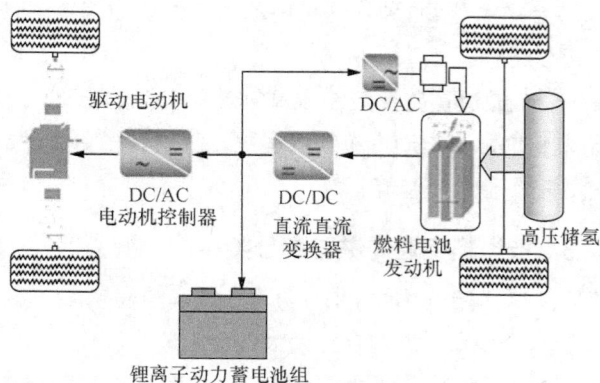

图4.2　FC+B结构示意图

FC+B结构的优点：由于增加了蓄电池组，系统对燃料电池的功率要求比纯燃料电池结构形式有很大降低，从而大大降低了整车成本；燃料电池可以在比较好的设定工作条件下工作，效率比较高；系统对燃料电池的冬天响应性能要求较低；汽车冷起动性能比较好；采用制动能量回收可以回收汽车制动时的部分动能，该措施可以增加整车的能量效率。

FC+B结构的缺点：蓄电池的使用使整车质量增加，动力性和经济性受到影响；蓄电池充放电过程会有能量损耗；系统变得复杂，控制和整体布置难度增加。

（3）燃料电池与超级电容联合驱动电动汽车（FC+C）与FC+B的结构相似，只是把蓄电池换成超级电容。相对于蓄电池，超级电容充放电效率高，能量损失小，比蓄电池功率密度大，在回收制动能量方面比蓄电池有优势，循环寿命长，但是超级电容的能量密度小。

（4）燃料电池+蓄电池+超级电容（FC+B+C）的结构形式如图4.3所示，这种结构在部件效率、动态特性和制动能量回收等方面优势突出。而其缺点也更明显：增加超级电容，系统质量增加；系统更加复杂，控制和整体布置难度更大。

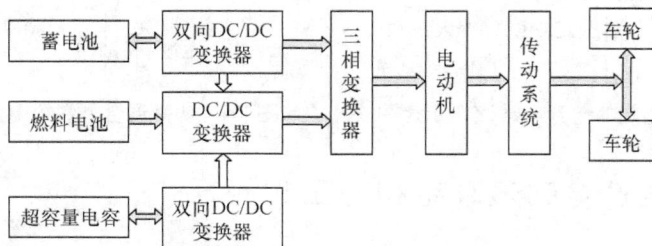

图4.3　FC+B+C结构示意图

2. 按主要燃料种类分类

按主要燃料的种类不同，燃料电池电动汽车可以分为纯氢气燃料电池电动汽车和经过重整后产生氢气的燃料电池电动汽车。

（1）纯氢气燃料电池电动汽车的储氢技术是关键，常见储氢系统有高压储氢、低温储存液氢和金属氢化物3种。这种电动汽车需要建造氢气站，增加了燃料电池电动汽车商品化和推广普及的难度。

（2）通过重整反应制取氢气燃料电池的电动汽车，由于燃料携带方便，提高了燃料能量利用率，增加了电动汽车续驶里程，故得到了更大发展。特别是利用甲醇制取氢气的技术十分成熟，已得到广泛应用。

3. 按燃料电池提供功率分类

根据燃料电池所提供的功率占整车总需求功率的比例不同，燃料电池混合动力汽车可分为能量混合型和功率混合型两大类。

（1）能量混合型燃料电池电动汽车指在车辆行驶过程中，燃料电池只能提供整车功率需求的一部分，不足的部分还需要其他动力源（如辅助电池）来提供，如图4.4所示。能量混合型燃料电池汽车为了满足一定的性能指标，往往需要配备较大容量的蓄电池组，从而导致整车的自重增加、动力性变差、空间布置紧张。能量混合型燃料电池汽车的燃料电池经常在系统效率较高的区域内工作。但每次运行结束后，除了要加注氢燃料外，还需要用地面电源为蓄电池充电。

（2）功率混合型燃料电池电动汽车以燃料电池作为主动力源，蓄电池作为辅助动力源，如图4.5所示。车辆所需的功率主要由燃料电池提供，电池只是在燃料电池汽车起动、爬坡和加速时提供功率，在汽车制动时回收能量。随着燃料电池技术的不断成熟，燃料电池性能逐渐提高，燃料电池所提供的功率比例越来越大，这样就可以减少蓄电池的容量，从而减轻车重、提高动力性。为了回收能量，还需要一定数量的蓄电池，但电池只提供整车所需功率中很小的一部分。

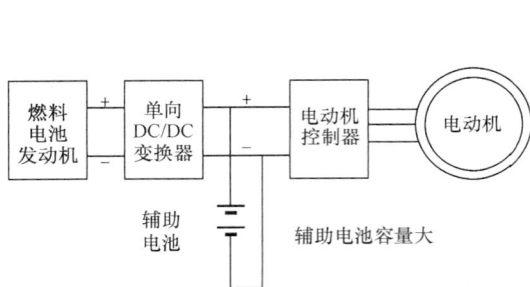

图4.4　能量混合型燃料电池电动汽车示意图　　　图4.5　功率混合型燃料电池电动汽车示意图

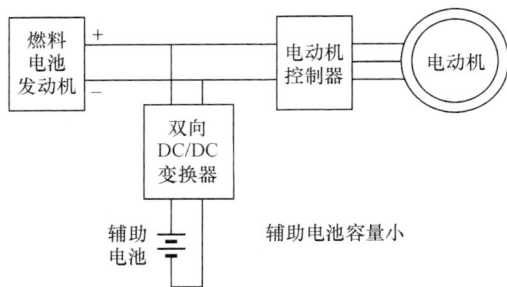

二、燃料电池电动汽车结构与工作原理

目前燃料电池电动汽车绝大多数采用的是混合式燃料电池驱动系统，如图4.6所示。该系统将燃料电池与辅助动力源（蓄电池）相结合，燃料电池可以只满足持续功率需求，借助辅助动力源提供加速、爬坡等所需的峰值功率，而且在制动时可以将回馈的能量存储在辅助动力源中。

1. 燃料电池电动汽车结构

（1）底盘布置。燃料电池电动汽车的底盘与传统燃油汽车相比，除了增加燃料电池动力总成，对汽车制动总成、前后悬架总成及轮胎等方面也应作相应的调整。特别是随着轮毂电动机技术的发展，使燃料电池汽车在电动机的放置上有了新的选择，增大了汽车内部空间。燃料电池动力总成包括高压储氢罐、动力电池、燃料电池堆栈、燃料电池升压器及动力控制单元等，如图4.7所示。其中，储氢罐一般放置于底盘的中部或后排座椅的下方空间（传统内燃机轿车的油箱位置），将氢气罐分散存储，使负载均匀分配在底盘的前后端，有利于降低车辆的总体重心，使轿车具有良好的操控性能，并改善车辆的整体安全性。

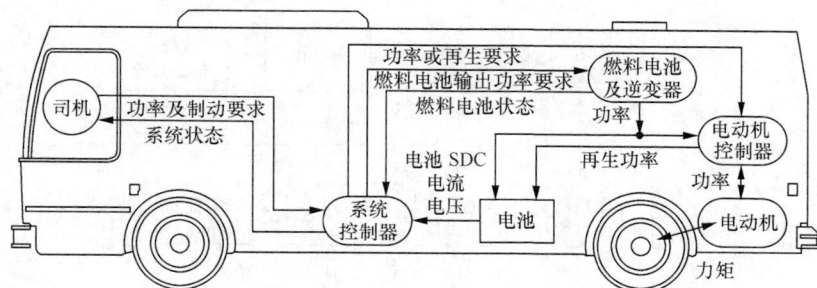

图4.6　混合式燃料电池电动汽车工作原理示意图

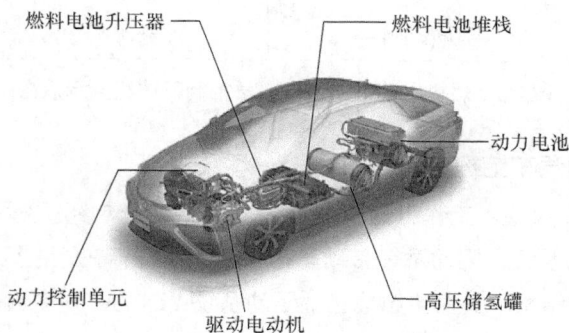

图4.7　燃料电池电动动力总成示意图

　　燃料电池汽车的动力系统一般由质子交换膜燃料电池、蓄电池、电动机和系统控制设备组成。燃料电池所生成的电能经过DC /DC 转换器、DC /AC逆变器等的变换，带动电动机运转，将电能转变为机械能，为汽车提供动力，如图4.8所示。

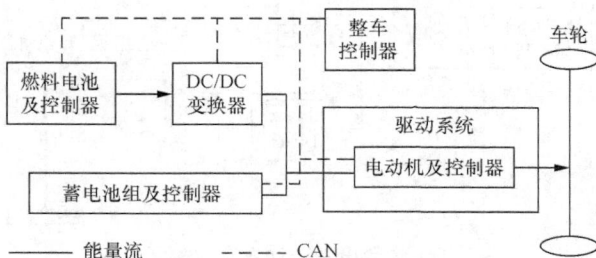

图4.8　燃料电池电动汽车结构框图

　　（2）电子控制系统与传统汽车相同。 电子控制系统在燃料电池汽车的发展中起着越来越重要的作用。电子控制系统主要由电动机驱动子系统、能源子系统和辅助子系统组成，如

图4.9所示。能源子系统中的峰值电源即为蓄电池。当汽车急加速时，对应于峰值功率指令，燃料电池系统与峰值电源两者同时向电动机供电，以增大驱动功率；在制动时，电动机运行于发电机状态，将部分制动能量变换为电能，并储存在峰值电源中；当负载功率小于燃料电池系统的额定功率时，峰值电源也能从燃料电池系统中补充、恢复其能量。

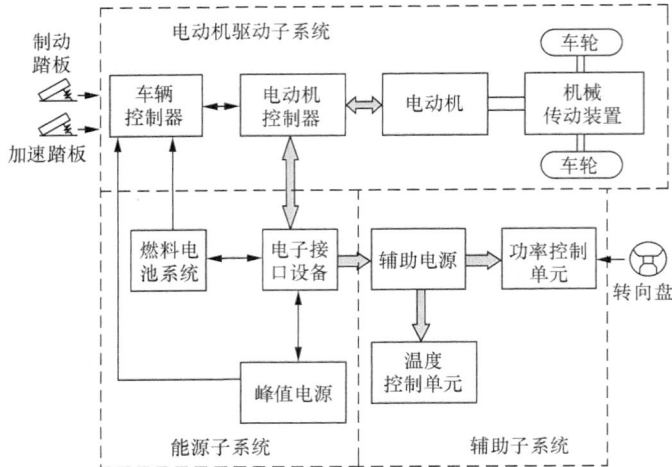

图4.9 燃料电池电动汽车电子控制系统组成示意图

2. 燃料电池电动汽车结构与工作原理

燃料电池电动汽车的基本工作原理：燃料电池发出的电，经逆变器、控制器等装置，给电动机供电，再经传动系统、驱动桥等带动车轮转动，使车辆在路上行驶。图4.10所示为纯氢气燃料电池电动汽车的结构，其主要组成包括驱动系统、DC/AC逆变器、蓄电池组、燃料电池发动机及其辅助系统、DC/DC转换器、中央控制器等。

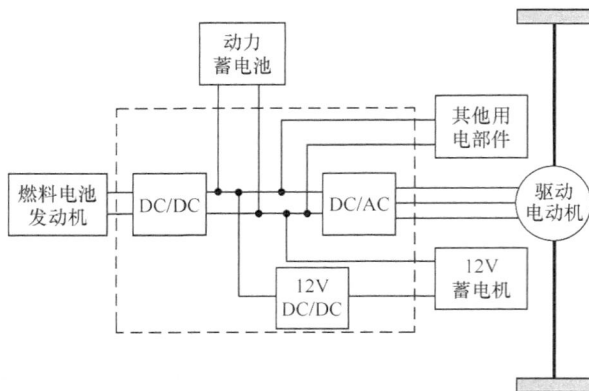

图4.10 燃料电池电动汽车结构示意图

燃料电池发动机管理系统按整车控制器的功率设定值控制燃料电池发动机的功率输出，监测发动机的工作状态，保证发动机稳定可靠地运行，同时进行故障诊断及管理。其具体组成包括供氢系统、供氧系统、水循环及冷却系统。

（1）燃料与氧化剂供给系统。通常由压气机将经过净化的空气供入燃料电池。在燃料电池电动车中，氢气的储运和供给是关键技术之一。氢气的供给方式可分为两类：一类是直接使用氢气燃料，如图4.11所示，其可分为高压气体、低温气体以及金属氢化物等多种储存方式；另一类是通过车载专用装置先将甲醇或汽油转化为富含氢气的气体，再供入燃料电池，如图4.12所示。

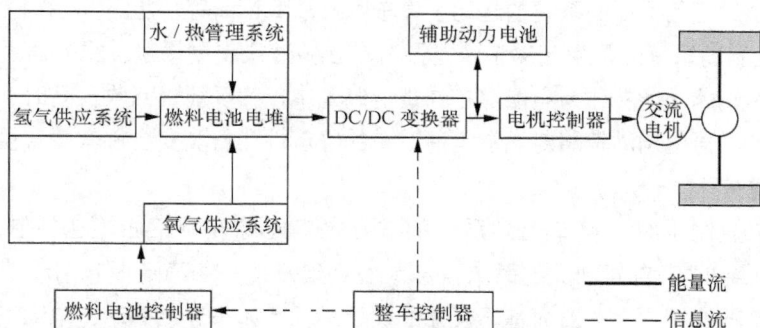

图4.11　纯氢燃料电池电动汽车工作原理示意图

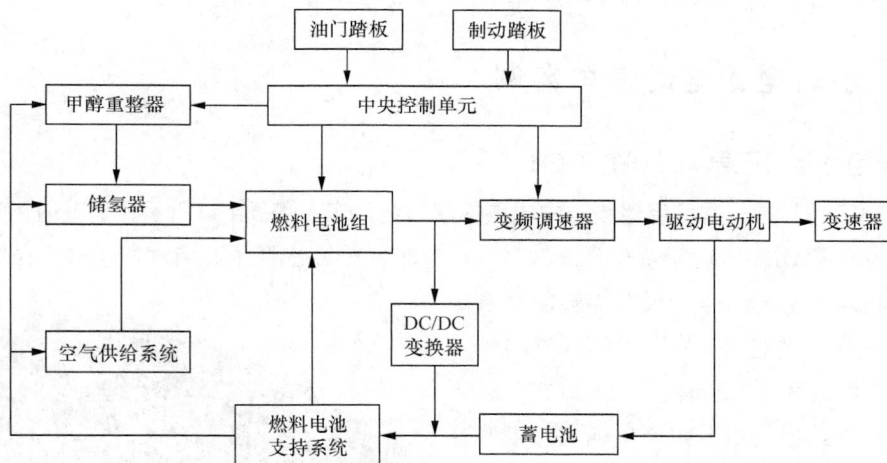

图4.12　甲醇重整制取氢气燃料电池电动汽车工作原理示意图

（2）电池组的水/热管理系统。为保证燃料电池正常工作，必须使反应气含有一定水分，同时又要确保反应生成水的顺利排出。目前用于组装电池组的质子交换膜均须有水分的存在才能传导质子，一般采用反应气预增湿或自增湿的方法来保证膜处于良好的水合状态，始终使质子交换膜保持湿润状态。电流密度，进入燃料电池的气体的增湿程度，工作温度，气室压力和气体流速的变化都会影响到水管理。电池组的热管理主要完成排出反应废热等功能，可采用冷却液循环排热以及风扇进行冷却的方式来保证燃料电池内部正常的工作温度。电池内部水/热管理的好坏决定燃料电池性能的好坏。

（3）输出电能的调整系统。燃料电池电能调整系统的功能主要包括直流电压的稳定、过载保护直流-交流的逆变。燃料电池输出的直流电一般接一个直流升压稳压器，将输入的直流电稳定在需要的电压范围内。若驱动电动机为交流电动机，则还需要接一个直流交流逆变器，完成直流到交流的转换功能。为提高系统性能，一般还需要与燃料电池并接一组蓄电池，供车辆运行中的某些特殊工况时使用，例如，为电动机起动、车辆加速等提供额外的电能。

（4）燃料电池自动控制系统。燃料电池自动控制系统由多种传感元件、执行元件以及电控单元的软硬件等构成，对上述系统的关键控制参数进行监测、调整和控制，以确保系统稳定可靠地运行，同时还包括控制系统的起动、停车以及故障诊断等功能。

（5）再生制动系统。再生制动系统是指汽车在减速或者制动过程中，通过带动发电机发电的方式，将车辆的动能转化为电能储存在蓄能装置中，实现能量回收，同时产生车辆制动所需的部分制动力。再生制动策略对燃料电池汽车的经济性和行驶安全性有着直接影响，是燃料电池汽车的关键技术之一。

（6）整车控制系统。整车控制系统的核心是多能源控制策略（包括制动能量回馈功能），它一方面接收来自驾驶员的需求信息（如点火开关、油门踏板、制动踏板、挡位信息等）实现整车工况控制；另一方面基于反馈的实际工况（如车速、制动、电动机转速等）以及动力系统的状况（燃料电池及动力蓄电池的电压、电流等），根据预先匹配好的多能源控制策略进行能量分配调节控制。当然，整车的故障诊断及管理也由它负责。

三、燃料电池电动汽车实例

1. 通用"氢动三号"（HYDROGEN 3）

"氢动三号"是一款已经逐步走向成熟的燃料电池车，如图4.13所示，它是通用汽车公司基于欧宝赛飞利MPV多功能轿车改进的燃料电池车，已经达到了通用汽车和欧宝品牌的商业化生产指标。"氢动三号"燃料电池驱动系统的工作原理：通过68L的氢气储存罐向燃料电池组提供氢气，由200块相互串联在一起的燃料电池块组成的电池组产生电能，电池组所产生的电能输入三相异步电动机驱动车辆行驶，并几乎不产生任何噪声。"氢动三号"0～100km/h的加速时间约为16s，最大时速达到160km/h。氢储存罐分为两种，一种

图4.13　通用"氢动三号"（HYDROGEN 3)外形图

罐内储存的是温度为−253℃的液态氢，另一种罐内储存的是承受最高压力可达70MPa的高压氢气。一次充气行驶里程分别可达400km和270km。

其主要技术参数如下。

尺寸（长×宽×高）：4 315mm×1 750mm×1 685mm。

车重：1 750kg。

乘员：5人。

续驶里程：400km。

最大功率：60 kW。

最大扭矩：215N·m。

驱动方式：前轮驱动。

燃料电池型号：质子交换膜燃料电池。

燃料类型：氢气。

燃料储存方式：液态氢。

2. 丰田Mirai

丰田Mirai是氢燃料汽车，外形如图4.14所示。动力总成包括燃料电池堆、燃料电池升压变频器、氢气循环泵电动机等，相互装配关系如图4.15所示。

图4.14　丰田Mirai燃料电池汽车外形图

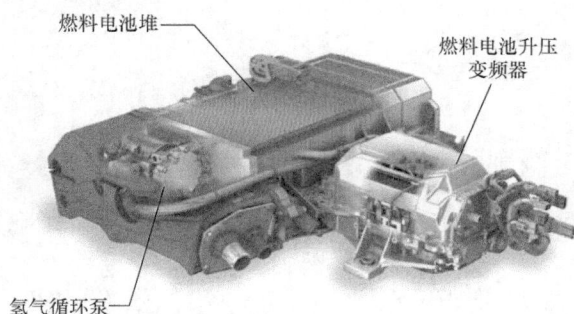

图4.15　丰田Mirai动力总成

如图4.16所示，Mirai所使用的碳纤维+凯夫拉（防弹衣面料）的高压储氢罐可以承受70MPa压力，并分别置于后轴的前后。液态氢添加的过程与传统添加汽油或者柴油相似，但对于安全性和加注设备具有独立的安全标准。充满Mirai的储氢罐需要3～5min，在JC08工况下，Mirai的氢储量可以支持700km续航里程。减压后的液态氢进入位于乘员舱下方的燃料电池中，氢原子在燃料电池阴极上反应，释放电子从而产生电能。多个燃料电池的串联使得输出电压经过升压变频器后达到使用的标准。

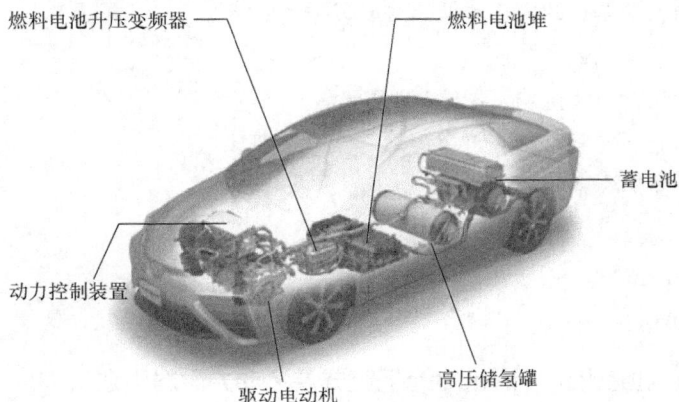

图4.16　丰田Mirai结构示意图

丰田Mirai 汽车工作原理如图4.17所示，储氢罐中的氢气与车头吸入的氧气在燃料电池内发生反应，产生电能驱动电动机从而带动车辆行驶，反应产生的剩余电能存入储能电池（蓄电池）。氢气与氧气反应后的产物只有水，大约每公里产生625cm^{3}的水，将会被定期排出。

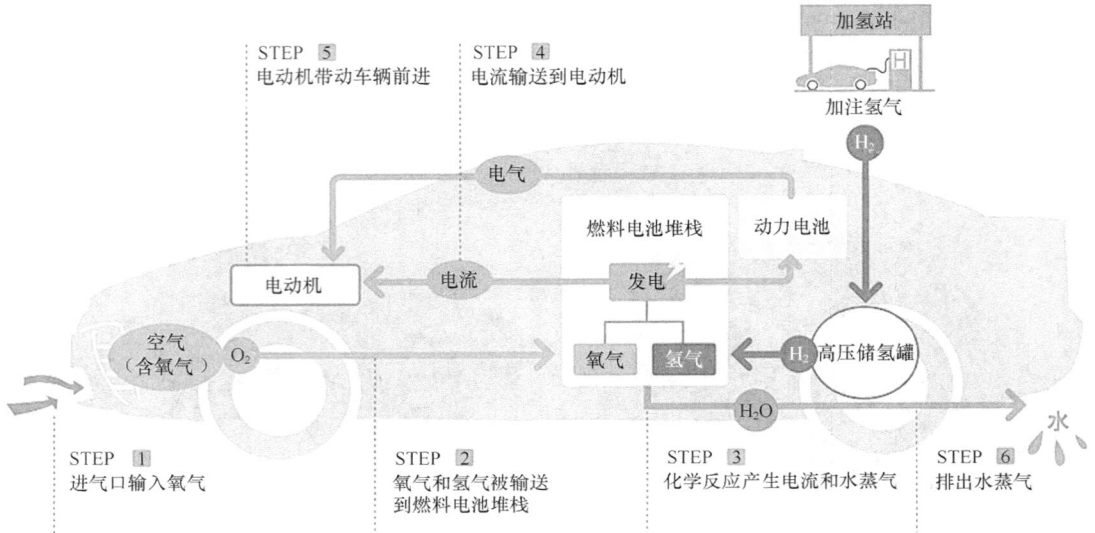

图4.17　丰田Mirai工作原理示意图

丰田Mirai燃料电池汽车还可以作为一个大号充电宝，不仅可以为各种电子产品充电，还可以在家里停电时，为家用电器提供一定时间的电能。

其主要技术参数如下。

尺寸（长×宽×高）：4 890mm×1 815mm×1 535mm 。

电动机最大输出功率113kW，峰值扭矩335N·m。

燃料电池堆：固体高分子型。

最大功率：114kW，体积功率密度3.1kW/L。

加湿方式：内循环方式加湿。

燃料电池升压器最大输出电压650V，4相。

储气罐：122.4L。

最高车速：160km/h 。

从0加速至100km/h：9.6s。

3. 奥迪A7 Sportback h-tron quattro插电式混合动力燃料电池汽车

图4.18所示为奥迪A7 Sportback h-tron quattro插电式混合动力燃料电池汽车解剖图。

其外观与普通版A7相似，配备了四轮驱动系统。前后轴各安装有一台电动机，其电力由燃料电池提供，或者由锂离子电池提供。该锂离子电池可在家中进行充电或通过再生制动系统充电。

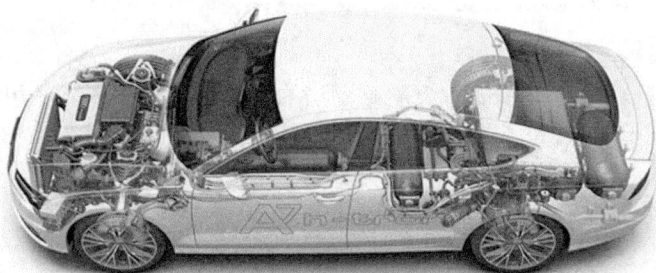

图4.18　奥迪A7 Sportback h-tron quattro解剖图

如图4.19所示，在车厢地板的下方、后轴的前方和中央通道内装备有4个氢燃料罐，空气压缩机强制输送空气进入燃料电池中，氢气再循环泵是用来循环多余氢气，以提高利用效率的。这些部件都由电力驱动并且直接从燃料电池堆栈中取电。氢燃料罐在加满燃料的情况下可提供的续航里程为499km。容量为8.8kW·h的锂电池组，被安置在后备箱的下方（原本放置备胎的地方）。有一套独立的热管理系统为这套电池组进行散热，并且在寒冷的冬季为电池组升温，确保其一年四季的储能效率。如果锂离子电池也充满电，其续航里程可增加50km。

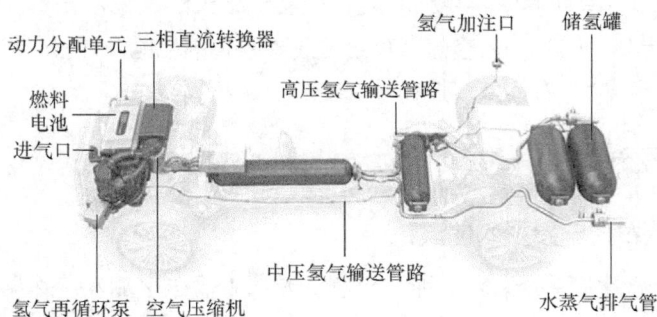

图4.19　奥迪A7 Sportback h-tron quattro动力总成

其主要技术参数如下。

每个电动机最大输出功率：85kW，峰值扭矩为270N·m。在两个电动机的共同作用下，最大扭矩540N·m。

燃料电池：聚合物隔膜。

锂离子电池功率：8.8kW，充满电池标准家用220V电压，4h。高压360V，2h。

0加速至100km/h：7.9s。

最高车速：180km/h。

第二节 气体燃料汽车

气体燃料汽车是利用可燃气体作为能源驱动的汽车。汽车的气体代用燃料种类很多，常见的有天然气和液化石油气。

一、气体燃料汽车类型

气体燃料汽车分为专用气体燃料汽车、两用燃料汽车和双燃料汽车。

1. 专用气体燃料汽车

专用气体燃料汽车是以液化石油气、天然气或煤气等气体为发动机燃料的汽车。

2. 两用燃料汽车

两用燃料汽车是指具有两套相对独立的供给系统，一套供给天然气或液化石油气，另一套供给天然气或液化石油气之外的燃料，两套燃料供给系统可分别但不可共同向气缸供给燃料的汽车，如汽油/压缩天然气两用燃料汽车等。

3. 双燃料汽车

双燃料汽车是指具有两套燃料供给系统，一套供给天然气或液化石油气，另一套供给天然气或液化石油气之外的燃料。两套燃料供给系统按预定的配比向气缸供给燃料，在气缸混合燃烧的汽车，如柴油—液化石油气双燃料汽车等。

二、天然气汽车（NGV）

1. 天然气作汽车代用燃料的优点

天然气是一种无需提炼的天然气种，无色、无味（输送中加入特殊臭味以便泄漏时可及时察觉）、无毒且无腐蚀性，主要成分为甲烷（CH_4）。天然气比空气轻，泄漏时会漂浮于空中，比液化石油气容易扩散，安全性比其他燃气更好。天然气作为汽车的代用燃料，其主要优点有以下几方面。

（1）辛烷值高（可达120以上），抗爆性好，可通过提高发动机的压缩比的办法，提高发动机的热效率。

（2）天然气本身是气态，与空气混合均匀，燃烧完全，不积碳，可提高热效率10%以上。

（3）对环境污染小。汽车使用天然气与使用汽油相比，排放一氧化碳（CO）减少97%，碳氢化物（HC）减少72%，氮氧化物（NO_x）减少39%，二氧化碳（CO_2）减少24%，二氧化硫（SO_2）减少90%，苯、铅等粉尘减少100%，噪声降低40%。

（4）天然气进入发动机气缸内时是气态，对润滑油无冲刷稀释作用，有利于延长机油的使用寿命和减少机油的消耗量，发动机磨损也相应减少。

（5）用天然气作发动机燃料，其燃料费用是汽油车的2/3（天然气尽管其热值较汽油略低，但其价格低），由于燃料燃烧完全，无积碳，无爆震，汽车使用寿命大大延长，维修费用仅为汽油车的70%。

（6）安全性好，天然气相对密度较空气小，为0.58，一旦发生泄漏，会很快在空气中消失。但汽油不易扩散，一遇火星易着火。

天然气的热值较汽油低，使用天然气时，如不改变发动机的结构参数，发动机的功率要下降10%～18%。但天然气的辛烷值高，可通过提高发动机的压缩比的方法来提高发动机的功率，从而弥补由于热值低带来的功率下降，天然气的着火极限较汽油宽，它可在$\alpha=0.58\sim1.8$的范围内着火燃烧，这样有利于燃烧稀混合气，提高使用天然气汽车的燃料经济性。

按国家《燃气汽车改装技术要求》标准，燃油车可改装为燃气汽车，发动机额定功率不低于原车85%，发动机最大扭矩不低于原车90%，汽车最高车速不低于原车90%，汽车加速性能不低于原车85%，直接挡最低稳定车速不高于原车5%，天然气额定充气压力20MPa。

2. 天然气汽车（NGV）的分类

天然气作为汽车燃料按照所使用状态的不同，可分为压缩天然气（CNG）汽车和液化天然气（LNG）汽车。

（1）压缩天然气（CNG）汽车。压缩天然气是将天然气用压缩机加压到20MPa储存在车载高压气瓶中，经减压后供发动机使用。当今世界上的CNG汽车绝大多数是用原来的汽油汽车改装的。汽油车的改装从理论到实践基本成熟，而用柴油车改装CNG汽车正处在试验研究阶段。用汽油车改装的CNG汽车称为CNG/汽油两用燃料汽车，简称CNG汽车。

（2）液化天然气（LNG）汽车。液化天然气是指常压下、温度为−162℃的液体天然气，储存于车载绝热气瓶中。使用时要先经过蒸发调压器汽化后，提供给发动机。目前世界上使用较多的是压缩天然气汽车。

3. CNG汽车的结构与原理

（1）CNG汽车结构。

通常CNG汽车采用定型汽油车改装，在保留原车供油系统的情况下，增加一套"CNG型车用压缩天然气装置"，如图4.20所示，改装部分由以下3个系统组成，在车中的相对安装位置如图4.21所示。

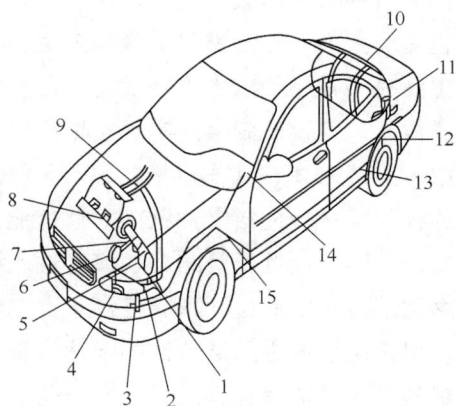

图4.20　CNG汽车组成示意图

1—高压截止阀　2—低压截止阀　3—电控单元
4—加气口　5—空气过滤阀　6—减压调节器
7—空气质量传感器　8—混合器　9—冷却水管
10—储气瓶　11—气瓶手动截止阀　12—安全阀
13—高压管线　14—油气转换开关
15—手动截止阀

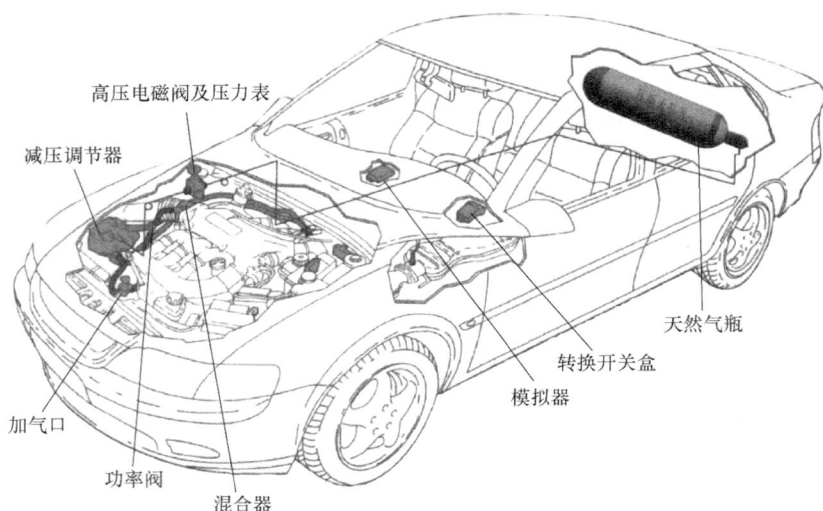

图4.21 CNG汽车燃气系统部件在车中位置示意图

① 天然气系统：主要由充气阀、高压截止阀、天然气钢瓶、高压管线、高压接头、压力表、压力传感器及气量显示器等组成。

② 天然气供给系统：主要由天然气高压电磁阀、三级组合式减压阀、混合器等组成。

③ 油气燃料转换系统：主要由三位油气转换开关、点火时间转换器、汽油电磁阀等组成。

（2）CNG汽车的工作原理。

CNG汽车燃料供给系统分天然气气路、控制电路和汽油油路三大部分，如图4.22所示。充气站将压缩天然气，通过充气阀充入储气瓶至20MPa。当使用天然气作燃料时，安装在驾驶室内的油气燃料转换电开关，拧到"气"的位置，此时天然气电磁阀打开，汽油电磁阀关闭，燃气ECU根据发动机工况等自动控制燃料停供和转换，同时由燃气ECU、氧传感器、电控调节阀共同实现空燃比闭环控制。在电控燃气供给系统中，模拟器一般与燃气ECU制成一体，其作用是在燃用天然气时对喷油器进行关闭控制，并产生喷油器工作正常的模拟信号输送给燃油ECU。储气瓶内的20MPa高压天然气通过高压管路进入减压调节器减压，再通过低压管路、功率阀进入混合器，即燃气ECU指令根据发动机不同工况最佳空燃比的要求，通过功率阀控制步进电机或占空比电磁阀动作，改变低压输送管路流通截面，以精确控制进入混合器的天然气量。由于燃气与汽油的化学性质不同，在同一工况下的最佳点火提前角也不同，因此，需要一个点火时间转换器来满足发动机燃用燃气和燃油时对点火提前角的不同需要。点火时间转换器与油气转换开关联动，通过手动开关，统一控制油气电磁阀和点火时间转化器。

4. CNG轿车应用实例

（1）比亚迪F6CNG。

F6CNG轿车在保留F6轿车汽油供油系统的基础上，增加了一套车用压缩天然气燃气系统，如图4.23所示，它既可燃用压缩天然气，也可燃用汽油，并且油气转换非常方便。F6CNG轿车所配备的压缩天然气系统（CNG）是一种燃气多点顺序喷射供气系统。系统工作时，燃气ECU以原车喷油信号为基础输入信号，同时通过发动机水温、燃气温度、压力等相关参数进行校正，确定最终的喷气时间，由燃气喷嘴向对应的发动机气缸供气。该系统除了控制燃气喷嘴工作外，还具有气量显示、油气间自动转换、紧急燃气起动等功能。

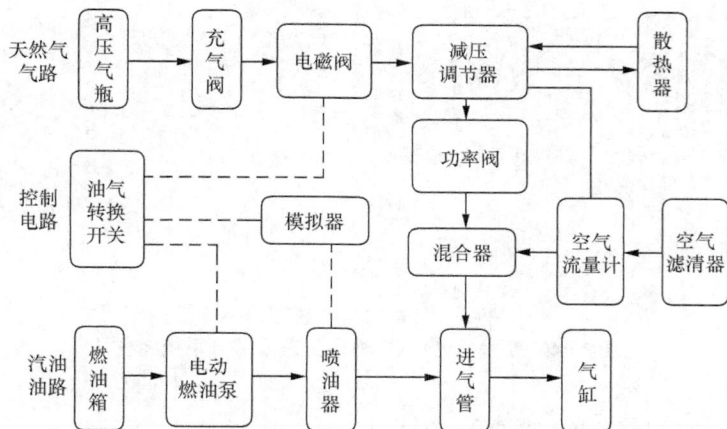

图4.22 CNG汽车工作原理示意图

（2）新爱丽舍CNG轿车。

新爱丽舍CNG轿车如图4.24所示，是在新爱丽舍标准型基础上，采用与适配汽油及压缩天然气（CNG）电控多点喷射燃料供给系统制成的。其特点是将传统的双ECU整合为单ECU、双OBD、动力衰减为10%左右，保证系统更加稳定、高效且具有更加优良的环保性能。由于采用单ECU，故使燃料供给系统结构更加简单，降低了整车质量，易于维护保养。从电控系统设计时，该轿车就考虑了汽油和天然气两种工况，因此系统反应速度更快，汽油/CNG转换更加平顺。

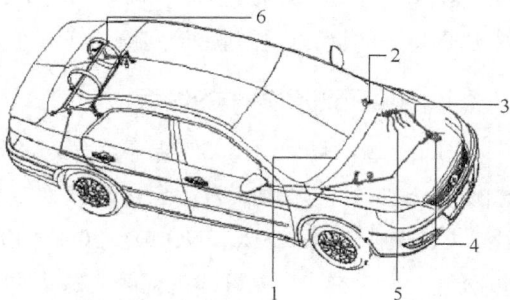

图4.23 比亚迪F6CNG轿车压缩天然气系统组件
1—燃气ECU 2—转换开关 3—过滤器
4—减压器 5—燃气导轨 6—气瓶

双OBD是在燃烧汽油和燃烧天然气两种工况下，系统都可以监测尾气排放的成分并调整喷油/喷气的策略，使排放始终满足国标要求。

新爱丽舍CNG轿车的工作原理介绍如下。

首先控制器输出12V电源，控制减压阀电磁阀打开，CNG供给系统接通，向发动机供给天然气；同时控制点火提前角调节器向汽油ECU输送修正后的曲轴位置信号，汽油ECU在修正后的信号下控制点火并截断油泵继电器，使油泵不工作；最后燃气ECU控制高频电磁阀喷气动作，并输出控制信号到转换开关，以显示燃气状态和剩余燃料量。

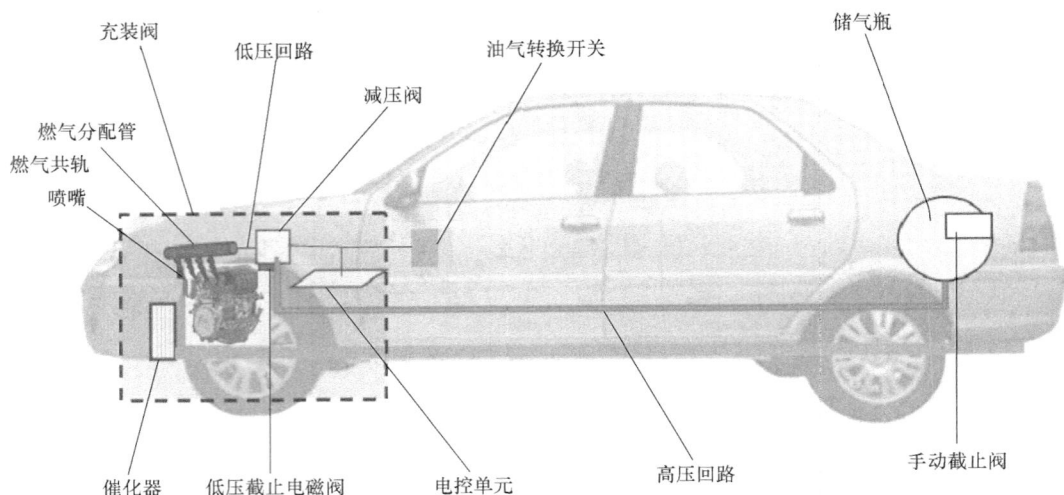

图4.24　新爱丽舍CNG轿车压缩天然气系统组件

三、液化石油气（LPG）汽车

液化石油气是石油开采、裂解、炼制得到的副产品，其主要成分是丙烷（C_3H_8）、丙烯（C_3H_6）、丁烷（C_4H_{10}）、丁烯（C_4H_8）和丁二烯（C_4H_6）。液化石油气无毒、无味（运送中加入特殊的臭味以便泄漏时可察觉）。

1. 液化石油气汽车的优点

（1）清洁环保。LPG常温下为气态，理化性能优于汽油和柴油，且LPG的燃烧速度比汽油快8%～21%，燃烧较为完全，与汽油排放相比，HC减少35%～42%，CO减少可达90%以上，CO_2减少20%～30%，NO_x减少30%～40%，噪声降低40%，尾气排放中不含铅和苯，硫含量极微，大大减少了对环境的污染，故当之无愧地被称为"清洁燃料"。

（2）有较好的抗爆性。LPG的主要成分丙烷的研究法辛烷值高达111，比优质汽油高8%～16%，抗爆性能好。当应用于汽油机时，适当提高压缩比和点火提前角，就可以提高发动机性能。

（3）低温起动性好。LPG的主要成分丙烷的沸点为-42℃。试验证明，在环境温度为-30℃时，LPG汽车无须采取特别措施就可以顺利起动。

（4）经济实惠。LPG以气态进入气缸，燃烧完全，积碳少，这使发动机的大修期延长30%～40%，使润滑油更换周期延长50%，降低了维护费用和运行成本。

（5）安全可靠。车用LPG系统设有安全保护装置，不易泄漏；LPG的比重是0.54，即使稍有泄漏，在极短的时间内空气含量也很难达到2.2%～8.5%的爆炸极限，而且其主要成分丙烷的着火温度为539℃，比汽油的390～430℃和柴油的350℃高，火焰传播速度较低且诱导期较长，即使因意外事故碰撞也不会爆炸燃烧。

2. 液化石油气汽车缺点

液化石油气汽车（LPG）与燃油汽车相比，具有以下缺点。

（1）改装后的液化石油气汽车动力性有所下降。

（2）在天气冷的地方，冬天气温低于0℃时会出现冷起动困难的问题。

（3）相同气缸容量的汽车，液化石油气汽车续驶里程较用汽油的汽车短14%，要充气的次数较密。

（4）汽车以双燃料方式并存时，整车成本较高。

（5）因为液化石油气汽车的充气站仍未普遍，若要远行，离开市区的地方便有不能补充燃料的问题。

3. LPG汽车的结构与原理

LPG的燃料理化特性与汽油较为接近，因此LPG汽车通常是在原汽油发动机的基础上，增加一套液化石油气装置，并与原车燃油系统协调连接好，形成能够自如实现燃料工作方式转换的两套独立系统（燃油系统和LPG系统）。改装后形成的汽车即为两用燃料汽车，简称LPG汽车。增加的液化石油气装置包括液化石油气气瓶、气瓶集成阀、蒸发（汽化）调压器、混合器及控制系统等。该套装置一般多布置在发动机舱内，但燃料转换开关安装于驾驶室内易操作处，气瓶在后备箱中，如图4.25所示。

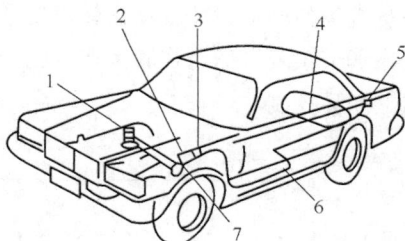

图4.25　LPG汽车燃料供给系统

1—混合器　2—电磁阀　3—滤清器
4—液化石油气瓶　5—液化石油气充入口
6—高压管路　7—蒸发调压器

（1）主要部件结构。

① 液化石油气气瓶。LPG气瓶组件由电焊接钢瓶、集成阀、充液气阀防护盒、支架等组成。液化石油气在常温工作压力1.6MPa时即可液化装瓶。气瓶可用普通钢板或薄壁钢管制成，直径也可大一些。 液化石油气储气瓶的阀门与压缩天然气供给系统基本相似，但一般截面较小。

② 气瓶集成阀。 在轿车用气瓶上，多将气瓶附件包括各种阀门和液面计等集成为一体构成集成阀，它具有限量充装、储量显示、充液、手动截止和安全防护等多项功能。在气瓶充液时，当LPG达到气瓶容积的80%时，集成阀内的限量充装阀自动关闭，停止充液。利用集成阀内的液面计指示气瓶内的LPG储量。集成阀上装有安全阀，该阀在2.5±0.2MPa的压力下自动开启放气。另外，在出液口还装有一个安全阀，当发生供气管路破裂而有大量LPG泄漏时，只要该阀两侧的压力差超过0.1MPa，该阀就自动关闭出液口。

③ 蒸发（汽化）调压器。多数LPG蒸发调压器具有预热、蒸发和调压功能。其作用是把具有一定压力的液态LPG蒸发成气态，通过流经汽化调节器的发动机冷却液的作用，使刚刚进入汽化调节器的液态LPG受热更加容易汽化，形成可以直接进入发动机燃烧的气态LPG。汽化调节器设置在钢瓶和混合器之间，根据发动机不同工况提供压力稳定的、适量的LPG以保证发动机处于正常稳定的工作状态。为增大热交换器的热交换量，一般采用迷宫式或管式结构，材料为热传导性能好的铝或铜。

④ 混合器。LPG供给系统混合器的结构和工作原理与CNG供给系统的混合器相同，主要组件有混合器、功率阀和调节阀。它根据汽车发动机各种工况，提供合适空气/液化石油气混合比和合适的混合气量。一般有3种结构，即盘式混合器、管式混合器、化油器混合器。根据车型不同选用不同的混合器。

（2）工作原理。

如图4.26所示，当汽油/LPG转换开关13置于LPG位置时，LPG从气瓶7流入蒸发调压器，并在其中蒸发减压，然后进入混合器11，在混合器中与空气混合后进入发动机气缸燃烧。电控单位根据氧传感器17和发动机转速传感器15的信号，通过改变通向真空电磁阀12的脉冲信号占空比来调节蒸发调压器10膜片室的压力，以控制蒸发调压器的输出压力和供气量，从而实现供气量的闭环控制。

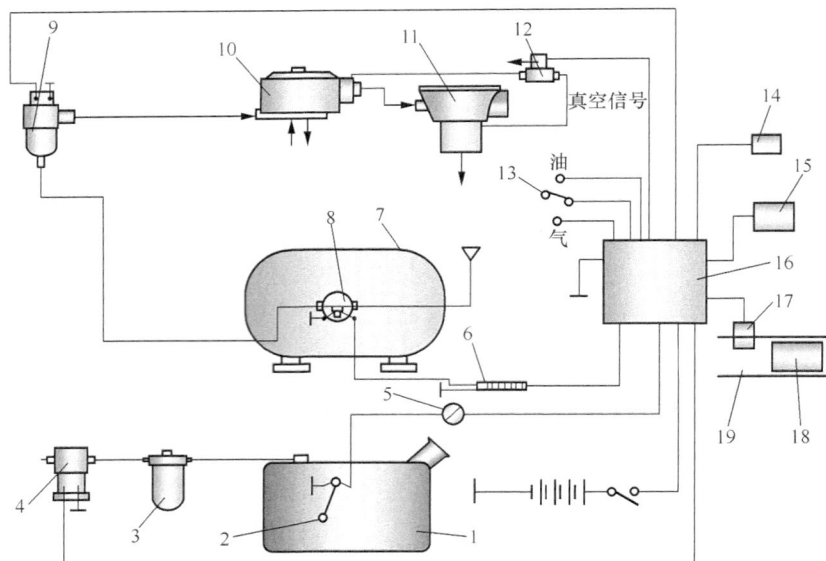

图4.26　LPG汽车燃料供给系统组成与工作原理示意图

1—汽油箱　2—油位传感器　3—汽油滤清器　4—电动汽油泵　5—汽油表
6—辅助液面显示器　7—气瓶　8—集成阀　9—LPG电磁阀　10—蒸发调压器
11—混合器　12—真空电磁阀　13—汽油/LPG转换开关　14—节气门位置传感器
15—发动机转速传感器　16—电控单位　17—氧传感器
18—三元催化转化器　19—发动机排气管

第三节 太阳能汽车

太阳能电动车以光电代替燃油，可节约有限的石油资源。白天，太阳能电池把光能转换为电能自动存储在动力电池中，晚间还可以利用低谷电（220V）给太阳能电池充电。因为不用燃油，所以太阳能电动车不会排放污染大气的有害气体。没有内燃机，故太阳能电动车在行驶时听不到燃油汽车内燃机的轰鸣声。

一、与燃油汽车相比的优点

1. 太阳能电动车耗能少

燃油汽车在能量转换过程中要遵守卡诺循环的规律来作功，热效率比较低，只有1/3左右的能量消耗在推动车辆前进上，其余2/3左右的能量损失在发动机和驱动链上；而太阳能电动车的热量转换不受卡诺循环规律的限制，只需采用$3\sim4m^2$的太阳能电池组件便可使太阳能电动车行驶起来，90%的能量用于推动车辆前进。

2. 易于驾驶

太阳能汽车无需电子点火，只需踩踏加速踏板便可起动，利用控制器使车速变化。不需换挡、踩离合器，简化了驾驶的复杂性，避免了因操作失误而造成的事故隐患，特别适合妇女和老年人驾驶。

3. 维护保养成本低

由于太阳能电动车没有内燃机、离合器、变速箱、传动轴、散热器、排气管等零部件，结构简单，因此除了定期更换蓄电池以外，基本上不需日常保养，省去了传统汽车必须经常更换机油、添加冷却水等定期保养的烦恼。

二、太阳能在汽车上应用的现状

到目前为止，太阳能在汽车上的应用技术主要有两个方面：一是作为驱动力，二是作为汽车辅助设备的能源。

1. 作为驱动力

太阳能作为汽车驱动力这一应用方式，一般采用特殊装置吸收太阳能，再转化为电能驱动电动机使汽车运行。按照应用太阳能的程度不同又可分为以下两种形式。

（1）太阳能作为第一驱动力驱动汽车。完全用太阳能为驱动力代替传统燃油，利用贴在车体外表的太阳能电池板，将太阳能直接转换成电能，再通过电能的消耗，驱动车辆行驶，车的行驶快慢只要控制输入电动机的电流就可以解决。这种太阳能汽车与传统的汽车不论在外观还是运行原理上都有很大的不同，太阳能汽车已经没有发动机、底盘、驱动、变速箱等构件，而是由电池板、储电器和电动机组成的。目前此类太阳车的车速能达到100km/h以上，而无太阳光时最大续驶里程在100km左右。

1982年澳大利亚人汉斯和帕金用玻璃纤维和铝制成了一部"静静的完成者"太阳能汽车，如图4.27所示。车顶部装有能吸收太阳能的装置，给两个电池充电，电池再给驱动电动机提供电力。1982年12月19日，两人驾驶这辆车，从澳大利亚西海岸的珀斯出发，横穿澳大利亚大陆，于1983年1月7日到达东海岸的悉尼，实现了一次伟大的创举。

图4.27　"静静的完成者"太阳能汽车

还有一种概念上的太阳能汽车，这种汽车在车体上没有安装光伏电池板，而只是配置蓄电池，而电能全部来自专门的太阳能发电装置。其优点是外观与现有车辆类似，没有"另类"的感觉，缺点是要经常到太阳能电站充电，当然续驶能力也受到限制。

（2）太阳能和其他能量混合驱动汽车。太阳能辐射强度较弱，光伏电池板造价昂贵，加之蓄电池容量和天气的限制，使得完全靠太阳能驱动的汽车的实用性受到极大的限制，不利于推广。因此就出现了一种采用太阳能和其他能量混合驱动的汽车。

复合能源汽车的外观与传统汽车相似，只是在车表面加装了部分太阳能吸收装置，比如车顶电池板，用于给蓄电池充电或直接作为动力源，如图4.28所示。这种汽车既有汽油发动机，又有电动机，汽油发动机驱动前轮，蓄电池给电动机供电驱动后轮。电动机用于低速行驶。当车速达到某一速度以后，汽油发动机起动，电动机脱离驱动轴，汽车便像普通汽车一样行驶。

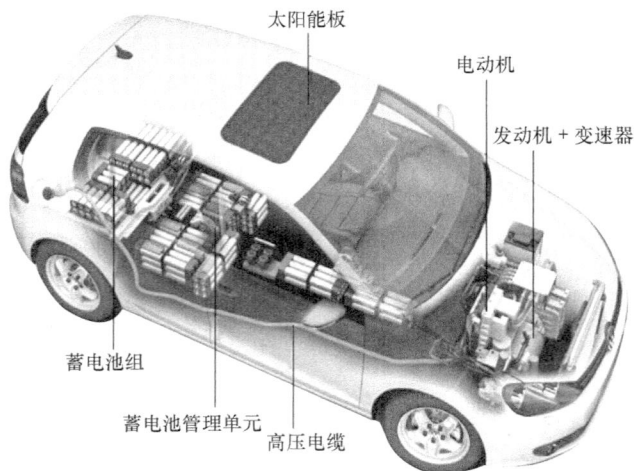

图4.28　太阳能和其他能量混合驱动汽车示意图

由于采用了混合驱动形式，故带来了诸多好处。首先，因为有汽油发动机驱动，所以蓄电池不会过放电，蓄电池的容量只要满足一天使用即可，与全用蓄电池的车相比，其容量可减少一半，也减轻了车重。其次，城市中大多数车辆都处在低速行驶状态下，采用电动机驱动可最大可能地降低城市局部污染。

2. 作为汽车辅助能源

　　传统的小轿车，功率一般为几十千瓦，而太阳辐射功率至多$1kW/m^2$，目前的光电转换效率小于30%。因此，全部用太阳能驱动传统的轿车，需要几十平方米的接收面积，显然难以达到。但在传统汽车上可以用太阳能作为辅助动力，以减少常规燃料的消耗，而且现代汽车的电气化程度日益提高，各种辅助设备的耗电量也因此急剧增加。这方面的应用主要有以下几种形式。

　　（1）太阳能用于汽车蓄电池的辅助充电能源。在轿车上加装太阳能电池后，可在车辆停止使用时，继续为电池充电，从而避免电池过度放电，节约能源。

　　日本应庆大学设计了一款叫作Luciole（萤火虫）的概念车，它的颜色像萤火虫，如图4.29所示。这款车曾在北京展览过，车顶上贴有近$1m^2$的转换效率较高的光伏板，作用是给辅助12V的电池充电，当12V电池充满电后，12V电池又会给主电池充电。主电池充满电时，这辆概念车能行驶800km。

图4.29　Luciole（萤火虫）的概念车

　　（2）太阳能用于驱动风扇和汽车空调等系统。汽车在阳光下停泊，由于车内空气不流通，使得车体成了收集太阳能的温室，造成车内温度升高，使车内释放大量的有害物质，从而使车内空气品质变差。可在汽车天窗的玻璃下方设置有太阳能电池，将太阳能电池与汽车天窗的控制单元输入端相连接，输入端连接车辆空调系统的温度传感器，同时输入端还与蓄电池和点火器相连接。玻璃下方的太阳能电池吸收太阳能，经汽车天窗控制单元可对蓄电池进行充电。如图4.30所示，在夏天高温天气里，汽车在烈日下停车熄火，完全没有能源供给时，可以靠太阳能所产生的电力，经过控制系统来驱动鼓风机，将车厢外的冷空气导入车内，自动调节车内温度。

阳光

图4.30　太阳能天窗驱动风扇和空调示意图

根据资料显示，与没有通风降温的车型相比，安装了太阳能天窗的汽车驾驶室内的温度最高降低20℃。利用太阳能供电，节能降温，十分有效地减少了汽车内由热所产生的"孤岛"效应。目前国内销售的车型当中，奔驰E级，奥迪A8、A6L、A4，途锐等部分车型都已配备了太阳能天窗。

三、太阳能汽车工作原理与系统构造

1. 太阳能汽车工作原理

将太阳光变成电能，是利用太阳能的一条重要途径。人们早在20世纪50年代就制成了第一个光电池。在太阳能汽车上装有密密麻麻像蜂窝一样的装置，它就是太阳能电池板，如图4.31所示。在阳光下，太阳能光伏电池板采集阳光后产生电能。这种能量被蓄电池储存，为以后汽车行驶提供动力，或者直接提供给电动机，通过电动机控制器带动车轮运动，推动太阳能汽车前进。

太阳能电池板

图4.31　太阳能汽车电池板示意图

（1）太阳能电池。太阳能电池依据所用半导体材料不同，通常分为硅电池、硫化镉电池、砷化镓电池等，其中最常用的是硅太阳能电池。硅太阳能电池有圆形的、半圆形的和长方形的等几种。在电池上有像纸一样薄的小硅片，在硅片的一面均匀地掺进一些硼，另一面掺入一些磷，并在硅片的两面装上电极，它就能将光能变成电能。通常，硅太阳能电池能把10%～15%的太阳能转变成电能。它既使用方便、经久耐用，又很干净、不污染环境，是比较理想的一种电源。但是，其光电转换效率比较低。近年来，美国已研制成光电转换率达35%的高性能太阳能电池。澳大利亚用激光技术制成的太阳能电池，其光电转换率达24.2%，而且成本与柴油发电相当。这些都为光电池在汽车上的应用开辟了广阔的前景。

（2）太阳能汽车工作原理。太阳能电池板在向日自动跟踪器的控制下始终正对太阳，接收太阳光，并转换成电能，向电动机供电，再由电动机驱动汽车行驶。由于太阳能电池的能量较小，而且受天气的影响，在阴天、下雨时，太阳能电池的转换效率降低或停止，所以太阳能汽车往往与蓄电池组共同组成太阳能混合动力电动汽车。当太阳光强烈、转换为电能充足时，由太阳能电池板将太阳能转换为电能后，通过充电器向蓄电池组充电，也可以由太阳能电池板直接提供电能，通过电流变换器将电流输送到驱动电动机，驱动汽车行驶，其驱动模式相当于串联式混合动力电动汽车（SHEV）。当太阳光较弱或阴天时，可通过智能控制系统使蓄电池组对外供电。

2. 太阳能汽车的动力总成构造

太阳能汽车动力总成主要由太阳能电池组、自动阳光跟踪系统、驱动系统、控制器等组成。

（1）太阳能电池组。它是太阳能汽车的核心，是由一定数量的单体电池串联或并联组成电池方阵。太阳能单体电池由半导体材料制成，当太阳光照射在该半导体材料上时，半导体的电子-空穴对被激发，形成"势垒"，也就是P-N结。由于势垒的存在，在P型层产生的电子向N型层移动而带正电，而在N型层产生的空穴向P型层移动而带负电，于是在半导体元件的两端产生P型层为正的电压，即形成了太阳能电池。太阳能电池的电流大小与太阳光照射强度的大小和太阳能电池面积的大小成正比。一般太阳能汽车使用硅电池板，接近1 000个独立的硅片被组合成一个太阳能电池方阵。通常这些方阵的工作电压在50~200V，并能提供1kW的电力。

（2）向日自动跟踪器。太阳能电池能量的多少取决于太阳能电池板接收太阳辐射能量的数量，由于相对位置的不断变化，太阳能电池板接收的太阳辐射能量也在不断变化。向日跟踪器的作用就是保持太阳能电池板正对着太阳，最大限度地提高太阳能电池板接收太阳辐射能的能力。

（3）驱动系统。在太阳能汽车里使用什么类型的发动机没有限制。大多数太阳能汽车使用的电动机是双线圈直流无刷电动机，这种直流无刷电动机是相当轻质的材料机器，在额定转速下使用效率达到98% RPM。但是它们的价格比普通有刷型交流发动机要贵一些。太阳能汽车采用的驱动电动机主要有交流异步电动机、永磁电动机和直流电动机，其驱动系统与EV基本相同。

（4）控制器。控制器的基本功能就是控制和管理整个系统中的电力，与电动汽车控制器基本相同，不同点是控制器要检测外界环境变化，并快速调整系统参数，使太阳能电池始终工作在最大功率点附近。当太阳能电池给蓄电池充电时，控制器保护蓄电池以防过载而损坏。

【思考题】

1. 燃料电池电动汽车有几种类型？各有什么特点？
2. 简述天然气汽车的工作原理。
3. 太阳能汽车有什么特点？

第五章

动力电池及管理

【学习目标】

1. 掌握电动汽车动力电池的定义及分类方法。
2. 理解动力电池结构的特点与工作原理。
3. 了解动力电池关键技术及在电动汽车中的应用。

第一节 概述

　　动力电池是电动汽车的动力源，是能量的储存装置，也是目前制约电动汽车发展的关键因素。要使电动汽车能与燃油汽车相竞争，关键是开发比能量高、比功率大、使用寿命长、成本低的动力电池。

一、电动汽车动力电池常用词及常用性能指标

　　（1）荷电状态（State Of Charge，SOC）：电池剩余容量与总容量百分比。

　　（2）性能状态（State Of Health，SOH）：提供电池健康状态信息。

　　（3）电池管理系统（Battery Management System，BMS）：实时监控动力电池运行参数、故障诊断、SOC估算、行驶里程估算、短路保护、漏电监测、显示报警、充放电模式选择等，从而保证电动汽车高效、可靠、安全运行。

　　（4）比能量（Wh/kg）：单位质量的电极材料放出电能的大小，它标志着纯电动模式下电动汽车的续航能力。

　　（5）比功率（W/kg）：单位质量的电池所能提供的功率，用来判断电动汽车的加速性能和最高车速，直接影响电动汽车的动力性能。

　　（6）循环寿命：电池充电—放电循环1周的次数，是衡量动力电池寿命的重要指标。循环次数越多，动力电池的使用时间越长。

　　（7）电池放电C（倍）率：表示电池放电的速率，即放电快慢的一种量度。电池全部容量1h放电完毕，称为1C放电。

　　（8）放电深度（DOD）：指蓄电池放出的容量占电池额定容量的比值。

二、电动汽车对动力电池的要求

　　电动汽车电池作为汽车的储能装置，既要求有足够的能量来满足一定的驾驶周期和行驶里程，又要提供能达到车辆指定的加速性能所需要的最大功率。即要求动力电池要具备良好的充放电性能，高的比功率和比能量，价格低廉，使用维护方便。但是不同类型电动汽车由于其结构和工作模式不同，对动力电池的要求略有区别。

1. 纯电动汽车对动力电池的要求

　　（1）足够高的比能量和比功率，连续放电不超过1C，峰值放电不超过3C，回馈制动时，电池必须能接受高达5C的脉冲电流充电。

（2）电池深度放电（80%）时不影响其寿命，在必要时能实现满负荷功率和全放电。

（3）需要电池管理系统和热管理系统显示电池组剩余电量和实现温度控制。

2. 混合动力汽车对动力电池的要求

（1）串联式混合动力汽车完全由电动机驱动，电池的SOC处于较高水平，对电池的要求与纯电动汽车相似，但容量可以小些。

（2）并联式混合动力汽车电池容量可以更小些，但电池瞬间提供的功率要满足汽车加速和爬坡的要求。

（3）峰值功率大，能短时大功率充放电。

（4）循环寿命长，可达1 000次以上的深度放电循环。

（5）电池的SOC尽可能保持在50%～80%的范围内。

三、电动汽车动力电池的类型

目前来说，电动汽车上普遍采用的动力电池有以下3种。

1. 化学电池

这是利用化学能转变电能的装置，从结构上分主要有蓄电池和燃料电池两大类。

（1）蓄电池。电动汽车用动力蓄电池与一般起动蓄电池不同，它是以较长时间的中等电流持续放电为主，间或以大电流放电（起动、加速时），并以深循环使用为主，主要有铅酸电池、镍金属电池、锂离子电池等。

（2）燃料电池。燃料电池是一种将储存在燃料和氧化剂中的化学能通过电极反应直接转化为电能的发电装置。它的基本化学原理是水电解反应的逆过程，即氢氧反应产生电、水和热。它不需要燃烧、无转动部件、无噪声、运行寿命长、可靠性高、维护性能好，实际效率能达到普通内燃机的 2～3 倍，加之其最终产物又是水，真正达到清洁、可再生、无排放的要求。但是其制造成本和使用成本比较高，辅助设备复杂，系统抗震能力有待提高。

2. 物理电池

物理电池是依靠物理变化来提供、储存电能的装置，如超级电容、飞轮电池和太阳能电池等。

（1）超级电容。超级电容功率密度高但电池容量小，是一种介于传统电容与电池之间的电源元件，其主要通过极代电能质储存电能，属于双电层电容的一种。由于其储能过程并不发生化学反应，因此这种储能过程是可逆的。其主要特点是反复充放电达数十万次（传统化学电池只有几百至几千次），寿命上要比化学电池高出很多；超级电容在充放电时的功率密度极高，瞬间可放出大量电能，可满足车辆更加宽泛的电力需求；工作环境适应能力更佳，通常室外温度在−40～65℃时，都能稳定正常工作（传统电池一般为−20～60℃）。

（2）飞轮电池。飞轮电池是利用类似飞轮转动时产生能量的原理来实现自身充放电的。在2010年10月美国勒芒系列赛最后一轮中，保时捷911 GT3混合动力赛车首次正式使用飞轮电池技术，不过这款车型的飞轮电池仅作为辅助能源使用，其功能类似于我们常见的制动能量回收系统。

（3）太阳能电池。太阳能电池是利用太阳能板通过光电效应或者光化学效应直接把光能转化成电能的装置。由于太阳能电池光电转换效率比较低，如果全部用太阳能驱动汽车，需要的太阳能板面积很大，一般需要几十平方米，这是很难达到的，因此，太阳能电池通常作为电动汽车的辅助电源。

3. 生物电池

生物电池是利用生物化学反应发电的装置，如微生物电池是利用电池的阳极来代替氧或硝酸盐等天然的电子受体，通过电子的不断转移来产生电能。其本质是收获微生物代谢过程中生产的电子并引导电子产生电流的系统。

化学电池和物理电池已经应用于量产电动汽车中，而生物电池则被视为未来电动车电池的重要发展方向之一。

第二节　蓄电池

蓄电池是一种化学电池，其工作特点是电池放电后，能够用充电的方式使内部活性物质再生，即把电能储存为化学能，需要放电时再将化学能转换为电能。也就是说蓄电池是一种储存化学能量，在必要时放出电能的电气化学设备。

一、蓄电池类型

蓄电池根据正负极材料不同可以分为铅酸蓄电池、镍氢电池、锂离子电池等。

1. 铅酸蓄电池

铅酸蓄电池采用金属铅作为负极，二氧化铅作为正极，用硫酸作为电解液，放电时，铅和二氧化铅都与电解液反应生成硫酸铅。充电时的反应过程正好相反。

2. 镍氢电池

镍氢电池采用储氢合金为负极，镍氧化物作为正极，氢氧化钾水溶液作为电解液，电池充电时，正极的氢进入负极储氢合金中，放电时的反应过程正好相反。

3. 锂离子电池

锂离子电池正极采用锂化合物，负极采用锂-碳层间化合物，电解液为有机溶液，在充放电过程中，锂离子在电池正极和负极之间往返流动。

二、铅酸蓄电池

铅酸蓄电池具有可靠性好、原材料易得、价格低等优点，比功率也基本上能满足电动汽车的动力性要求。另外，铅酸蓄电池在过去半个世纪被广泛应用，具有成熟的技术，可以大批量生产，生产成本低，价格低。尽管新电池技术不断地产生，但至今它仍作为动力源应用于旅游观光车，电动叉车或者一些短距离行驶的公交车上。

1. 铅酸蓄电池分类

铅酸蓄电池可以有不同分类方法，按照电解液和电池槽结构可以分为传统免维护铅酸蓄电池和阀控式密封铅酸蓄电池。前者的电解液处于富液状态，但由于自身结构的优势，使用过程中，电解液消耗很少，基本不需要添加蒸馏水调节酸密度；后者为全密封式结构，电解液为贫液状态，电池内无流动电解液，使用过程中不需要进行加水或加酸维护，简称VRLA电池。

目前，采用比较广泛的是免维护的阀控式铅酸蓄电池（VRLA）。

2. 铅酸蓄电池主要部件及作用

阀控式铅酸蓄电池（VRLA）组成如图5.1所示，主要部件有正、负极板，隔板，电解液，安全阀，电池壳，电池盖，极柱等。单体额定电压2V，比能量35 Wh/kg，比功率200W/kg。

（1）极板。正极板为铅-锑-钙合金栏板，负极为铅-锑-钙合金栏板，极板上面紧密涂上铅膏，经过化学处理后，正、负极板上形成各自的活性物质，正极的活性物质是PbO_2，负极的活性物质是海绵铅，在成流过程中，负极被氧化，正极被还原，负极板一般是深灰色，正极板为暗棕色。负极板比正极板多一块，目的是使氢气析出时电位提高。当电池充电时，正极析出氧气先于负极出现氢气，通过玻璃纤维隔板传送到负极表面与氢气结合生成水，从而有效控制水的电解，减少电解液的消耗。

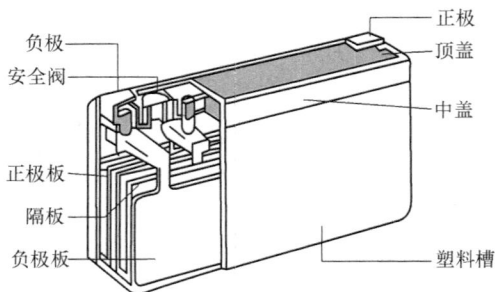

图5.1 铅酸蓄电池结构示意图

（2）隔板。隔板采用无纺超细玻璃纤维，这种材料在硫酸中化学性能稳定。隔板与极板紧密保持接触，其作用是吸收电解液；提供正极板析出氧气向负极板扩散的通道；防止正、负极板短路。多孔结构有助于保持活性物质反应所需的电解液。

（3）电解液。铅酸蓄电池采用硫酸为电解质，是蓄电池发生电化学反应的必需条件。

（4）电池壳。蓄电池外壳，它是整体结构，壳内由隔壁分成三格或六格互不相通的单格，底部有凸起的肋条（见图5.2），用来搁置极板组，肋条间空隙用来堆放脱落下来的活性物质，以防止极板短路。槽的厚度及材料直接影响到电池是否膨胀变形。外壳材料一般是橡胶或工程塑料。

（5）安全阀。安全阀的材质为具有优质耐酸和抗老化性能的合成橡胶，帽状阀中有氯丁二烯橡胶制成的自动打开与关闭的单向排气阀。当电池内压高于正常压力时释放多余气体后自动关闭，保持压力正常，阻止氧气进入。

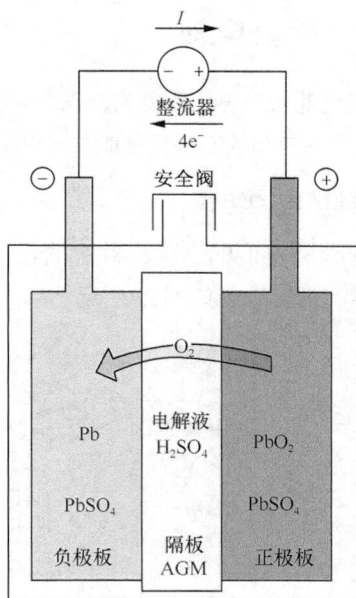

3. 阀控式铅酸蓄电池（VRLA）工作原理

铅酸蓄电池工作原理包括充电过程和放电过程，VRLA蓄电池由于其结构特点还包括氧循环原理，如图5.3所示。

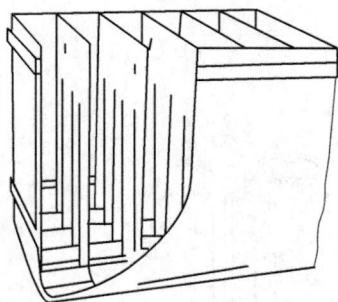

图5.2 蓄电池壳体　　　图5.3 阀控式铅酸电池（VRLA）工作原理

（1）放电。铅酸蓄电池的使用过程就是放电过程，即是化学能转变为电能的过程。此时正极的活性物质PbO_2变为$PbSO_4$，负极的活性物质海绵铅变为$PbSO_4$，电解液中的H_2SO_4不断减少，逐渐消耗生成H_2O，H_2O分子相应增加，电解液的相对密度降低。

（2）充电。充电是利用外接电源通过铅酸蓄电池将电能转变为化学能的过程。充电过程中，正、负极板上的有效物质逐渐恢复，电解液中H_2SO_4比重逐渐增加，所以可以从比重升高的数值来判断充电程度。电解液中，正极不断产生游离的H^+和SO_4^{2-}，负极不断产生SO_4^{2-}，在电场的作用下，H^+向负极移动，SO_4^{2-}向正极移动，形成电流。到充电终期，$PbSO_4$绝大部分反应为PbO_2和海绵状Pb，如果继续充电，就将引起水的分解，正极放出O_2，负极放出H_2。

（3）氧循环。从正极周围析出的氧气，通过电池内循环，扩散到负极被吸收，变为固体氧化铅之后，又化合为液态水，经历了一次大循环。

4. 阀控式铅酸蓄电池（VRLA）结构特点

（1）阀控式铅酸蓄电池（VRLA）采用负极板比正极板多一块设计，正极在充电后期产生的氧气通过隔板（超细玻璃纤维）空隙扩散到负极，与负极海绵状铅发生反应变成水，使负极处于去极化状态或充电不足状态，达不到析出氢过电位，所以负极不会由于充电而析出氢气，电池失水量很小，故使用期间不需要加酸加水维护，克服了传统式铅酸蓄电池的主要缺点。

（2）在阀控式铅酸蓄电池（VRLA）中，负极起双重作用，即在充电末期或过充电时，一方面极板中的海绵状铅与正极产生的氧气反应而被氧化成一氧化铅（PbO），另一方面极板中的硫酸铅（$PbSO_4$）又要接受外电路传输来的电子进行还原反应，由硫酸铅反应生成海绵状铅。

三、镍氢电池

镍氢电池因具有比能量高、功率大、高倍率放电、快速充电能力和无明显记忆效应等特点，成为电动汽车使用的又一重要能源。单体额定电压1.2V，比能量65Wh/kg，比功率200W/kg。

1. 镍氢电池组成

密封镍氢电池的主要组件包括正极板、负极板、隔膜纸（隔板）、绝缘圈、密封圈、极耳、盖帽和钢壳等，如图5.4所示。

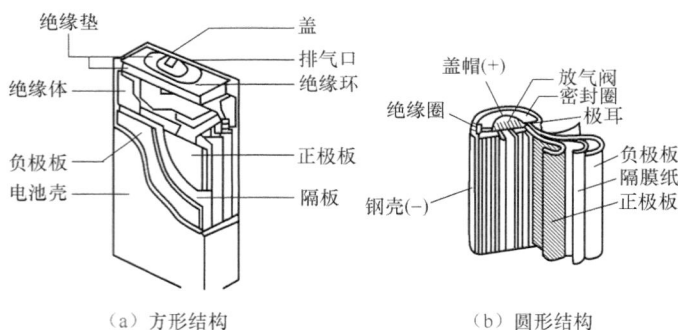

（a）方形结构　　（b）圆形结构

图5.4　镍氢电池结构组成示意图

镍氢电池正极活性物质为氢氧化镍（称氧化镍电极），负极活性物质为金属氢化物，也称储氢合金（电极称储氢电极），电解液为氢氧化钾水溶液。

2. 镍氢电池的工作原理（见图5.5）

（1）充电过程。充电时，正极活性物质中的H^+首先扩散到正极/溶液界面与溶液中的OH^-反应生成H_2O。然后溶液中游离的H^+通过电解质扩散到负极/溶液界面发生电化学反应生成氢原子，并进一步扩散到负极材料储氢合金中与之形成金属氢化物。即正极发生$Ni(OH)_2 \rightarrow Ni(OOH)$转变，负极则发生水分解反应，合金表面吸附氢，生成氢化物。

（2）放电过程。放电是上述反应的逆反应，即正极发生$Ni(OOH) \rightarrow Ni(OH)_2$，负极储氢合金脱氢，在表面生成水。

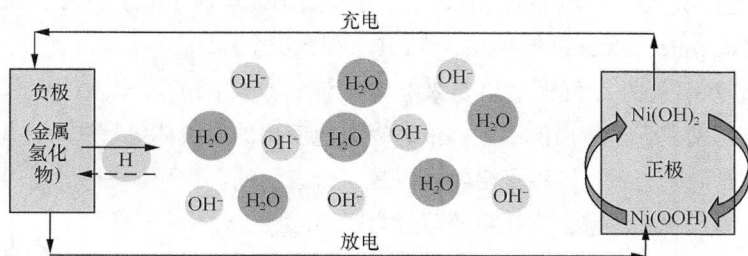

图5.5　镍氢电池工作充放电示意图

（3）过充放电过程。镍氢电池充放电过程可以看成是氢原子或质子从一个电极移向另一个电极的往复过程。过放电时，正极上可被还原的Ni（OOH）已经被消耗完，这时H_2O在镍电极上被还原。过充电时，正极发生反应析出氧气，氧气通过多孔隔膜到达负极表面。由于负极板数量多于正极板，因此在充电过程中不会因负极不能吸收氢而使氢气析出，氧气与金属氢化物发生氧化还原反应。

四、锂离子电池

锂离子电池是在1990年由日本索尼公司宣布开发研制成功的，并在一年内推向市场。锂离子电池拥有高电压、高比能量等卓越性能，经过短短十几年的发展，它已经成为了市场中的主流。

1. 锂离子电池结构与分类

锂离子电池与其他蓄电池一样，也是主要由正负极、电解质、隔膜以及外壳等组成的，如图5.6所示。单体额定电压3V，比能量155 Wh/kg，比功率315W/kg。

（1）锂离子电池主要部件材料构成。

① 正极。正极材料通常由锂的活性化合物组成，常见的正极材料主要成分有钴酸锂、锰酸锂、磷酸铁锂、镍钴锰酸锂、镍钴酸锂等及其混合物。

② 负极。负极材料选择电位尽可能接近锂电位的可嵌入锂化合物，如各种碳材料包括天然石墨、合成石墨、碳纤维、中间相小球碳素等和金属氧化物。

③ 电解质。电解质采用LiPF6的乙烯碳酸脂、丙烯碳酸脂和低黏度二乙基碳酸脂等烷基碳酸脂搭配的混合溶剂体系。

④ 隔膜。隔膜采用聚烯微多孔膜如PE、PP或它们的复合膜，尤其是PP/PE/PP三层隔膜，不仅熔点较低，而且具有较高的抗穿刺强度，起到了热保险作用。

⑤ 外壳。外壳采用钢或铝材料，盖体组件具有防爆、断电的功能。

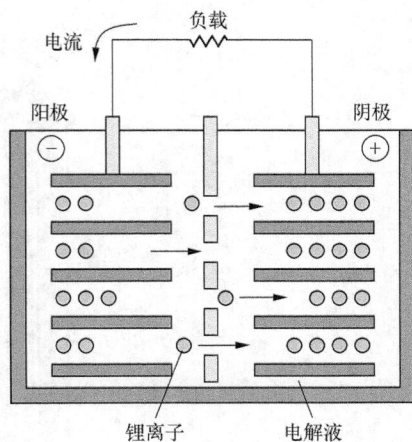

图5.6　锂离子电池组成

（2）锂离子电池分类。

① 根据锂电池所用电解质材料的不同可以分为液态锂电池（lithium Ion Battery，LIB）和聚合物锂电池（Polymer lithium Ion Battery，LIP）两大类。

聚合物锂电池所用的正负极材料与液态锂电池都是相同的，电池的工作原理也基本一致。它们的主要区别在于电解质的不同，液态锂电池使用的是液体电解质，而聚合物锂电池则以固体聚合物电解质来代替，这种聚合物可以是"干态"的，也可以是"胶态"的，目前大部分采用聚合物胶体电解质。聚合物锂电池可分为以下3类。

a．固体聚合物电解质锂电池。电解质为聚合物与盐的混合物，这种电池在常温下的离子电导率低，适于高温使用。

b．凝胶聚合物电解质锂电池。即在固体聚合物电解质中加入增塑剂等添加剂，从而提高离子电导率，使电池可在常温下使用。

c．聚合物正极材料的锂电池。采用导电聚合物作为正极材料，其能量是现有锂电池的3倍，是最新一代的锂电池。

由于用固体电解质代替了液体电解质，因此与液态锂电池相比，聚合物锂电池具有可薄形化、任意面积化与任意形状化等优点，也不会产生漏液与燃烧爆炸等安全问题，因此可以用铝塑复合薄膜制造电池外壳，从而可以提高整个电池的容量。聚合物锂电池还可以采用高分子材料做正极材料，其质量与能量将会比目前的液态锂电池提高50%以上。此外，聚合物锂电池在工作电压、充放电循环寿命等方面都比锂电池有所提高。基于以上优点，聚合物锂电池被誉为下一代锂电池。

② 按锂电池正负极材料（添加剂）可以分为钴酸锂（$LiCoO_2$）电池、锰酸锂电池、磷酸铁锂电池、一次性二氧化锰锂电池等。

③ 按锂电池外形分为柱形锂电池［见图5.7（a）］和方形锂电池［见图5.7（b）］。

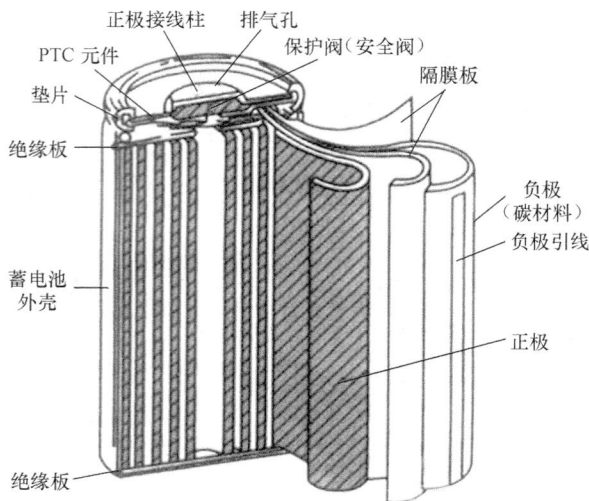

（a）柱形

图5.7　锂离子电池外型与组成示意图

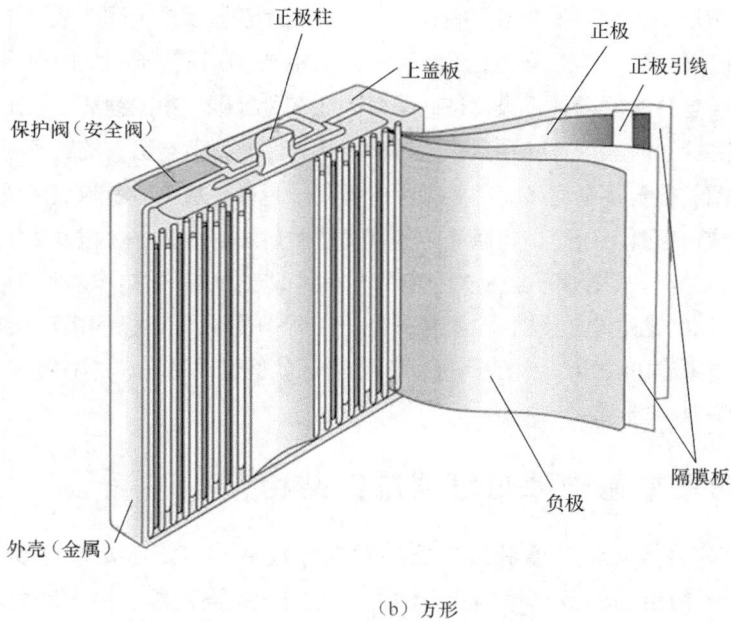

（b）方形

图5.7 锂离子电池外型与组成示意图（续）

2. 锂离子电池工作原理（见图5.8）

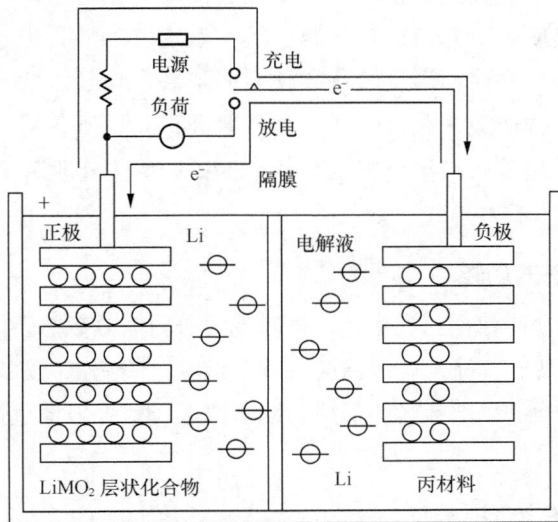

图5.8 锂离子电池工作原理

（1）充电过程。充电时，正极发生氧化反应，向外电路释放出电子和向内电路释放出锂离子。电子经过外电路和充电动机被输送到负极，与此同时，锂离子则经过内电路中的电解质并穿过隔膜纸，进入负极的晶体结构。负极的碳呈层状结构，它有很多微孔，到达负极的锂离子就嵌入到碳层的微孔中，嵌入的锂离子越多，充电容量越高。因此，正极中的锂离子数量逐渐减少。但是，电解质中的锂离子数量没有改变。负极发生还原反应，同时吸收电子和锂离子。

（2）放电过程。放电时正极发生还原反应，从外电路获得电子和从内电路吸取锂离子。电子经过外电路和用电器被输送到正极，与此同时，嵌在负极碳层中的锂离子脱出，锂离子经过内电路中的电解液并穿过隔膜纸，回到正极的晶体结构。因此，负电极中的锂离子数量逐渐减少，而正电极中的锂离子数量逐渐增多。回到正极的锂离子越多，放电容量越高。我们通常所说的电池容量指的就是放电容量。但是，电解液中的锂离子数量没有改变。负极发生氧化反应，同时释放出电子和锂离子。电子和锂离子经过内外电路，回到正电极的晶体结构中形成电池中性。

在锂离子电池的充放电过程中，锂离子处于正极→负极→正极的运动状态。锂离子电池就像一把摇椅，摇椅的两端为电池的两极，而锂离子就像运动员一样，在摇椅中来回奔跑。因此，锂离子电池又叫作摇椅式电池。

五、电动汽车蓄电池热管理系统结构

由于电动汽车对蓄电池能量和端电压的要求比较高，因此需要采用多块单体蓄电池进行串、并联组合，组合后的蓄电池也称为动力电池或动力电池组。由于动力电池特性的非线性和时变性，以及复杂的使用条件和苛刻的使用环境，故在电动汽车使用过程中，要使动力电池工作在合理的电压、电流、温度范围内，电动汽车上动力电池的使用都需要进行有效管理。对于镍氢电池和锂离子电池，有效的管理尤其需要，电池热管理系统是保证动力电池使用性能、安全性和寿命的关键技术之一。高温对动力电池的影响表现在两方面：一方面，电解液活性随着温度的上升而提高，离子的扩散速度加快，电池内阻降低，可以对电池的性能做出改善。另一方面，温度较高会使电极降解，电解液会分解，降低电池的使用寿命，对电池内部的结构造成永久性破坏。如果管理不善，不仅可能会显著缩短动力电池的使用寿命，还可能引起着火等严重安全事故，因此，动力电池管理系统成为电动汽车的必备装置。

1. 电池热管理系统的功能

热管理系统的主要功能包括：在电池温度较高时进行有效散热，防止产生热失控事故；在电池温度较低时进行预热，提升电池温度，确保低温下的充电、放电性能和安全性；减小电池组内的温度差异，抑制局部热区的形成，防止高温位置处电池过快衰减，降低电池组整体寿命。

2. 电池热管理系统类型

（1）液冷式电池热管理系统。此种系统采用50%水与50%乙二醇混合物作为冷却液，冷却管道曲折布置在电池中间，冷却液在管道内流动，带走电池产生的热量。

图5.9所示为Tesla Motors公司Roadster纯电动汽车采用的液冷式电池热管理系统。车载电池组由6 831节18650型锂离子电池组成，其中每69节并联为一组（Brick），再将9组串联为一层（Sheet），最后串联堆叠11层构成。

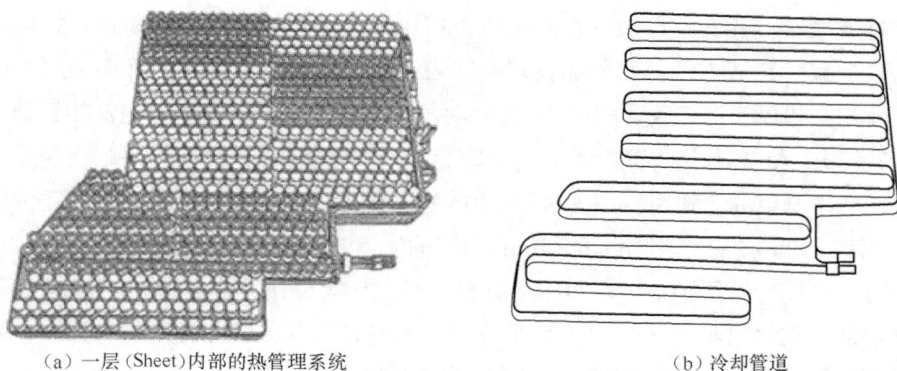

(a) 一层（Sheet）内部的热管理系统　　　　　　　（b）冷却管道

图5.9　特斯拉液冷式热管理系统示意图

　　图5.9（a）所示为一层（Sheet）内部的热管理系统。冷却管道曲折布置在电池间，冷却液在管道内部流动，带走电池产生的热量。图5.9（b）所示为冷却管道的结构示意图。冷却管道内部被分成四个孔道，为了防止冷却液流动过程中温度逐渐升高，导致末端散热能力不佳，热管理系统采用了双向流动的流场设计，冷却管道的两个端部既是进液口，也是出液口，电池之间及电池和管道间填充电绝缘但导热性能良好的材料（如Stycast 2 850/ct），其作用是：①将电池与散热管道间的接触形式从线接触转变为面接触；②有利于提高单体电池间的温度均匀度；③有利于提高电池包的整体热容，从而降低整体平均温度。通过上述热管理系统，Roadster电池组内各单体电池的温度差异控制在±2℃范围内。

　　图5.10所示为通用汽车公司的Volt插电式混合动力汽车液冷式电池热管理系统。电池组由288节45 Ah的层叠式锂离子电池组成。电池组的电气连接可等效为96片单体串联成组，3组并联。单体电池间间隔布置了金属散热片（厚度为1 mm），散热片上刻有流道槽。冷却液可在流道槽内流动带走热量。在低温环境下，加热线圈可以加热冷却液使电池升温。

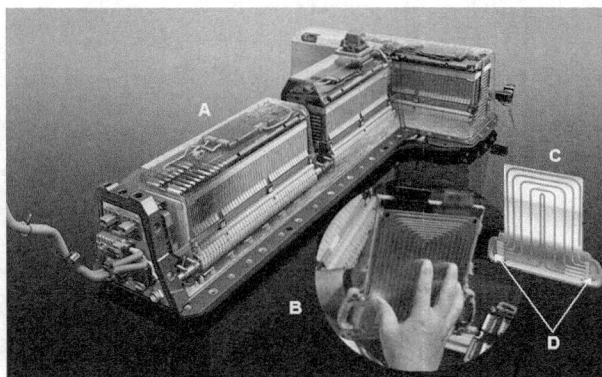

图5.10　Volt电池热管理系统

A—电池包　B—单体锂电池与散热片　C—散热片液体流动散热示意图　D—冷却液管道

　　（2）空气冷却式电池热管理系统。空气冷却式电池热管理系统常分为被动冷却和主动冷却两种形式。

被动冷却系统利用车速形成的自然风直接将电池内部的热空气排出车体，特点是结构简单、零部件数量少、成本低。此种热管理系统电池组采用密封设计，外部不通风，内部也没有冷却液散热。如日产汽车公司的LEAF纯电动汽车即采用了这种被动式电池热管理系统，电池组由192节33.1 Ah的层叠式锂离子电池组成。4节单体电池采用两并两串的连接形式组成模块，48个模块串联组成电池组。LEAF所采用的锂离子电池经过电极设计后降低了内部阻抗，减小了产热率，同时薄层（单体厚度7.1 mm）结构使电池内部热量不易产生积聚，因此可以不采用复杂的主动式热管理系统。电池组的寿命保证期是8年或16万公里。

主动冷却系统通常具有一个内循环系统，一般需有风扇、进出口风道等部件，并且可根据电池系统内部的温度进行主动调节，以达到最大散热能力。

空气冷却系统通风方式一般有串行和并行两种，如图5.11所示。

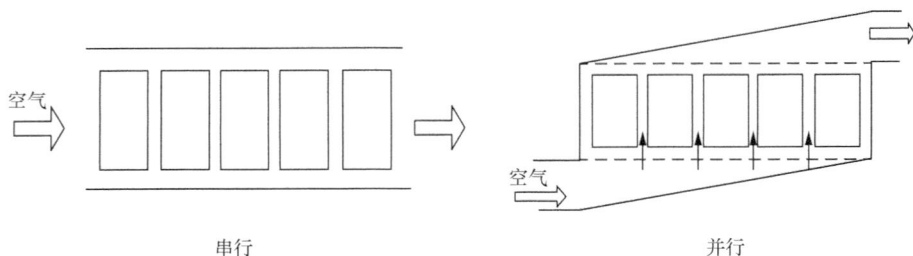

图5.11　空冷通风方式示意图

第三节　燃料电池

燃料电池是继水力、火力和核能发电等之后的新一代发电技术。它是一种不经过燃烧直接以电化学反应方式，将燃料和氧化剂的化学能转变为电能的高效连续发电装置。其单体电池由正负两个电极（负极即燃料电极，正极即氧化剂电极）以及电解质组成。不同的是，一般电池的活性物质储存在电池内部，因此限制了电池容量。而燃料电池的正、负极本身不包含活性物质，只是个催化转换元件。因此，燃料电池是名副其实的把化学能转化为电能的能量转换机器。电池工作时，燃料和氧化剂由外部供给，进行反应。原则上只要反应物不断输入，反应产物不断排除，燃料电池就能连续地发电。燃料电池作为新一代汽车动力源，已被世界各大工业国视为战略产品。

一、燃料电池特点

1. 燃料电池优点

（1）效率高。燃料电池通过燃料与氧化剂的化学反应直接将化学能转变成电能，没有中间的能量转化环节，因而这种发电方式的能量转化效率理论上可高达85%～90%，还可回收发电过程中产生的余热。若把产生的余热再用于发电或供暖、供水等，综合考虑效率能达到80%。

（2）噪声小，无污染。燃料电池发电过程中涉及的机械部件很少，噪声低；化学反应的排出物主要是水蒸气等洁净的气体，不会污染环境。

（3）燃料多样性。燃料电池中所使用的燃料，既可以是天然气、煤气和液化燃料，也可以是甲醇、沼气乃至木柴。可根据不同地区的具体情况，选用不同的燃料用于燃料电池的发电系统，可以广开燃料来源途径，缓解能源紧张。

（4）负荷响应快。燃料电池从中断运转到再启动，输电能力回升速度快，并可在短时间内增加和减少电力输出。因此，将这种发电系统与其他输电网连接使用最为有利，可随时补充电网在用电高峰时所需的部分电能。

（5）积木性强。燃料电池本身是一个"组合体"，所用部件可事先在工厂生产，然后组装。它的体积小，拆装都很方便，这可以节省建电站的时间。

2. 燃料电池缺点

（1）安全性要求高。氢是燃料电池的唯一燃料无论是液态氢、气态氢、储氢金属储存的氢，还是碳水化合物经过重整后转换的氢，其产生、储存、保管、运输和灌装或重整，都比较复杂，对安全性要求很高。

（2）要求高质量的密封。燃料电池的单体电池所能产生的电压约为1V，不同种类的燃料电池的单体电池所能产生的电压略有不同。通常将多个单体电池按使用电压和电流的要求组合成为燃料电池发动机组，在组合时，单体电池间的电极连接时，必须要有严格的密封。密封不良的燃料电池，会泄漏氢气到燃料电池的外面，降低了氢的利用率并严重影响燃料电池发动机的效率，还会引起氢气燃烧事故。由于要求严格的密封，使得燃料电池发动机的制造工艺很复杂，并给使用和维护带来很多困难。

（3）比功率还要进一步提高。内燃机的比功率约为300W/kg，以氢为燃料的燃料电池比功率为300～350W/kg，功率密度为280W/L。以甲醇经过重整产生的氢为燃料的燃料电池的综合功率密度降低到220W/L。为了满足燃料电池电动汽车（FCEV）动力性能的要求，需要进一步提高燃料电池发动机的比功率。

（4）造价太高。目前质子交换膜燃料电池是最有发展前途的燃料电池之一，但质子交换膜燃料电池需要用金属铂（Pt）作为催化剂，而金属铂（Pt）是稀有金属，成本极高。

（5）需要配备辅助电池。燃料电池可以持续发电，但不能充电和回收燃料电池电动汽车（FCEV）再生制动的反馈能量。通常在FCEV上还要增加辅助电池，来储存燃料电池富余的电能和在FCEV减速时接收再生制动时的能量。

二、燃料电池组成与工作原理

如图5.12所示，燃料电池由阳极、阴极和离子导电的电解质构成，工作原理与普通电化学电池类似，燃料在阳极氧化，氧化剂在阴极还原，电子从阳极通过负载流向阴极构成电回路，产生电流。在正极，（燃料电极）氢气在催化剂的作用下被分解成为质子（氢离子）和电子，其中氢离子通过电解液流到负极（氧气电极），而电子不能通过电解液，留在正极，这样就在两极之间形成电位差。如果接通两极，氢原子分解出的电子就会沿电路从正极流到负极，在负极与氢离子结合后，与氧气发生反应生成水并释放出热量。

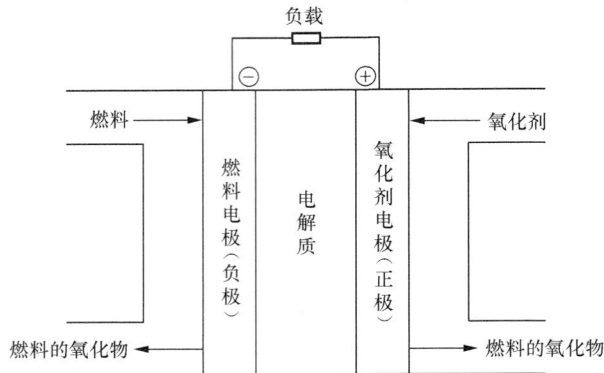

图5.12　燃料电池组成与工作原理

三、燃料电池分类

燃料电池可分为很多种类型。

（1）按燃料的处理方式的不同，可分为直接式、间接式和再生式。

① 直接式燃料电池按温度的不同又可分为低温、中温和高温3种类型。

② 间接式燃料电池包括重整式燃料电池和生物燃料电池。

③ 再生式燃料电池中有光、电、热、放射化学燃料电池等。

（2）按照电解质类型的不同，可分为碱性燃料电池AFC、磷酸性燃料电池PAFC、聚合物性燃料电池SOFC、熔融碳酸盐性燃料电池MCFC、固体氧化物燃料电池SOFC和质子交换膜燃料电池PEMFC等。

四、燃料电池结构与工作原理

1. 碱性燃料电池（AFC）

碱性燃料电池以碱性溶液氢氧化钾为电解质，是将存在于燃料与氧化剂中的化学能直接转化为电能的发电装置，是燃料电池中生产成本最低的一种电池，其组成如图5.13所示。阳极通入氢气，也称氢电极，阴极通入氧气，称为氧电极，其工作原理如图5.14所示。在阳极，氢气与电解质氢氧化钾中的氢氧根离子（OH^-）在电催化剂作用下，发生氧化反应生成水和电子，电子通过外电路到达阴极，在电催化剂作用下与阴极的氧气发生还原反应，生成的氢氧根离子（OH^-）通过浸泡在碱液中的多孔石棉迁移到氢电极。其工作温度大约为80℃。电化学反应方程式如下。

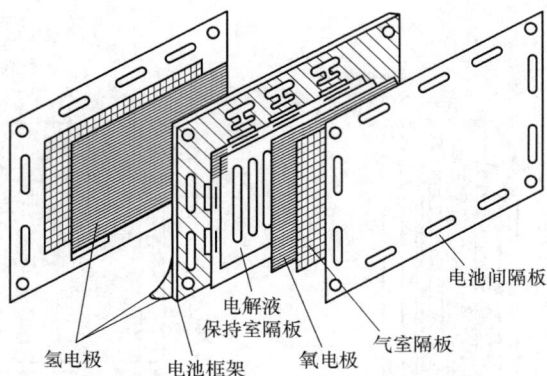

图5.13 碱性燃料电池的构成

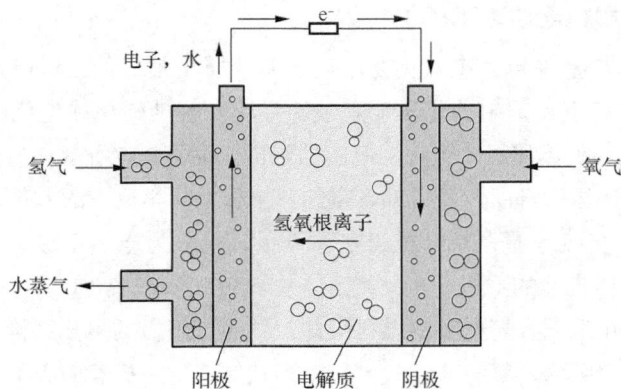

图5.14 碱性燃料电池工作原理示意图

阳极：$H_2 + OH^- \rightarrow 2H_2O + 2e^-$

阴极：$O_2 + 2H_2O + 4e^- \rightarrow 4OH^-$

总反应：$2H_2 + O_2 \rightarrow 2H_2O$

2. 磷酸燃料电池（PAFC）

磷酸燃料电池是以浓磷酸为电解质，以贵金属催化的气体扩散电极为正、负电极的中温型燃料电池。工作温度比较高，一般在150℃～220℃。磷酸燃料电池的组成如图5.15所示，电池中采用的是100%磷酸电解质，其常温下是固体，相变温度是42℃。其工作原理如图5.16所示，氢气燃料被加入到阳极，在催化剂作用下被氧化成为质子。氢质子和水结合成水合质子，同时释放出两个自由电子。电子向阴极运动，形成电流，而水合质子通过磷酸电解质向阴极移动。因此，在阴极上，电子、水合质子和氧气在催化剂的作用下生成水分子。

其具体的电极反应方程式如下。

阳极反应：$H_2 + 2H_2O \rightarrow 2H_3O+ + 2e^-$

阴极反应：$O_2 + 4H_3O+ + 4e^- \rightarrow 6H_2O$

总反应：$O_2 + 2H_2 \rightarrow 2H_2O$

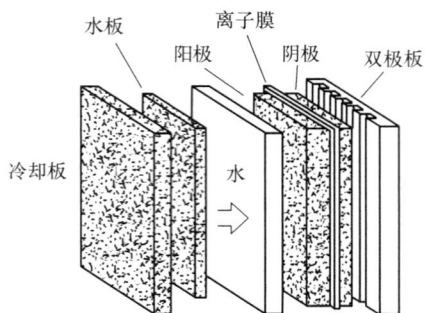

图5.15 磷酸燃料电池构成

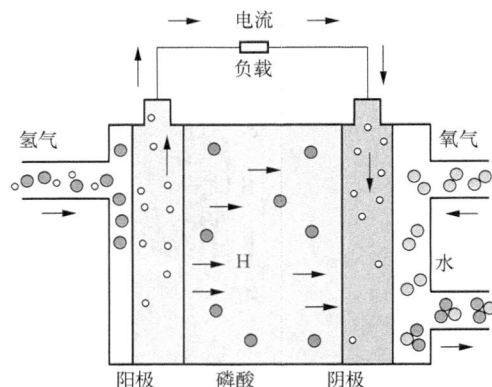

图5.16 磷酸燃料电池工作原理示意图

3. 固体氧化物燃料电池（SOFC）

固体氧化物燃料电池采用固态氧化物做电解质，属于第三代燃料电池，是一种在中高温下直接将储存在燃料和氧化剂中的化学能高效、环境友好地转化成电能的全固态化学发电装置。其单电池由阳极、阴极和固体氧化物电解质组成，如图5.17所示。阳极为燃料发生氧化的场所，阴极为氧化剂还原的场所，两极都含有加速电极电化学反应的催化剂。

工作时相当于一直流电源，其阳极为电源负极，阴极为电源正极，工作原理如图5.18所示。在固体氧化物燃料电池的阳极一侧持续通入燃料气，如氢气（H_2）、甲烷（CH_4）、城市煤气等，具有催化作用的阳极表面吸附燃料气体，并通过阳极的多孔结构扩散到阳极与电解质的界面。在阴极一侧持续通入氧气或空气，具有多孔结构的阴极表面吸附氧，由于阴极本身的催化作用，使得O_2得到电子变为O^{2-}，在化学势的作用下，O^{2-}进入起电解质作用的固体氧离子导体，由于浓度梯度引起扩散，最终到达固体电解质与阳极的界面，与燃料气体发生反应，失去的电子通过外电路回到阴极。

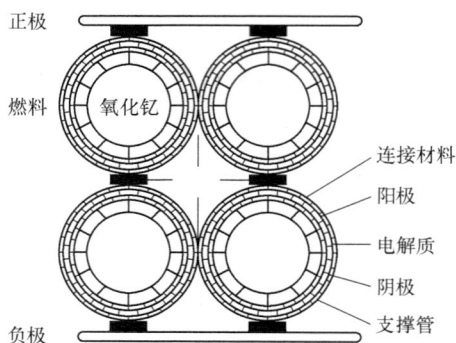

图5.17 固体氧化物燃料电池构成

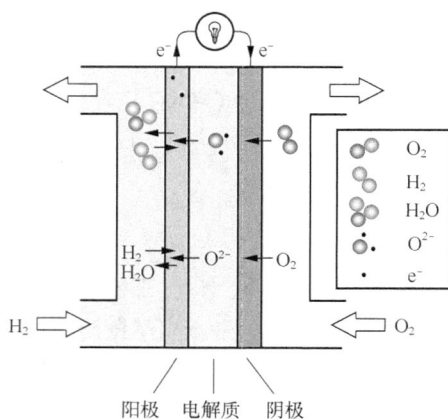

图5.18 固体氧化物燃料电池工作原理

其具体的电极反应方程式如下。

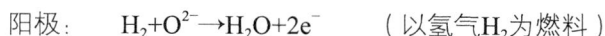

阳极：　　$H_2+O^{2-}\rightarrow H_2O+2e^-$　　（以氢气H_2为燃料）

阴极：$O_2+4e^-\rightarrow 2O^{2-}$

总反应：$2H_2+O_2\rightarrow 2H_2O$

4. 质子交换膜燃料电池（PEMFC）

质子交换膜燃料电池采用极薄的质子交换膜作为电解质。工作时相当于一直流电源，其阳极为电源负极，阴极为电源正极，具有工作条件温和，起动快等特点，适合于用做汽车动力。其单电池由阳极、阴极和质子交换膜组成，如图5.19所示，阳极为氢燃料发生氧化的场所，阴极为氧化剂还原的场所。其工作原理如图5.20所示，两极都含有加速电极电化学反应的催化剂，由于质子交换膜只能传导质子，因此氢质子可直接穿过质子交换膜到达阴极，而电子只能通过外电路才能到达阴极。当电子通过外电路流向阴极时就产生了直流电。以阳极为参考时，阴极电位为1.23V，即每一单电池的发电电压理论上限为1.23V。接有负载时的输出电压取决于输出电流密度，通常在0.5～1V之间。将多个单电池层叠组合就能构成输出电压满足实际负载需要的燃料电池堆（简称电堆）。

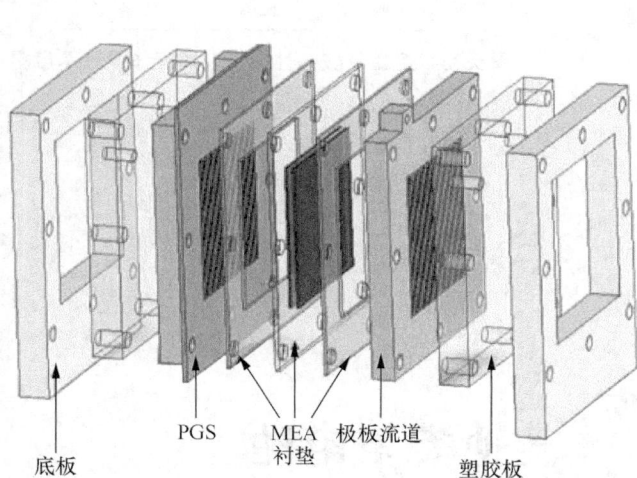

图5.19　质子交换膜燃料电池构成

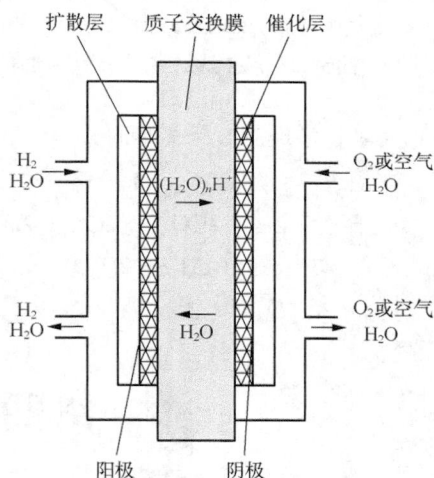

图5.20　质子交换膜燃料电池工作原理

两电极的反应方程式如下。

阳极：$2H_2\rightarrow 4H^++4e^-$

阴极：$O_2+4e^-+4H^+\rightarrow H_2O$

总反应：$2H_2+O_2\rightarrow 2H_2O$

5. 熔融碳酸盐性燃料电池（MCFC）

熔融碳酸盐性燃料电池是采用熔融态碳酸盐作为电解质，由多孔陶瓷阴极、多孔陶瓷电解质隔膜、多孔金属阳极、金属极板构成的发电装置，其组成如图5.21所示。

熔化的碳酸盐燃料电池与上述讨论的燃料电池差异较大，工作原理如图5.22所示。这种电池不是使用熔化的锂钾碳酸盐就是使用锂钠碳酸盐作为电解质。当温度加热到650℃时，这种盐就会熔化，产生碳酸根离子，从阴极流向阳极，与氢结合生成水、二氧化碳和电子。电子通过外部回路返回到阴极，在此过程中发电。

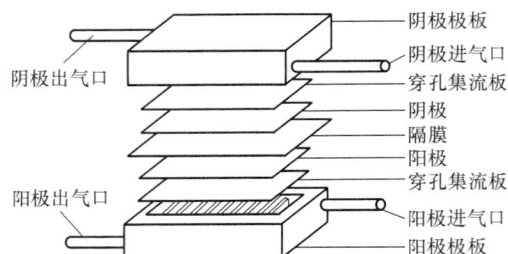

图5.21　熔融碳酸盐性燃料电池构成

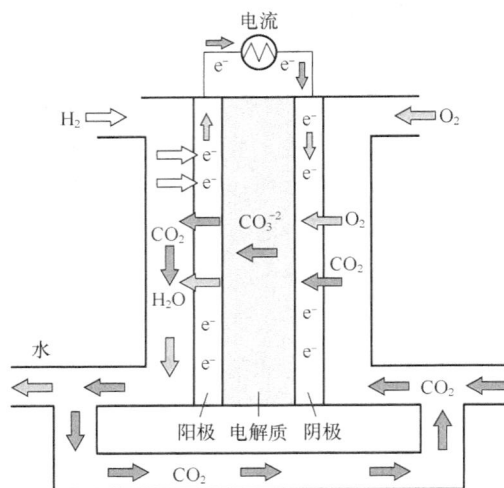

图5.22　熔融碳酸盐性燃料电池工作原理示意图

其化学反应方程式如下。

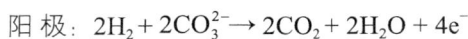

阴　极：$O_2 + 2CO_2 + 4e^- \rightarrow 2CO_3^{2-}$

阳　极：$2H_2 + 2CO_3^{2-} \rightarrow 2CO_2 + 2H_2O + 4e^-$

总反应：$O_2 + 2H_2 \rightarrow 2H_2O$

第四节　其他类型电池

一、太阳能电池

太阳能电池也称为光伏电池。1954年Bell实验室研发出第一个太阳能电池，不过由于效率太低，造价太高，缺乏商业价值。航天技术的发展，使太阳能电池的作用不可替代，太阳能电池已成为太空飞行器中不可取代的重要部分。1958年3月发射的美国Vanguard1号上首次装设了太阳能电池。1958年5月苏联发射的第3颗人造卫星上也开始装设太阳能电池。到1969年美国人登陆月球，太阳能电池的发展达到了第一个巅峰期。此后，几乎所有发射的人造天体上都装设太阳能电池。1990年以后，太阳能的发展开始与民用电相结合，与市电并联型太阳能电池发电系统开始推广，不断有新的太阳能电池结构与制造技术被研发出来。

1. 太阳能电池发电原理

（1）半导体的光电效应。

所有的物质均由原子组成，原子由原子核和围绕原子核旋转的电子组成。半导体材料在正常状态下，原子核和电子紧密结合（处于非导体状态），如图5.23所示，但在某种外界因素的刺激下，如太阳光照射，原子核和电子的结合力降低，电子摆脱原子核的束缚，成为自由电子，在原子上留下空穴。

（2）PN结合型太阳能电池。

太阳能电池是一种对光有响应并能将光能转换成电能的器件。能产生光伏效应的材料有许多种，如单晶硅、多晶硅、非晶硅、砷化镓、硒铟铜等，它们的发电原理基本相同，现以晶体硅为例描述光发电过程。太阳能电池是由P型半导体和N型半导体结合而成的，如图5.24所示。N型半导体中含有较多的空穴，而P型半导体中含有较多的电子，在P型和N型半导体结合时，在结合处（PN结）会形成电势，当晶片在受光过程中，带正电的空穴往P型区移动，带负电的电子往N型区移动，最后结果是在太阳能电池受光面有大量负电荷（电子）积累，在电池背光面有大量正电荷（空穴）积累。如在太阳能电池上、下表面引出金属电极，并用导线连接负载，在负载上就有电流通过。只要太阳光照不断，负载上就一直有电流通过。

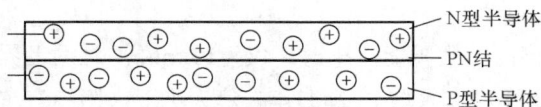

图5.23　太阳能电池半导体晶片

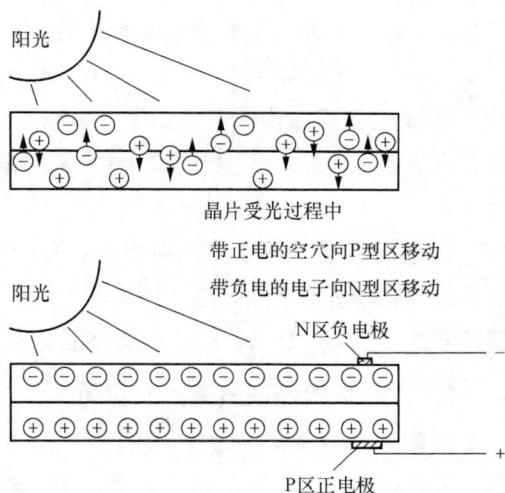

阳光

晶片受光过程中

带正电的空穴向P型区移动

带负电的电子向N型区移动

N区负电极

P区正电极

图5.24　太阳能电池发电原理示意图

2. 太阳能电池类型

太阳能电池可以有多种分类方式，按照结构分类可分为同质节太阳能电池、异质节太阳能电池、肖基特太阳能电池；按照工作方式分类可分为平板太阳能电池、聚光太阳能电池、分光太阳能电池；按照材料分类可分为硅太阳能电池、多元化合物薄膜太阳能电池、聚合物多层修饰电极型太阳能电池、纳米晶化学太阳能电池、有机太阳能电池。其中，硅太阳能电池是目前发展最成熟的，在应用中居主导地位。

（1）硅太阳能电池。

① 单晶硅太阳能电池。单晶硅太阳能电池的光电转换效率为15%左右，最高的达到24%，这是目前所有种类的太阳能电池中光电转换效率最高的，但制作成本很大，以至于它还不能被普遍地使用。由于单晶硅一般采用钢化玻璃以及防水树脂进行封装，因此坚固耐用，使用寿命一般可达15年，最高可达25年。

② 多晶硅太阳能电池。多晶硅太阳能电池的制作工艺与单晶硅太阳能电池差不多，但是多晶硅太阳能电池的光电转换效率则要降低不少，其光电转换效率为12%左右（2004年7月1日日本夏普上市了效率为14.8%的世界最高效率的多晶硅太阳能电池）。它的制作成本比单晶硅太阳能电池低，材料制造简便，节约电耗，总的生产成本较低，因此得到大量发展。此外，多晶硅太阳能电池的使用寿命比单晶硅太阳能电池短。因此从性价比考虑，单晶硅太阳能电池略好。

③ 非晶硅太阳能电池。非晶硅太阳能电池是1976年出现的新型薄膜式太阳能电池，它与单晶硅和多晶硅太阳能电池的制作方法完全不同，工艺过程大大简化，硅材料消耗很少，电耗更低，它的主要优点是在弱光条件下也能发电。但非晶硅太阳能电池的主要缺点是光电转换效率偏低，目前国际先进水平为10%左右，且不够稳定，随着时间的延长，其转换效率衰减。

（2）其他太阳能电池。

① 纳米晶化学太阳能电池。纳米晶化学太阳能电池是新型太阳能电池，目前仍在研制过程中，其中纳米晶TiO_2太阳能电池备受关注。纳米晶TiO_2太阳能电池的光电效率在10%以上，制作成本为硅太阳能电池的1/5～1/10，寿命可达到20年以上。

② 聚合物多层修饰电极型太阳能电池。其原材料为有机材料，柔性好，制作容易，材料来源广泛，成本较低。其性能和寿命远不如硅电池，但有可能提供廉价电能。此项研究刚刚起步。

③ 多元化合物薄膜太阳能电池。有些金属化合物（如硫化镉、碲化镉）多晶薄膜电池的效率比非晶硅薄膜太阳能电池效率高，成本较单晶硅电池低，并且也易于大规模生产，但由于镉有剧毒，会造成严重污染，因此不能开发应用。

3. 太阳能电池在汽车上的应用

太阳能电池最早于1978年应用在汽车上，当时的太阳能汽车时速仅为13km/h。之后世界很多国家对太阳能汽车进行了研究，但主要侧重于赛车领域。 2003年在澳大利亚太阳能汽车比赛上，由荷兰学生制造的"NunaII"太阳能汽车创造了太阳能汽车最高时速170km/h的新世界纪录。目前，太阳能汽车连续驾驶里程最大为200km。

1984年9月，我国首次研制的"太阳号"太阳能汽车在武汉试验成功，该太阳能汽车共安装了2 808块单晶硅片，组成10m²的硅板，有3个车轮，自重159kg，车速20km/h。 1996年，清华大学研制了"追日号"太阳能汽车，重800kg左右，最高车速达80km/h，造价为7.8万美元。其采用的电池板是我国第五代产品，太阳能转化率为14%。 2001年，在上海交通大学研制出了"思源号"太阳能汽车，最高时速50km/h。 中山大学太阳能系统研究所研制了一辆太阳能电动车，外观上和公园的电瓶车类似，可以搭乘6名乘客，时速48km/h，持续行驶时间1h，造价

5万元左右。

二、飞轮电池

飞轮电池是20世纪90年代才提出的新概念电池，它突破了化学电池的局限，用物理方法实现储能，也称为电动机械电池，是一种新型的机电能量转换与存储装置。它由于具有储能密度高、使用寿命长、工作温度范围宽、效率高、储能状况容易测量、无污染等优点而日益受到人们的关注。飞轮电池的能量转换系统是其实现可靠"充电"和"放电"的关键装置。

1. 飞轮电池组成与工作原理

飞轮电池装置主要包括3个核心器件：飞轮、电动机和电力电子装置，如图5.25所示。它最基本的工作原理是可以将外界输送过来的电能通过电动机转化为飞轮转动的动能储存起来，当外界需要电能的时候，又可通过发电机将飞轮的动能转化为电能，输出到外部负载，而空闲运转的时候要求损耗非常小。

为了减少飞轮空闲运转时的损耗，提高飞轮的转速和飞轮储能装置的效率，飞轮储能装置轴承的设计一般都使用非接触式的磁悬浮轴承技术，而且将电动机和飞轮都密封在一个真空容器内以减少风阻，其结构组成如图5.26所示。发电机和电动机通常使用一台电动机来实现，通过轴承和飞轮连接在一起。

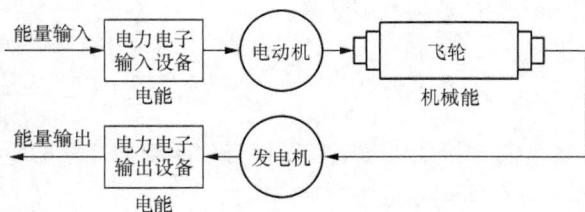

图5.25　飞轮电池装置组成　　　　图5.26　飞轮电池储能装置结构示意图

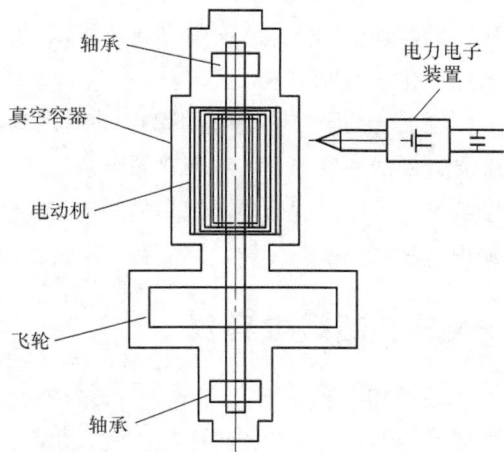

当外设通过电力电子装置给电动机供电时，电动机就作为电动机使用，它的作用是给飞轮加速，储存能量；当负载需要电能时，飞轮给电动机施加转矩，电动机又作为发电机使用，通过电力电子装置给外设供电；当飞轮空闲运转时，整个装置就可以最小损耗运行。这样利用电动机的四象限运行原理，把发电机和电动机合并为一台电动机的方法，不但可以提高效率，还可以减少飞轮的尺寸，使飞轮储能密度大大提高。在整个飞轮储能装置中，飞轮无疑是其中的核心部件，它的形状、重量和转速决定储能装置能量输入输出量的大小，而与储能装置外接

负载的性质无关。

2. 飞轮电池在电动汽车中的应用

从世界电动汽车的发展看，能量存储技术仍然是电动汽车商业化发展的瓶颈。因为电动汽车与燃油汽车相比有3个主要制约因素：成本高、续驶里程短和充电时间长，而这些都与能量存储技术没有突破性进展直接相关。化学蓄电池仍然是最主要的储能设备，燃料电池近几年也发展很快，是电动汽车中新型电池的主要代表，而飞轮装置的发展已经比较成熟，而且由于其远大于化学电池的比功率和比能量，成为了目前许多科研工作者的研究重点。

就飞轮储能装置本身的特点来讲，它更加适用于复合动力汽车和混合电动汽车技术中。复合动力汽车靠内燃机和电动机两种方式共同提供驱动力，在汽车正常行驶和制动时给飞轮电池充电，汽车爬坡和加速时，则需要功率大的飞轮电池放电。由于普通汽车在正常行驶时，功率仅为最大功率的四分之一，复合动力汽车中蓄电池和电动机的加入恰好可以解决这个问题，这样复合动力汽车在设计的时候就可以不用按照汽车的最大功率来进行设计，避免在正常行驶的过程中出现大马拉小车的现象，大幅度提高汽车的性能。

随着磁悬浮技术的发展，飞轮电池的充放电次数可以达到10万次以上，远远大于汽车电池使用的需要，而且飞轮电池的充放电是化学能和机械能的相互转化，它的放电深度可大可小，绝不会影响电池寿命。同时，由多台驱动电动机共同驱动的飞轮系统可以在很短的时间内达到几万转的转速。此外，在飞轮储能装置中，决定输入输出的器件是它外接的电力电子器件，而与外部的负载没有关系，还可以很方便地通过控制飞轮的转速来控制飞轮的充电，这种特点在化学电池中很难实现。

混合电动汽车的原理和复合动力汽车差不多，它是将飞轮电池加到化学电池或者其他电池上，做成一块电池（称为飞轮混合电池），共同驱动汽车电动机。由于电动汽车还没有大范围的推广，因此混合电动汽车的应用目前还不如复合动力汽车广泛，但是电池技术，尤其是飞轮电池技术的快速发展，将使得电动汽车以前所未有的速度发展起来。

三、超级电容器

超级电容器是近几十年来，国内外发展起来的一种介于常规电容器与化学电池之间的新型储能元件。它具备传统电容的放电功率，也具备化学电池储备电荷的能力。

1. 超级电容器的特点

超级电容器具有优良的脉冲充放电和大容量储能性能，单体容量已经达到万法拉级，是一种介于静电电容器与电池之间的储能元件。与普通电容器和电池相比，超级电容器具有许多电池无法比拟的优点。

（1）功率密度高。电容器的功率密度为电池的10～100倍，可达到10kW/kg左右，可以在短时间内放出几百到几千安培的电流。这一特点使得超级电容器非常适合用于短时间高功率输出的场合。

（2）充电速度快。超级电容器充电是双电层充放电的物理过程或是电极物质表面的快速、可逆的化学过程，可采用大电流充电，能在几十秒到数分钟内完成充电过程，是真正意义上的快速充电。而蓄电池则需要数小时才能完成充电，采用快速充电也需要几十分钟。

（3）使用寿命长。超级电容器充放电过程中发生的电化学反应都具有良好的可逆性，不易出现类似电池中活性物质那样的晶型转变、脱落、枝晶穿透隔膜等一系列的寿命终止现象，碳极电容器理论循环寿命为无穷大，实际可达100 000次以上，比电池高10～100倍。

（4）低温性能优越。超级电容充放电过程中发生的电荷转移大部分都在电极活性物质表面进行，所以容量随温度衰减非常小。而电池在低温下的容量衰减幅度却可高达70%。

2. 超级电容器的结构与工作原理

如图5.27所示，超级电容器主要由引出电极、多孔化电极、隔膜、电解液组成。当外界电压加到超级电容器的两个极板上时，和普通电容器一样，极板的正电极储存正电荷，负极板储存负电荷。如图5.28所示，充电时，超级电容器可以视为在两个极板外加电压时被电解液隔开的两个互不相关的多孔板。对正极板施加的电势吸引电解液中的负离子，而负极板电势吸引正离子。这有效地创建了两个电荷储层，在正极板分离出一层，并在负极板分离出另外一层。在超级电容器2个极板上电荷电场的作用下，在电解液与电极之间的界面上形成相反的电荷，以平衡电解液的内电场。正电荷和负电荷以极端的间隙排列在相反的位置上，这个电荷分布层叫双电层。超级电容器的面积来自一个多孔的碳基电极材料，这种材料具有多孔结构，电解液与多孔电极间的界面距离不到1nm，因此电容量非常大。大多数超级电容器可以做到法拉级别，一般电容的值为1～5 000F。放电时，超级电容器正、负极板上的电荷被外电路泄放，电解液的界面上的电荷相应减少。由此可以看出，超级电容器的充放电过程始终是物理过程，没有化学反应，因此充放电寿命很长。

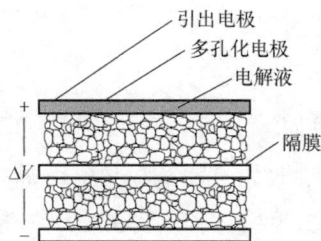

图5.27 超级电容器组成示意图

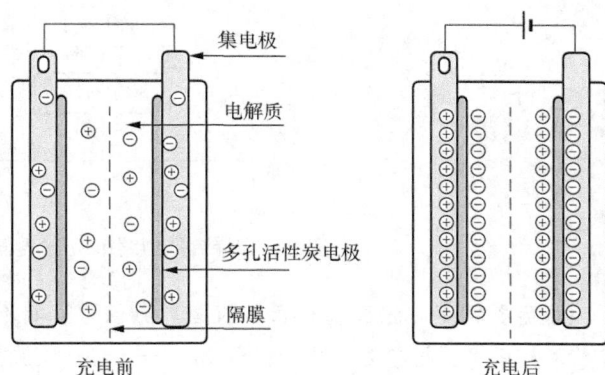

图5.28 超级电容器工作原理示意图

3. 超级电容器的分类

超级电容器有许多不同的分类方式。

（1）按采用的电极不同，超级电容器可以分为碳电极电容器、贵金属氧化物电极电容器和导电聚合物电极电容器3种。

（2）按储存电能的机理，超级电容器可分为双电层电容器和法拉第准电容器两种。双电层电容器电容的产生主要基于电极与电解液上电荷分离所产生的双电层电容，如碳电极电容器；法拉第准电容器由贵金属和贵金属氧化物电极等组成，其电容的产生是基于电活性离子在贵金属电极表面发生欠电位沉积，或在贵金属氧化物电极表面及体相中发生的氧化还原反应而产生的吸附电容，该类电容器的产生机制与双电层电容器不同，并伴随电荷传递过程的发生，通常具有更大的比电容。

4. 超级电容器在电动汽车中的应用

超级电容器作为电池的替代品，已经不断应用于电动汽车中。图5.29所示为混合动力型超级电容汽车的结构示意图，图中的超级电容器用于回收刹车时的再生能量，在起动和爬坡时快速提供大功率电流。

超级电容电动车一般指由超级电容器提供主要能源的电动车。哈尔滨工业大学电磁与电子技术研究所研究出用超级电容器作储能器件的电动客车，这是一种只需充电15min便能连续行驶25km，而最高时速可达52km/h的电动客车。据悉，由该研究所承担的黑龙江省科技攻关重大项目——"以电容为能源的电动车"等项目，已通过该省科技厅鉴定。该项研究在以电容为能源的电动车续驶里程、最高车速等方面达到了国际先进水平。这种超级电容电动客车的研制为国内首创，其性能指标达到了国际同类产品的先进水平。

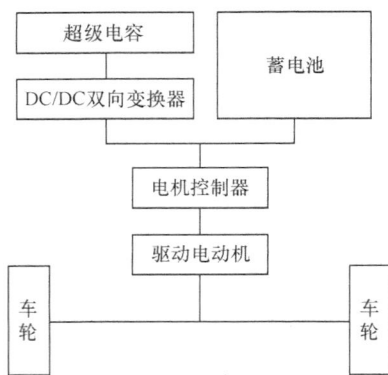

图5.29　混合动力超级电容汽车结构示意图

超级电容纯电动公交将在长沙投运。据该车的研发者介绍，城市公交使用超级电容纯电动客车，其经济、社会效益显著。例如，一台12m长的公交客车，按每天行驶240km、一年运行330d计算，可节约油费22万元，扣除电费5万元，可节约燃料费用17万元左右，同时减少尾气排放19.2吨。如果在全国公交线路上推广这种超级电容纯电动车，一年可节省1 200亿元燃油，减少尾气排放1 000万吨。

但是，超级电容器并不能完全取代电池，因为它的能量密度比较低。超级电容器单体的工作电压较低，因此要通过多个电容器单体的串联才能得到较高的工作电压，而多个单体串联对单体的统一性要求比较高，且串联后体系的容量又会成倍减少。现在这方面的很多工艺都还在研发当中。

【思考题】

1. 电动汽车对动力电池的要求有哪些？
2. 镍氢电池的特点是什么？
3. 锂离子电池的特点是什么？
4. 燃料电池汽车的优点有哪些？

第六章

新能源汽车电动机驱动系统

【学习目标】

1. 掌握新能源汽车常用电动机驱动系统的结构。
2. 掌握电动汽车电动机驱动系统的类型与组成。
3. 理解新能源汽车常用电动机驱动系统的控制特性。
4. 了解电动汽车对电动机驱动系统的要求及发展趋势。

新能源汽车驱动系统包括电动机和控制器。控制器主要由功率模块（电源的电子开关线路）和控制模块（包括微处理器和相应软件）组成。控制器的作用是将动力源的电能转变为适合于电动机运行的另一种形式的电能，所以控制器本质上是一个电能变换控制装置。控制器选择恰当时，驱动系统的性能取决于电动机。

第一节　概述

一、电动机的类型

电动机是把电能转换成机械能的装置。它被广泛应用于机械、冶金、石油、煤炭、化工、航空、交通、农业等各种行业。常见的电动机分类及其种类如下。

按功能，电动机可分为驱动电动机和控制电动机（包括步进、测速、伺服、自整角电动机等）。

按电动机的转速与电网电源频率之间的关系，电动机可分为同步电动机和异步电动机。

按最高转速，电动机分为最高转速小于6 000r/min的普通电动机和最高转速高于6 000r/min的高速电动机。

按电源相数，电动机可分为单相和三相电动机。

按防护类型，电动机可分为开启式、防护式、封闭式、隔爆式、防水式和潜水式电动机。

按安装结构，电动机可分为卧式、立式、带底脚式、带凸缘式电动机。

按绝缘等级，电动机可分为E级、B级、F级、H级等。

按电能种类，电动机可分为直流电动机和交流电动机（方波电动机和正弦波电动机）。

常见的电动机中适用于电力驱动的电动机的分类见表6.1。

表6.1　　　　　　　　　　　　　　几种典型电动机的性能特性

性能及类型	直流电动机	异步电动机	永磁同步电动机	开关磁阻电动机
转速范围/（r/min）	4 000~6 000	12 000~20 000	4 000~10 000	>15 000
功率密度	低	中	高	较高
电动机重量	重	中	轻	轻
电动机体积	大	中	小	小
可靠性	一般	好	优良	好
结构坚固性	差	好	好	好
控制器成本	低	高	高	一般

直流驱动电动机（DC Motor）主要有永磁式、串励绕线式和他励绕线式三种类型，在新开发的HEV中应用较少。交流正弦波驱动的电动机有感应式和同步式两大类，在HEV上都有应用。非正弦波驱动电动机应用较少。在HEV中目前应用较多的是交流同步电动机、永磁同步电动机、三相交流感应电动机等。表6.2给出了国内外一些新能源汽车使用的电动机类型。

表6.2 　　　　　　　　　　　　　国内外新能源汽车使用的电动机类型

新能源类型	生产公司	车型	电动机类型	峰值功率/kW
电动汽车	宇通	电动客车ZK6125KGAA	交流异步电动机	
	福田欧辉	串联混动客车BJ6123	交流异步电动机	
	克莱斯勒	A.CLASS Electic	交流感应电动机	
	雷诺	Clio Electic	交流感应电动机	
	福特	RANGER EV	交流感应电动机	
	特斯拉	Tesla	交流异步电动机	
	通用汽车	inpact	交流感应电动机	51×2
	富士重工	sambar	永磁同步电动机	40
	丰田汽车	RAV4EV	永磁同步电动机	
混合动力	丰田	PRIUS Ⅱ	永磁交流同步电动机	50
	本田	INSIGHT	永磁无刷同步电动机	10
	福特	ESCAPE HYBRID	交流感应电动机	70
燃料汽车	丰田日野	FCHV	永磁交流同步电动机	80
	本田	FCX	永磁同步电动机	80
	日产	X.TRAIL FCV	永磁同步电动机	85
	现代	SANTA FE	交流感应电动机	

常见的几种电动机从其研究开发至产品进入市场经历的时间如图6.1所示。其中，开关磁阻电动机和同步磁阻电动机经历时间最长，有刷直流电动机、交流同步电动机和交流感应电动机作为产品的历史最长。永磁电动机、表面磁铁式永磁电动机、内部磁铁式永磁电动机、开关磁阻电动机、同步磁阻电动机的性能主要受到永磁材料、控制和微处理传感器的制约。

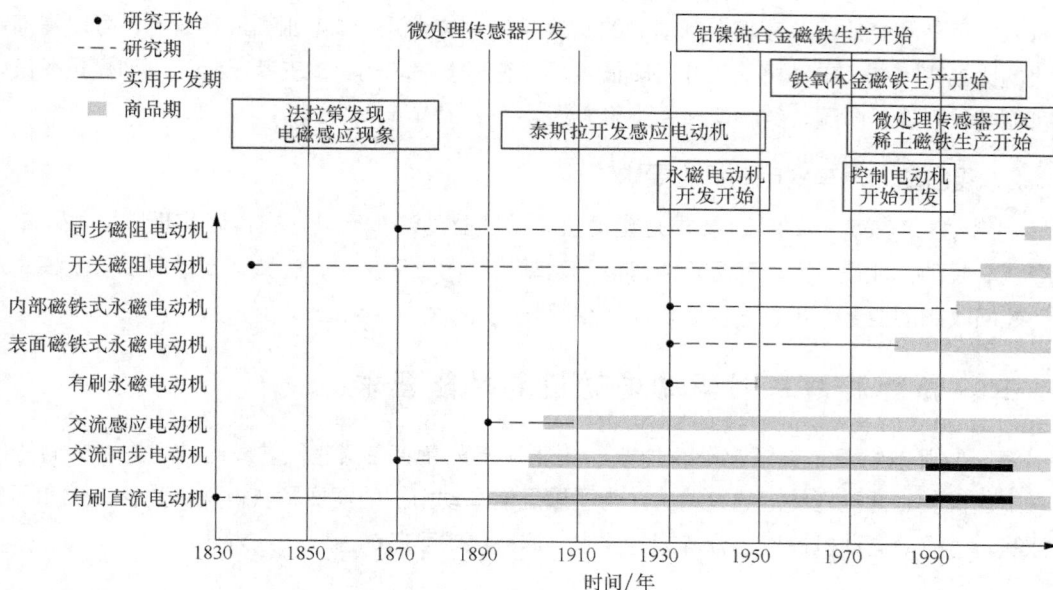

图6.1　电动机研究开发历程

二、新能源驱动系统中电动机的功用

新能源动力汽车特点是将不同类型的能源转换为电能，电动机将电能转换为机械能，并通过传动系统将机械能传递到车轮驱动车辆行驶。目前正在应用或开发的电动汽车电动机主要有直流有刷电动机、感应电动机、稀土永磁电动机、开关磁阻电动机4类。

电动机在动力系统中的位置如图6.2所示。电动机可单独驱动汽车行驶，在市区实现零排放。不同的汽车对电动机功能的要求不同。

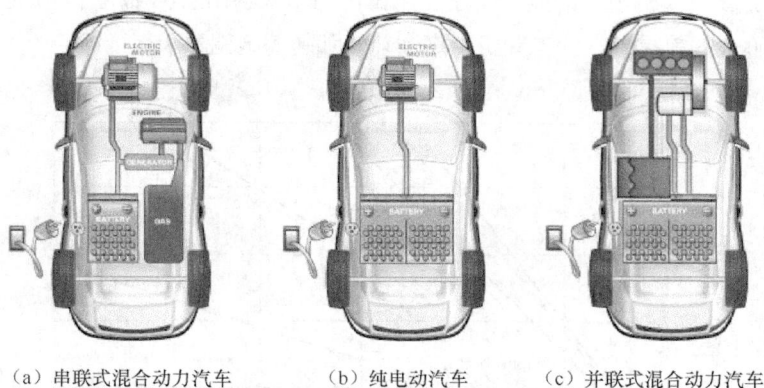

（a）串联式混合动力汽车　　（b）纯电动汽车　　（c）并联式混合动力汽车

图6.2　新能源汽车中电动机的位置示意图

1. 纯电动汽车对电动机的要求

电动汽车对电动机的要求是功率和转矩应满足电动车辆动力性能的要求，适应车辆频繁地起动、加速、制动减速和倒车的运动要求；一般要求电动机能承受2～4倍的过载，并能实现四象限的运转和高效回收车辆在制动时的反馈能量；电动机工作电压高、转速高，可以提高电动机的比功率，减小电动机的尺寸，降低重量和有利于在车辆上的安装布置；电动机具有良好的可靠性，耐温，耐湿，结构简单，维修方便。

2. 混合动力汽车对电动机的要求

混合动力汽车对电动机的要求是电动机可单独驱动汽车行驶，在市区实现零排放。电动机在汽车起动、加速、大负荷运行时可以与发动机共同驱动汽车，在减速制动时以再生模式工作，起回收制动能量作用，与发电机功能相同。

三、新能源汽车对驱动电动机的性能要求

汽车行驶的特点是频繁起动、加速、减速、停车等。在低速行驶或爬坡时需要大转矩，而在高速行驶时需要低转矩的大功率。为了满足汽车动力性的需要和获得优良的经济性和环保指标等，对驱动电动机提出十分苛刻的要求。这些要求可归纳为以下几方面。

1. 高电压

采用高电压的优点可以从电学的基本公式解释。电流I、电压U和电功率P、导体发热量Q的关系为

$$P = I \times U$$

$$Q \propto I^2 R$$

由此可见，在功率一定时，增大电压U可以减小电流I，使导体发热量减小，提高电池的效率。

采用高电压的重要优点是可以减小电动机和导线等装备的尺寸，降低逆变器的成本和提高能量转换效率等。图6.3所示为电动机功率和电源电压的关系，当采用高电压电源时，则可采用小电流。提高电动机电压的典型例子：丰田的THS系统由270V提高到500V；在电动机尺寸和质量变化不大的前提下，使电动机功率、转矩和转速范围扩大。

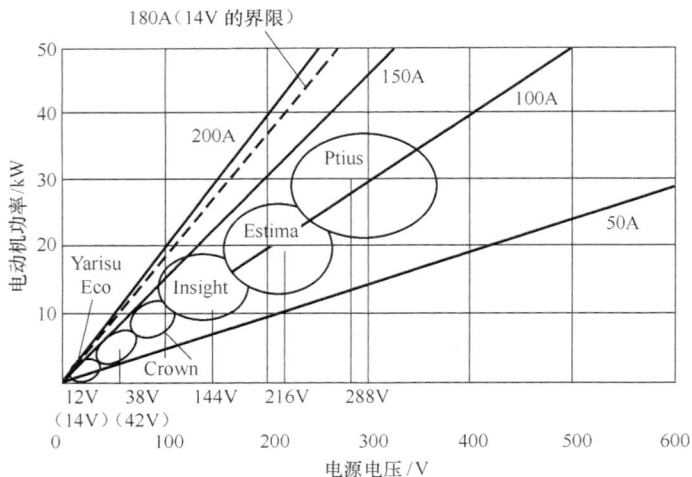

图6.3　电动机功率与电源电压的关系

2. 高转速

电动机功率P与转矩M和转速n乘积成正比，即$P \propto M \times n$，因此，在转矩M一定的情况下，提高转速n，则可以提高功率P；而在功率P一定的情况下，提高转速n，则可以降低电动机的转矩M，从而减小电动机的体积和质量。

现代电动汽车电动机的转速可以高达8 000～12 000r/min，由于体积小，质量较轻，非常有利于降低整车整备质量。

3. 起动转矩大、调速范围宽

电动机应具有较大起动转矩和较大范围的调速性能，以满足起动、加速、减速、制动等所需的功率和转矩。一般采用变速器实现低速大转矩和高速低转矩驱动。电动机的转矩特性小于基速时为恒转矩，随着车速（电动机转速）的增加，驱动力（转矩）减小。因此，其特性容易满足汽车驱动的需要。汽车驱动力与电动机转矩特性如图6.4所示。

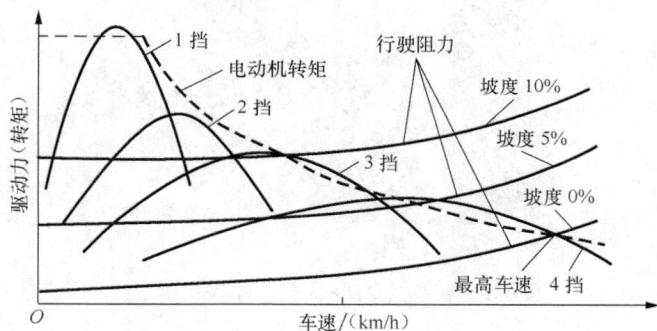

图6.4　汽车驱动力与电动机转矩特性

4. 防过载能力强

要求电动机具有4～5倍的过载能力，以满足加速时与最大爬坡度的要求。而工业电动机只有2倍的过载要求。

5. 可满足多部电动机协调运行

可控性、稳态精度、动态性能和机械效率都很高，以满足多部电动机协调运行。

6. 可兼做发电机使用

在车辆制动和减速时，可进行制动能量回收。HEV结构有所不同，有的HEV既有电动机又有发电机。现在为减少车辆自重和节省空间，绝大部分新能源汽车均可用电动机兼作发电机，回收车辆制动和减速时的能量。

7. 安全有保障

电气系统安全性和控制系统安全性应达到有关标准和规定，必须具备高压保护设备以保证安全。

8. 可靠性好

电动机应具有高可靠性，低温、高温和耐潮湿性，并且运行噪声低，能够在较恶劣的环境中长时间工作。

9. 结构简单

结构简单，适合大批量生产，使用维修方便，价格低。

10. 散热性好

普通电动机一般采用风冷，而电动汽车驱动无刷电动机的电磁负荷高，通风散热条件差，因此更多选用水冷或油冷。图6.5所示为电动车用电动机的冷却液进出口。

图6.5　电动机冷却液进出口位置示意图

第二节　直流电动机

一、直流电动机的工作原理

1. 直流电动机的组成

如图6.6所示，直流电动机分为两部分，即定子与转子。定子包括主磁极、机座、换向极、电刷装置等，转子包括电枢铁心、电枢绕组、换向器、轴和风扇等。定子和转子之间由空气隙分开。

（1）定子。定子就是发动机中固定不动的部分，它主要由主磁极、机座和电刷装置组成。主磁极由主磁极铁心（极心和极掌）和励磁绕组组成，其作用是用来产生磁场。极心上放置励磁绕组，极掌的作用是使电动机空气隙中磁感应强度分配最为合理，并用来阻挡励磁绕组。主磁极用硅钢片叠成，固定在机座上。机座也是磁路的一部分，常用铸钢制成。电刷是引入电流的装置，其位置固定不变。它与转动的交换器作滑动连接，将外加的直流电流引入电枢绕组中，使其转化为交流电流。在微型直流电动机中，也有用永久磁铁作磁极的。

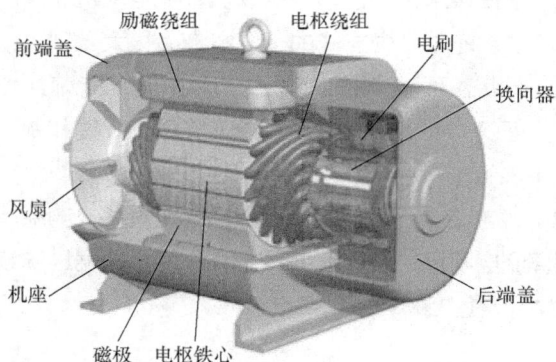

图6.6 直流电动机构造

（2）转子。转子是电动机的转动部分，主要由电枢和换向器组成。电枢是电动机中产生感应电动势的部分，主要包括电枢铁心和电枢绕组。电枢铁心成圆柱形，由硅钢片叠成，表面冲有槽，槽中放电枢绕组。通有电流的电枢绕组在磁场中受到电磁力矩的作用，驱动转子旋转，起到能量转换的枢纽作用，故称"电枢"。换向器又称整流子，是直流电动机的一种特殊装置。它由楔形铜片叠成，片间用云母垫片绝缘。换向片嵌放在套筒上，用压圈固定后成为换向器再压装，在转轴上电枢绕组的导线按一定的规则焊接在换向片突出的叉口中。在换向器表面用弹簧压着固定的电刷，使转动的电枢绕组得以同外电路连接起来，并实现将外部直流电流转化为电枢绕组内的交流电流。

2. 直流电动机工作原理

图6.7所示为直流电动机的基本构成与工作原理。直流电从两电刷之间通入电枢绕组，电枢电流方向如图6.7所示。由于换向片和电源固定连接，因此无论线圈怎样转动，总是N极有效边的电流方向向里，S极有效边的电流方向向外。电动机电枢绕组通电后受力（左手定则）按逆时针方向旋转。线圈在磁场中旋转将在线圈中产生感应电动势，根据右手定则，感应电动势的方向与电流的方向相反，也称为反电动势。虽然电流方向交替变化，但线圈所受电磁力的方向不改变，因而线圈可以连续地按逆时针方向旋转。

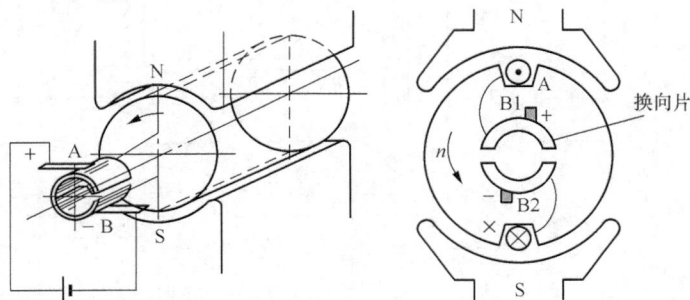

图6.7 直流电动机的基本结构与工作原理

二、直流电动机的励磁

电动机是根据电磁感应原理实现能量转换的，电动机磁场的建立有两种途径：一是对励磁线圈通电产生磁场，二是使用永久磁铁形成磁场。直流电动机使用的线圈励磁分为他励和自励两类，而直流电动机的性能随着励磁方式的不同将产生很大差别。他励电动机的励磁线圈电源与转子电枢电源分开，因此，可以分别控制励磁电流和电枢电流。他励直流电动机具有线性特性和稳定输出的特性，可以扩大其调速范围，能够实现在减速和制动时的再生制动，回收一部分能量。

他励直流电动机的励磁电路如图6.8（a）所示，由其他直流电源单独供给电流，而与电枢绕组无连接关系。自励直流电动机的励磁电流由自身供给，根据励磁绕组与电枢绕组的连接关系，又可分为并励、串励和复励3种。

1. 并励直流电动机

并励直流电动机的电路如图6.8（b）所示，励磁绕组与电枢绕组并联，励磁线圈与转子线圈的端电压相同。在外加电压一定的情况下，励磁电流产生的磁通将保持恒定不变。并励直流电动机起动转矩大，负载变动时转速比较稳定，转速调节方便，调速范围大。

2. 串励直流电动机

串励直流电动机的电路如图6.8（c）所示，励磁绕组与电枢绕组串联，串励直流电动机的励磁电流和电枢电流相等，能获得每单位电流的最高转矩，且起动力矩大，有较好的起动特性以及较宽的恒功率调速范围。串励电动机的转速随转矩的增加，呈显著下降的软特性，特别适用于起重设备。

3. 复励直流电动机

复励直流电动机的主磁极上装两个励磁绕组，一个与电枢绕组并联，另一个与电枢绕组串联。这两个励磁绕组若产生的磁动势方向相同，称为积复励，否则称为差复励，两种连接方式如图6.8（d）、（e）所示。积复励电动机的电磁转矩变化速度较快，负载变化时能够有效克服电枢电流的冲击，主要用于负载转矩有突变的场合。差复励电动机具有负载变化时转速几乎不变的特性，常用于要求转速稳定的机械中。

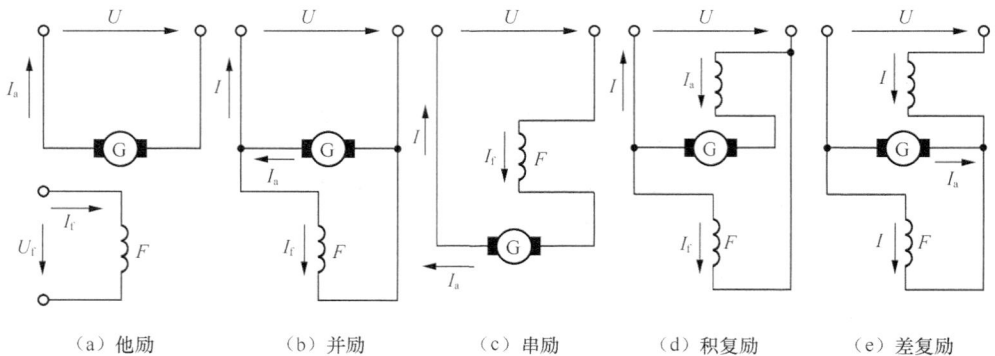

（a）他励　　　　　（b）并励　　　　　（c）串励　　　　　（d）积复励　　　　　（e）差复励

图6.8　各种励磁方式的直流电动机

三、直流电动机的特点及性能参数

1. 直流电动机的特点

直流电动机的主要优点是电磁转矩控制特性优良，起动转矩和制动转矩较大，易于快速起动、停止；调速比较方便，调速范围广，易于平滑调节；控制装置简单，而且价格低廉。其主要不足是效率低，质量大，体积大，结构复杂，成本高；在高速工作时会产生火花，工作转速低，电刷、换向器等接触零件易磨损。直流电动机在早期开发的电动车上应用广泛，但在新研发的电动车上较少使用。

2. 直流电动机的性能参数

直流电动机的额定数据有额定容量、额定电压、额定电流、额定转速、励磁方式及额定励磁电流、额定励磁电压等。

额定容量指其轴上输出的机械功率，等于额定电压与电流乘积再乘以机械效率。直流电动机的额定效率指直流电动机在额定状态下运转时输出机械功率与输入电功率之比。

3. 直流电动机的运行与控制

（1）直流电动机的起动。直流电动机直接起动时的起动电流很大，达到额定电流的10～20倍。因此，必须在电枢电路中串接起动电阻R限制起动电流。一般规定起动电流不超过额定电流的1.5～2.5倍。直流电动机起动时，将起动电阻调至最大，待起动后，随着电动机转速的上升将起动电阻逐渐调小。

（2）直流电动机的调速。直流电动机的调速方法有3种：改变磁通调速、改变电枢电压调速和电枢串联电阻调速。

（3）直流电动机的制动。直流电动机制动有能耗制动、反接制动和发电制动3种。

① 能耗制动是在停机时将电枢绕组接线端从电源上断开后立即与一个制动电阻短接。由于惯性，短接后的电动机仍然保持原方向旋转，电枢绕组中感应电动势仍存在并保持原方向，但由于没有外加电压，故电枢绕组中的电流和电磁转矩的方向改变，即电磁转矩的方向与转子旋转方向相反，起到了制动作用。

② 反接制动是在停机时将电枢绕组接线端从电源上断开后立即与一个相反极性的电源相接，电动机的电磁转矩立即变为制动转矩，使电动机迅速减速至停转。

③ 发电制动是指在电动机转速超过理想空载转速时，电枢绕组内的感应电动势将高于外加电压，使电动机变为发电机状态运转，电枢电流改变方向，电磁转矩成为制动转矩，限制电动机转速过分升高。

四、无刷直流电动机（Brushless DC Motor, BLDCM）

BLDCM是随电子技术的发展而出现的一种新型电动机。它以电子换向装置代替了直流电动机的电刷和换向器，其特性与普通直流电动机相类似，但是在性能上保持了普通直流电动机的优点而克服了其缺点。它具有调速范围宽、起动迅速、寿命长、维护方便、可靠性高，噪声较低、无换向火花和无线电干扰等特点。无刷电动机转子上既无铜损又无铁耗，其效率比同容量异步电动机提高10%～12%。

1. 无刷直流电动机的组成与功用

无刷直流电动机由电动机本体、转子位置传感器和电子换向电路3个基本部分组成。其定子绕组多做成三相对称星形接法，同三相异步电动机十分相似，转子上粘有已充磁的永磁体，为了检测电动机转子的极性，在电动机内装有位置传感器。电动机结构组成如图6.9所示。驱动器由功率电子器件和集成电路等构成，其功能是接收电动机的起动、停止、制动信号，以控制电动机的起动、停止和制动；接收位置传感器信号和正反转信号，以控制逆变桥各功率管的通断，产生连续转矩；接收速度指令和速度反馈信号，以控制和调整转速；提供保护和显示等。

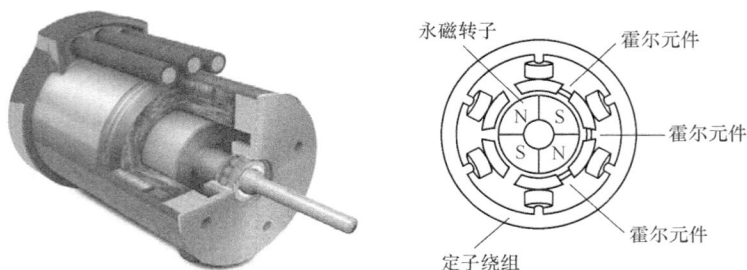

图6.9　直流无刷电动机结构

2. 无刷直流电动机的工作原理

无刷直流电动机的工作原理如图6.10所示，其电子换向驱动电路如图6.11所示。位置传感器检测出转子位置信号送入控制器，控制器将转子位置信号经过逻辑变换后产生脉宽调制（PWM）信号，经过驱动电路放大送到逆变器

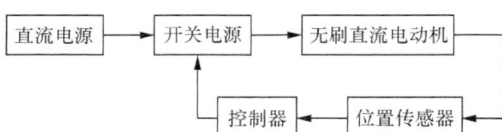

图6.10　无刷直流电动机的工作原理示意图

各功率管，控制电动机绕组按一定次序通电，电动机产生间断式旋转磁场。

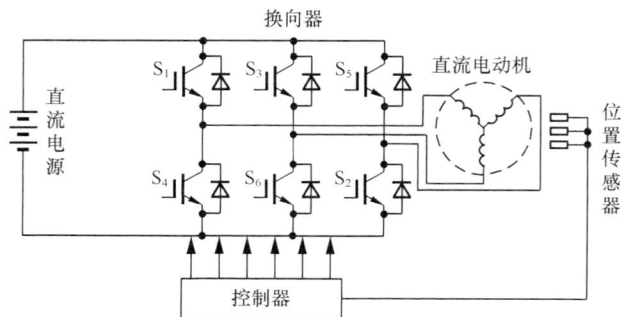

图6.11　无刷电动机电子换向驱动电路

电子换向电路产生方波驱动电流或正弦驱动电流，方波电流驱动的无刷直流电动机也称为方波电动机，正弦波电流驱动的无刷直流电动机也称为永磁同步电动机（PMSM），方波电流驱动的无刷直流电动机在电动汽车中的应用比较普遍。

第三节　三相异步感应电动机

交流电动机可分为同步电动机和异步电动机两大类。如果电动机转子的转速与定子旋转磁场的转速相等，转子与定子旋转磁场在空间同步地旋转，则称其为同步电动机。如果电动机转子转速不等于定子旋转磁场转速，即转子与定子旋转磁场在空间旋转时不同步，则称其为异步电动机。

一、三相异步感应电动机的特点

三相异步感应电动机具有结构简单、制造容易、价格低、运行可靠、维护方便、效率高等优点，因此得到广泛应用。据估计，90%左右的电动机均为异步电动机，在电网总负荷中，异步电动机用电量占60%以上。

三相异步感应电动机的缺点是功率因数低，运行时必须从电网吸收无功电流来建立磁场，故其功率因数小于1，大量的异步电动机在电网中运行，使网的功率因数下降，因此必须用其他方法进行补偿。

二、三相异步感应电动机的结构

三相异步感应电动机的结构如图6.12所示，主要由定子、转子、机座、支架、外壳、风扇罩和散热风扇等组成。三相异步电动机的转子与定子之间没有任何电气上的联系，能量的传递全靠电磁感应作用。转子和定子间有个非常小的空气气隙将转子与定子隔开，根据电动机容量大小的不同，气隙一般在0.4～4mm的范围内。气隙过小，使电动机装配困难，高次谐波磁场增强，附加损耗增加，起动性能变差以及运行不可靠。气隙过大，则电动机运行时的功率因数降低。

1. 外壳

三相电动机外壳包括机座、轴承盖、接线盒、端盖和吊环等部件。

（1）机座。它通常由铸铁或铸钢浇铸成型，作用是保护和固定三相电动机定子绕组，为了提高散热性能，机座的外表一般都铸有散热片。

（2）轴承盖。它也是用铸铁或铸钢浇铸成型的，作用是固定转子，使转子不能轴向移动，另外还有存放润滑油和保护轴承的作用。

（3）接线盒。它一般用铸铁浇铸，作用是保护和固定定子绕组的引出接线端。

（4）端盖。它由铸铁或铸钢浇铸成型，除了保护作用外，还通过轴承把转子支撑在定子内腔中心，使转子能够在定子中均匀旋转。

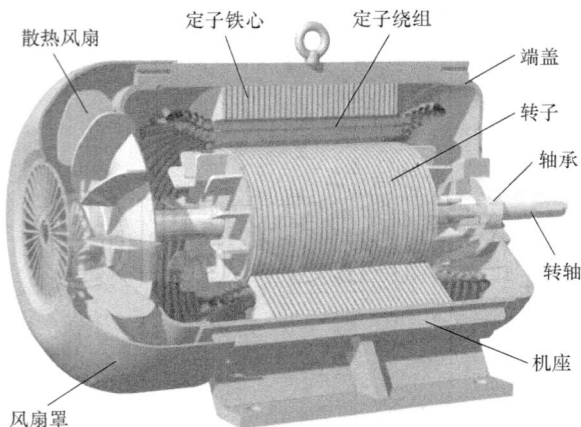

图6.12　三相异步感应电动机结构

2. 定子总成

定子的作用是产生旋转磁场。电动机外壳与定子绕组构造如图6.13所示，主要由支撑空心定子铁心的钢制机座、定子铁心和定子绕组线圈组成。定子铁心为电动机磁路的一部分，其内圆上均匀分布的插槽是用来嵌放对称三相定子绕组线圈的。定子铁心由厚0.35～0.5mm、表面涂有绝缘漆的薄硅钢片叠压而成。为了减少交变磁通通过而引起铁心涡电损耗，硅钢片较薄而且片与片之间是绝缘的。

图6.13　电动机外壳与定子绕组

三相电动机定子的三相绕组彼此独立，绕组空间相差120°电角度。每相绕组又由若干线圈连接而成，线圈由绝缘铜导线或绝缘铝导线绕制而成。中、小型三相电动机多采用圆漆包线，大型三相电动机的定子线圈则采用较大截面积的绝缘扁铜线或扁铝线绕制。当通入三相对称电流时，定子中会产生旋转磁场。三相绕组的6个出线端（3个绕组线圈的首尾端）引至接线盒上，绕组首端分别标为U1、V1、W1，末端分别标为U2、V2、W2。6个线端在接线盒内的排列如图6.14所示，可以接成星形［见图6.14（a）］或三角形［见图6.14（b）］。

3. 转子总成

电动机转子由转子铁心、转子绕组和转轴组成。转子、气隙和定子铁心构成一个电动机的完整磁路。

（1）转子铁心

转子铁心通常是由0.5mm厚的硅钢片叠压成的一个圆柱形，装在转轴上，转轴拖动机械负载。转子铁心的作用和定子铁心相同，作为电动机磁路的一部分和安装转子绕组。

（2）转子绕组

异步电动机的转子绕组分为鼠笼型和绕线型两种，据此把异步电动机分为绕线型与鼠笼型异步电动机两类。

① 绕线型绕组。绕线型转子与电动机定子相同，在铁心的槽中嵌入三相绕组，三相绕组一般连接成丫形，三相绕组的另一端分别连接到三个铜质的集电环上，集电环固定在转轴上，三个环之间及环与转轴之间相互绝缘，如图6.15所示。集电环通过由弹簧压紧的电刷保持与外电路相连，为转轴绕组提供电流，从而形成电磁场。为了改善电动机运行性能，通常在转子电路中串接电阻。

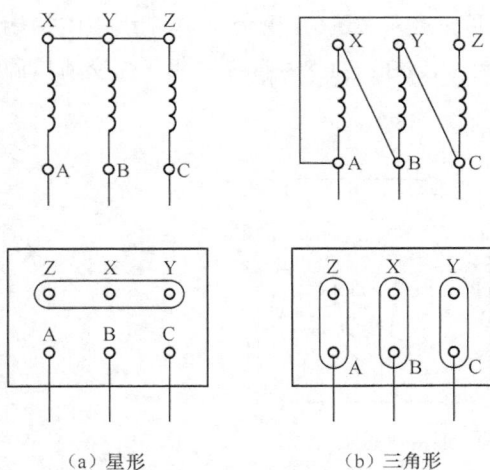

（a）星形　　　　　（b）三角形

图6.14　三相异步电动机外出线端接法

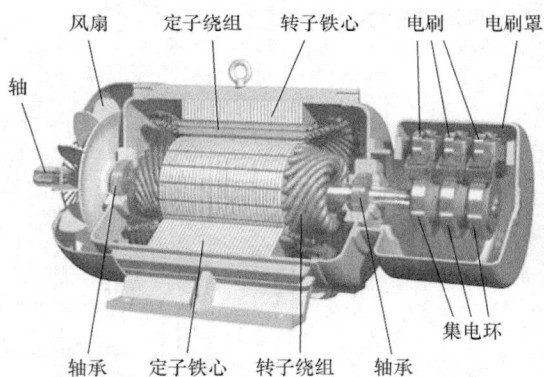

图6.15　绕线型转子电动机组成结构

② 鼠笼型绕组。鼠笼型电动机转子由硅钢片和鼠笼型绕组构成，如图6.16所示。鼠笼绕组分为铜排和铜条构成的笼型结构［见图6.16（b）］或由铸铝形成的笼式结构［见图6.16（c）］。铜质鼠笼转子的特点是叠压硅钢片铁心［见图6.16（a）］两端各用一个铜环，两个铜环由若干铜条穿过铁心槽连接而成。铝铸转子的特点是转子导条和端环机风扇叶片用铝一次浇铸而成，多用于100kW以下的异步电动机。

4. 散热风扇

风扇的作用是冷却电动机，由于汽车动力系统散热条件差，因此采用液冷式电动机的情况越来越多。

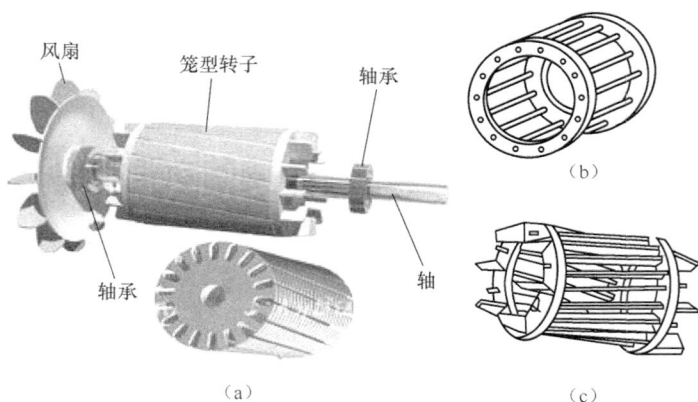

图6.16　鼠笼型转子的组成

三、三相异步电动机工作原理

1. 绕组旋转磁场的产生

假定三相异步电动机定子绕组的连接方法是星形连接，如图6.17所示，单个绕组的始端分别为ABC；末端分别为XYZ。三相对称绕组分别为AX、BY、CZ并接在三相正弦交流电源上，通入三相交变电流。

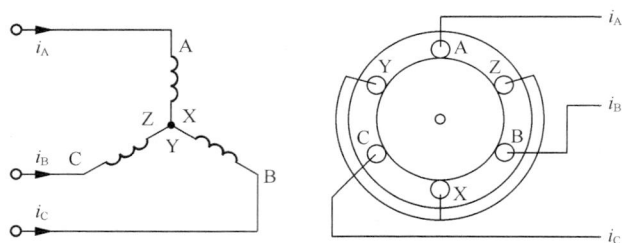

图6.17　三相异步电动机星形连接示意图

假定流入定子绕组的三相电流波形如图6.18所示，由于三相电流随时间和角速度变化，其每相绕线电流的大小和方向不断变化，因此，各个不同瞬时的定子铁心磁场分别是不断变化的。

一般规定，电流为正值时从绕组的始端流入（A、B、C端），从绕组的末端流出（X、Y、Z端）；为负值时相反。据此规则，可得到三相电流产生的磁场随时间变化的关系。

当交流电相位$\theta=0°$时，$i_A=0$，i_B为负值，i_C为正值，此时，线端A、X没有电流，绕组BY电流从Y流进B流出，绕组CZ电流从C流进Z流出，由安培右手螺旋定则得到图6.18（a）中的磁感线的方向（如虚线箭头所示）。

当交流电相位$\theta=120°$时，$i_B=0$，i_A为正值，i_C为负值，此时，线端B、Y没有电流，绕组AX电流从A流进X流出，绕组CZ电流从Z流进C流出，由安培右手螺旋定则得到图6.18（b）中磁感线的方向（如虚线箭头所示）。

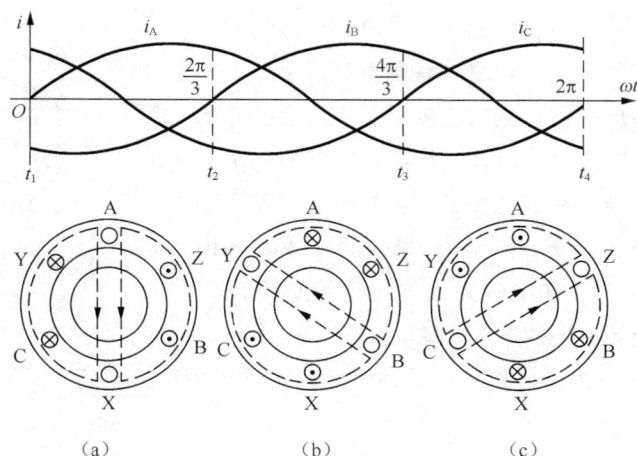

图6.18 三相交流电波形与定子绕组形成旋转磁场

当交流电相位θ=240°时，i_C=0，i_A为负值，i_B为正值，此时，线端C、Z没有电流，绕组AX电流从X流进A流出，绕组BY电流从B流进Y流出，由安培右手螺旋定则得到图6.18（c）中磁感线的方向（如虚线箭头所示）。

当交流电相位和图6.18（a）状态一样时，重复前面的过程，可以看出，定子绕组中三相交流电变化一个周期，空间的合成磁场也随着交流电的相序变化一周，随着交流电的不断变化，空间合成磁场不停旋转，于是形成旋转磁场。

2. 异步电动机旋转磁场的转向

异步电动机的旋转方向与通入绕组的三相交流电相序有关。任意对调两根三相电源接到定子绕组上的导线，就可以改变异步电动机的旋转方向。

在图6.18中，电动机定子三相绕组AX、BY、CZ是按三相电流ABC的相序接到电源上的，这时定子三相绕组中的电流是按顺时针方向排列的，旋转磁场也是按顺时针方向转动的。如果将电源B相接到原来的C相绕组上，电源C相接至原来的B相绕组上，则定子三相绕组中的电流相序就按逆时针方向排列，产生的旋转磁场方向将按逆时针方向旋转。

3. 旋转磁场的转速

以上分析的是电动机产生一对磁极的情况，当定子绕组连接的是两对磁极时，运用相同的方法可以分析出此时电流变化的一个周期，磁场只转动半圈，即转速减慢了一半。由此类推，当旋转磁场具有p对磁极时，交流电每变化一个周期，其旋转磁场就在空间转动$1/p$转。因此，三相电动机定子旋转磁场每分钟的转速、定子电流频率及极对数之间的关系为

$$n=60f/p$$

4. 异步电动机的工作原理

旋转磁场不断切割转子中的闭合导体，产生感应电动势和感应电流，再由转子中的感应电流和旋转磁场的相互作用产生电磁转矩，使得转子随着旋转磁场的方向同向运转。如笼型

异步电动机，旋转磁场顺时针切割转子导体，相当于导体逆时针转动，运用右手定则，让磁感线垂直穿过手心，拇指指向导体的运动方向，四指的方向就是感应电流的方向（如图6.19所示笼型异步电动机转子绕组电流的方向），然后运用左手定则，磁感线穿过手心，四指指向电流运动方向，大拇指方向即为转子受到电磁力的方向（如图6.19所示电磁转矩T方向），在电磁力的作用下形成电磁转矩，拖动转子顺着旋转磁场的方向转动。

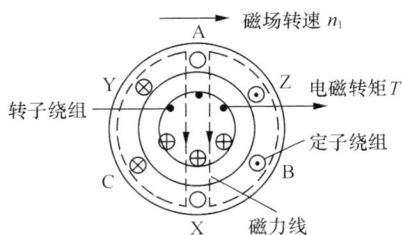

图6.19　笼型异步电动机转子绕组电流方向

在异步电动机中，为保持旋转磁场始终切割转子导体产生感应电流，转子转速小于旋转磁场的速度。

四、三相异步电动机的主要性能指标

三相电动机的外壳上通常有电动机铭牌，铭牌上注明这台三相电动机的主要性能指标，它是选择、安装、使用和维修三相电动机的重要依据，铭牌的主要内容有额定功率、额定电压、额定电流、额定频率等，其定义如下。

额定功率：表示在额定工况下运行时，输出轴上的机械功率，单位为kW。

额定电压：表示在额定工况下运行时，加在定子绕组上的线电压，单位为V。

三相电动机要求所接的电源电压值的变动范围一般不超过额定电压的±5%。电压过高，电动机容易烧毁；电压过低，电动机难以起动，即使起动后电动机也有可能带不动负载，容易烧毁。

额定电流：表示三相交流电动机在额定电压下，输出额定功率时，流入定子绕组的线电流，单位为A。若超过额定电流过载运行，三相电动机就会发热乃至烧毁。

额定频率：表示电动机所接的交流电源的频率。

绝缘等级：表示三相电动机采用的绝缘材料的耐热能力，它表明三相电动机允许的最高温度。

型号：国产中小型三相电动机型号的系列为Y系列，是按国际电工委员会IEC标准设计生产的三相异步电动机，它是以电动机中心高度为依据编制型号谱的，例如，Y.200L2.6代表异步电动机中心高度200mm、长机座（M为中机座、S为短机座）、2号铁心和6个磁极。

额定转速：表示在额定电压、额定频率和额定输出功率的情况下电动机的转速，单位为r/min。它取决于交流电源的频率、电动机磁极对数和转差率。三相异步电动机的磁场转速与频率电动机磁极对数之间的关系为

$$n_1=60f/p$$

对电动机本身来说，额定功率相同的电动机，额定转速越高，体积越小，造价就越低，效率也越高，高转速的异步电动机的功率因数也较高，所以应尽量选用额定转速高的电动机。但是，对于要求转速较低的驱动系统而言，选用较高转速电动机时，就需要一套传动比较高、体积较大的减速装置。因此，在选择电动机的额定转速时，要综合考虑电动机和传动系统两方

面的因素。

五、三相异步感应电动机的转矩与转速的控制

电动车中应用鼠笼型转子的三相异步感应电动机不能用直流电直接驱动，需要使用逆变器将直流电变换为频率和幅值可调节的交流电，来实现对异步感应电动机的控制。三相异步感应电动机控制系统与驱动电路结构如图6.20所示。由于不能直接使用直流电源驱动电动机，因此需要使用功率半导体器件构成的逆变器，将直流电转换为频率和幅值都可以调节的三相交流电，通过微机控制器实现对三相异步电动机的转速和转矩的控制。

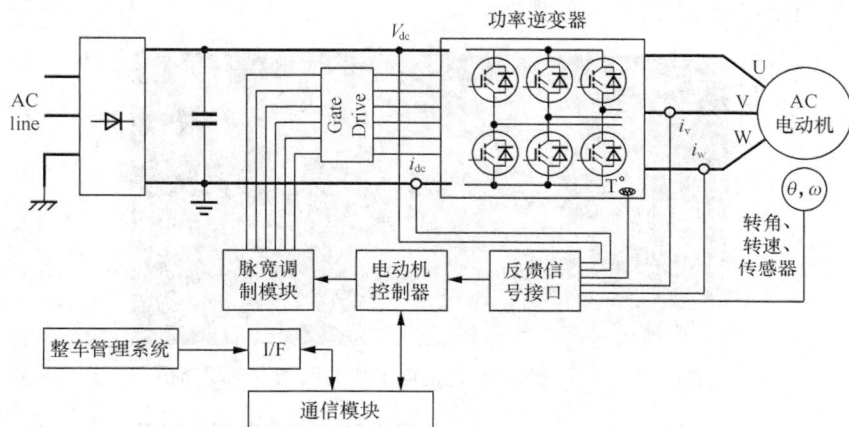

图6.20　三相异步感应电动机控制系统图

六、交流异步发电机工作原理

电动汽车上需要利用电动机对车辆进行制动、减速，并回收汽车的惯性能量，这一功能由电动机来实现。交流异步电动机也可以通过控制电路实行电动机的发电运行，使电动汽车制动时的能量转换为对蓄电池的充电电流，从而得到再生利用。通过控制系统将电动机状态改变为发电状态，将发电机发出的能量储存于电池，既可以减小机械刹车系统的损耗，又可提高整车能量使用率，达到节约能源和提高电动汽车续航里程的目的。

电动机是一种电能和机械能相互转化的装置，理论上任何电动机都是可逆的，既可以用作电动机，也可以用作发电机。异步电动机也不例外，但却有它的特殊性。异步电动机的定子是三相绕组，转子是短路绕组，本身没有磁场。所以，异步电动机只有原动机带动是发不出电来的。虽然理论上说，利用剩磁也能发出电来，但并无实际意义。

在异步电动机中，为保持旋转磁场始终切割转子导体产生感应电流，转子转速应小于旋转磁场的速度。与此相反，异步电动机要想发电，首先必须要建立磁场。但如前面介绍的，异步电动机是在定子的三相绕组里通入三相交变电流后，才产生旋转磁场的。就是说，异步电动机为了得到磁场，其定子绕组必须和三相电源相接，在这种情况下，它将作为异步电动机而运转起来。

此时，如果用一台原动机带动转子，使转子的转速超过旋转磁场转速，则转子中的感生电流和感生磁场切割定子线圈，并在定子线圈中产生感生电动势，从而成为了三相异步发电机。

七、三相异步感应电动机在新能源汽车中的应用

图6.21所示为采用三相异步感应电动机的电动汽车驱动桥。异步电动机由三相交流电驱动，变频调速是电动机首先要具备的功能，因为纯电动车的车轮由电动机和差速器组成的传动机构进行驱动，电动机本身的转速范围即可满足车辆的行驶需要。但是在变频调速的性能方面，还是对电动机提出了较高的要求，另外，倒车也是日常驾驶时经常遇到的问题，所以还需要电动机能够自如地在正反转状态间切换。

图6.21　采用三相异步感应电动机的电动汽车驱动桥

异步电动机具备变频调速的能力，其效果相当于我们所理解的装配有无级变速箱的车辆在加速时发动机转速与车速较为线性的对应关系。而上面提到的倒车问题，异步电动机也可轻易地通过自身正反转的切换给予满足。

异步电动机实现动能回收也更为容易。车辆滑行或制动时，车轮反拖电动机转动，在这个工况下，电动机可进行发电并将电能回收到电池中，以此延长车辆的续航里程。

第四节　永磁同步电动机

永磁同步电动机（Permanent Magnet Synchronous Motor，PMSM）的特点是输入交流正弦波或近似正弦波，再用连续转子位置反馈信号来控制换向。PMSM的发展得益于稀土永磁体的发现。用稀土永磁体制造的电动机的磁体体积较原来磁体体积所占空间小，并且没有损耗，不发热，与传统的电动机相比有明显优势。电动机中永磁体最基本的作用是在某一特定的空间产生恒定的磁场，并且维持此磁场不需要外部电源，因此，永磁材料对PMSM性能的影响很大。下面对永磁材料的基本知识做一些简要介绍。

一、永磁材料基础知识

金属材料按其磁导率可以分为反磁材料、顺磁材料和铁磁材料3类。永磁材料为铁磁材料的一种，特点是矫顽磁场强度大于1kA/m。

1. 永磁材料分类与特点

永磁铁氧体是常见的永磁材料的一种，它以SrO或BaO及Fe为原料，通过陶瓷工艺（预烧、破碎、制粉、压制成型、烧结和磨加工）制作而成。在永磁材料中，它是综合磁性能最低的，如果使用它制作电动机，则电动机体积相当庞大。但由于原材料丰富、平均售价及性价比（单位磁能积的成本）最低，工艺简便成熟又不存在氧化问题，因此，在很多应用领域（如汽车、摩托车直流电动机、起动电动机、小气隙性接头、分离器、吸持器等装置）仍是最理想的首选永磁材料。

常见的永磁材料还有稀土钴（如钐钴SmCo）、稀土钕、钕铁硼NdFeB、铝镍钴、稀土铁氮（如RE-Fe-N系）和稀土铁碳（如RE-Fe-C系）等。钕铁硼NdFeB系永磁体于1983年由日本住友特殊金属公司研制成功，被称为磁王，磁能积在27～5MGOe，是目前磁性最高的永磁材料。钐钴SmCo磁体的磁能积在15～30MGOe，尽管其性能优异，但含有储量稀少的稀土金属钐，故因稀缺和价格昂贵限制了其应用推广。铝镍钴材料是一种铝、镍、钴的合金，它耐高温、耐腐蚀、剩磁高，但矫顽能力低，抗去磁能低。

稀土永磁材料是现在已知的综合性能最高的一种永磁材料，它比19世纪使用的磁钢的磁性能高100倍，比铁氧体、铝镍钴性能优越得多，比昂贵的铂钴合金的磁性能还高一倍。

2. 永磁材料性能参数

永磁材料好坏的衡量参数有最大磁能积、剩余磁感应强度、矫顽力、回复磁导率和居里温度等。其中最重要的是最大磁能积（BH），磁能积越大，材料每单位体积所产生的外磁场的能量就越大。目前，钕铁硼NdFeB系永磁材料的磁能积已达到50MGOe。钕铁硼、钐钴、铝镍钴和铁氧体等的主要性能见表6.3。

表6.3　　　　　　　　　　　　　　　各永磁材料的主要性能

性能指标	钕铁硼	钐钴	铝镍钴	铁氧体
剩余磁感应强度B_r/kg	12.5	8.7	12.8	3.8
矫顽力H_c/kOe	10.5	9.0	0.6	3.0
最大磁能积BH_{max}/MGOe	36.0	18.3	5.5	3.5
回复磁导率μ_r	1.8	1.0	4.0	1.0
居里温度/℃	310	720	800	310
温度系数/（%/℃）	.0.13	.0.04	.0.03	.0.19

注：1Oe（奥斯特）=79.58A/m；1G（高新）=10^{-4}T（特斯拉）

表6.3中剩余磁感应强度、磁感矫顽力等定义如下。

（1）剩余磁感应强度。将一个磁体在外磁场的作用下充磁到技术饱和后撤去外磁场，此时磁体表现的磁感应强度称为剩磁，它表示磁体所能提供的最大磁通值。

（2）磁感矫顽力。磁体在反向充磁时，使磁感应强度降为零所需的方向磁场强度的值称为磁感矫顽力。但此时磁体的磁化强度并不为零，只是所加的反向磁场与磁体的磁化强度作用相互抵消（对外磁感应强度表现为零）。此时若撤去所加的外磁场，则磁体仍然具有一定的磁性能。

（3）磁能积。退磁曲线上任何一点的B和H的乘积称为磁能积，B×H的最大值称为最大磁能积。磁能积是衡量磁体所储存能量大小的重要参数之一。在磁体使用时对应于一定能量的磁体，要求磁体的体积尽可能小。

（4）居里温度。对于所有磁性材料来说，并不是在任何温度下都具有磁性。一般地，磁性材料具有一个临界温度T_c，在这个温度以上由于高温下原子的剧烈热运动，原子磁矩的排列由有序变为无序。在此温度以下，原子磁矩一致排列产生自发磁化，材料呈现铁磁性。温度对磁性的影响非常大，永磁体随温度的增大而失去剩磁，如果永磁体的温度超过居里温度，则其磁性为零。

二、永磁同步电动机的原理

永磁同步电动机的工作原理如图6.22所示。电动机的转子为永久磁铁，定子铁心上绕有线圈绕组。对于双绕组同步电动机定子的A、B相电流的方向改变时，定子的A、B相的磁场方向改变，因此永久磁铁就可以旋转。对于三相绕组永磁同步电动机，转子的永久磁铁NS极沿圆周方向交替排列，定子线圈绕组呈图6.22（b）所示等角度排列，当对定子绕组顺序通电时，定子可以看作是以速度n旋转的磁场。电动机运行时，通过改变定子绕组的电流方向和通电时间，可以始终保持转子磁针附近的定子磁极与转子磁针磁极相反，使转子像磁针在旋转磁场中旋转一样，随着定子的旋转磁场同步旋转。

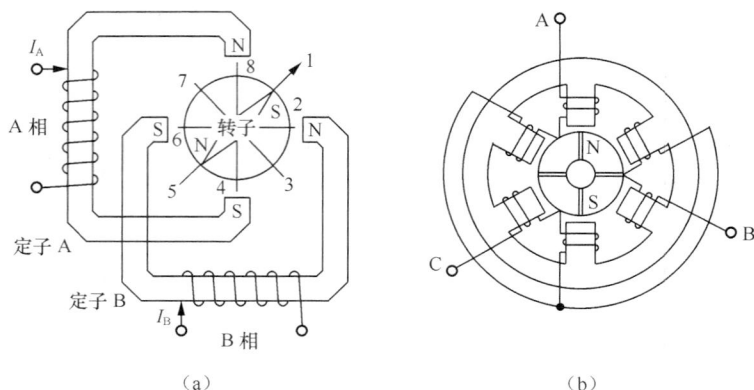

（a）　　　　　　　　　　　　（b）

图6.22　永磁同步电动机的原理

三、永磁同步电动机的结构

永磁同步电动机的主要组成如图6.23所示，由轴承、端盖、定子绕组、电动机引线、永久磁铁、绕组、转轴、机座、定子铁心、转子铁心、永磁体、信号检测器、检测器引线等组成。定子与传统同步电动机相同，转子采用径向永久磁铁做成的磁极，转子上粘有铷铁硼磁钢。转子与旋转磁场同步旋转，旋转磁场的速度取决于电源频率。与多相交流同步电动机和感应电动机类似，永磁同步电动机产生理想的恒转矩或称平稳转矩。

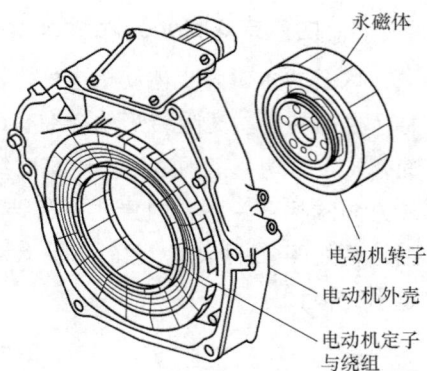

图6.23　永磁同步电动机组成

　　永磁同步电动机的定子通常称为三相对称绕组，产生的旋转磁场的角速度 ω，与电动机的磁极对数 p 成反比，与电源频率 f 成正比，即 $\omega=2\pi f/p$，工作时，旋转磁场与已充磁的磁极作用，带动转子与旋转磁场同步旋转并力图使定子转子磁场轴线对齐。当外加负载转矩以后，转子磁场轴线将落后定子磁场轴线一个 θ 功率角，负载越大，θ 角也越大，直到一个极限角度 θ_m，电动机失步停止。

四、永磁同步电动机的转子

　　转子是永磁同步电动机最为关键的部件之一。永磁体在转子上的安装位置有表面式（凸出式和插入式）和内置式，如图6.24所示。

1. 表面凸出式（Surface Mounted Permanent Motor，SMPM）

　　表面凸出式的优点有结构简单、制造成本低、转动惯量小、动态响应快、转矩脉动低等。但缺点在于弱磁调速范围小，功率密度低。1997年，本田汽车公司的PLUS电动车的驱动电动机采用了这种结构的永磁同步电动机。

2. 表面插入式（Insert Permanent Magnet，IPM）

　　表面插入式的特点是可充分利用转子磁路不对称性所产生的磁阻转矩，提高电动机的功率密度，动态性能较凸出式有所改善，制造工艺也较简单，但漏磁系数和制造成本都大。这种结构类型的永磁同步电动机为丰田汽车制造的蓄电池电动车RAV4所采用。本田汽车公司PLUS电动车的第二代驱动电动机也采用这种结构。

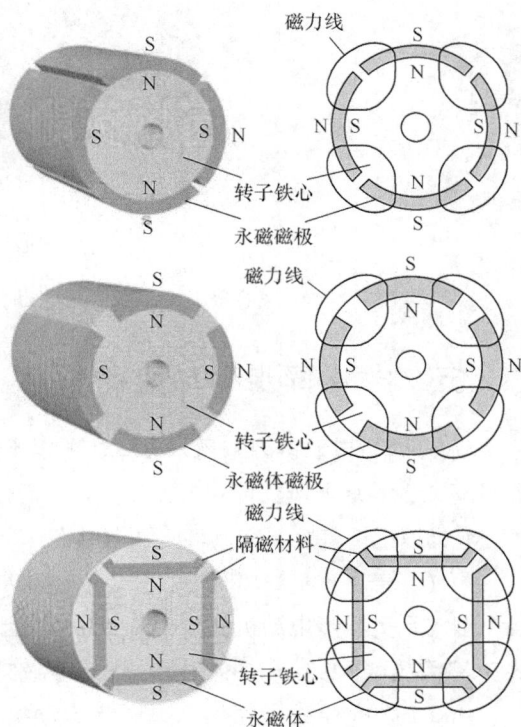

图6.24　永磁转子的类型

3. 内置式（Interior Permanent Motor，IPM）

内置式永磁同步电动机也称为混合式永磁同步电动机。该电动机在永磁转矩的基础上叠加了磁阻转矩。磁阻转矩的存在有助于提高电动机的过载能力和功率密度，而且易于弱磁调速，扩大恒功率范围运行。内置式结构的永磁体位于转子内部，按永磁体磁化方向与转子旋转方向的相互关系，内置式磁路结构又分为径向式、切向式和混合式3种。内置式永磁体磁路结构如图6.25所示。图6.26所示为大众途锐混合动力汽车采用的永磁同步电动机的转子与定子结构。

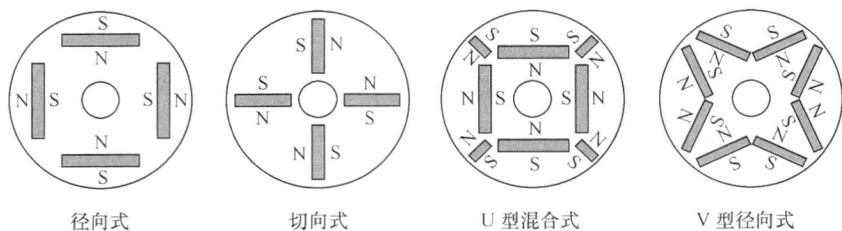

| 径向式 | 切向式 | U型混合式 | V型径向式 |

图6.25　内置式永磁体的磁路结构

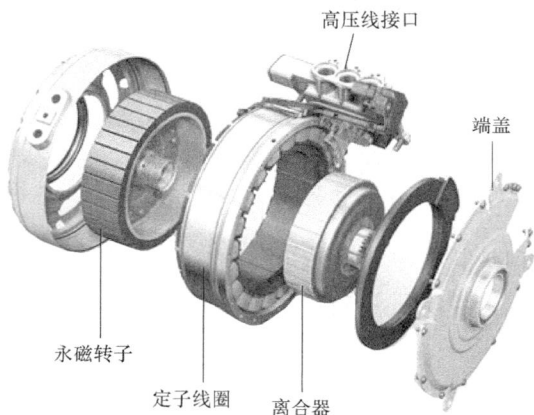

图6.26　大众途锐混合动力汽车永磁同步电动机分解结构

五、永磁同步电动机的特点

永磁同步电动机因采用永磁体，所以不用励磁，从而省去了励磁功率。永磁同步电动机同步运转时，转子既无能耗又无铁损，因而效率提高，损耗降低，无功功率很小，其功率因数可达0.95以上。其主要特点可归纳为以下几个方面。

（1）高效节能、功率因数高。永磁同步电动机与其他电动机比较，一般效率达到95%以上，比Y系列异步电动机提高10%～15%。因永磁同步电动机没有励磁功率，无功损耗很小，故功率因数可达0.95～0.99，接近于1，系统综合节电明显。

（2）效率曲线平直。永磁同步电动机效率曲线好，负载在1/4时，效率仍能达到92%以上。

（3）结构简单，便于维护。其与一般异步电动机相同，主要由定子、转子、机壳构成，无滑环、无电刷、结构简单、寿命长、维护方便。

（4）调速精度高。永磁同步电动机的转速完全与频率同步，不受电源电压和负载变化的影响，在任何情况下永磁同步电动机的转速与同步转速的误差都不大于0.25r/min，如果超过5r/min就进入失步状态。

六、永磁同步电动机冷却系统的组成

永磁同步电动机工作时需要对电动机进行空气或液体冷却。工作时定子铁心绕组浸在冷却油中，多余的冷却液进入溢出的收集器中，整个冷却液在冷却油泵的作用下循环，通过带有冷却管的机壳将工作过程的热量散出。图6.27所示为永磁同步电动机利用冷却泵形成液体循环，通过壳体上的冷却水道将电动机热量送到散热器后散到空气中。

图6.27　永磁同步电动机具有冷却水道的壳体

七、永磁同步电动机驱动

图6.28所示为日产公司的英菲尼迪混合动力汽车采用的永磁同步电动机的定子与转子的结构，图6.29所示为该电动机的驱动电路。该电动机采用三相定子绕组，需要通过三相交流电在定子绕组中产生旋转磁场，驱动永磁转子与旋转磁场做同步运转。这个任务由控制器发出的脉宽信号按照一定的规律控制功率开关元件实现。电动机控制器根据解析器和电流传感器的反馈信号，调节脉宽信号，改变定子绕组的供电频率和电流，以满足车速和转矩的需求。

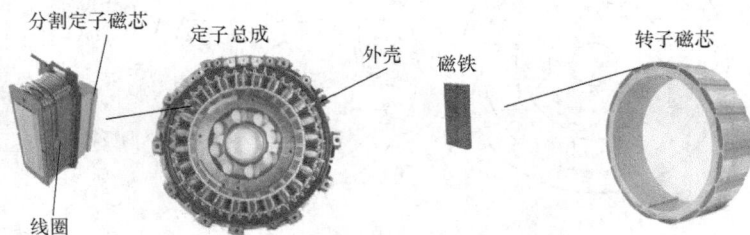

图6.28　日产英菲尼迪混合动力汽车永磁同步电动机转子、定子结构

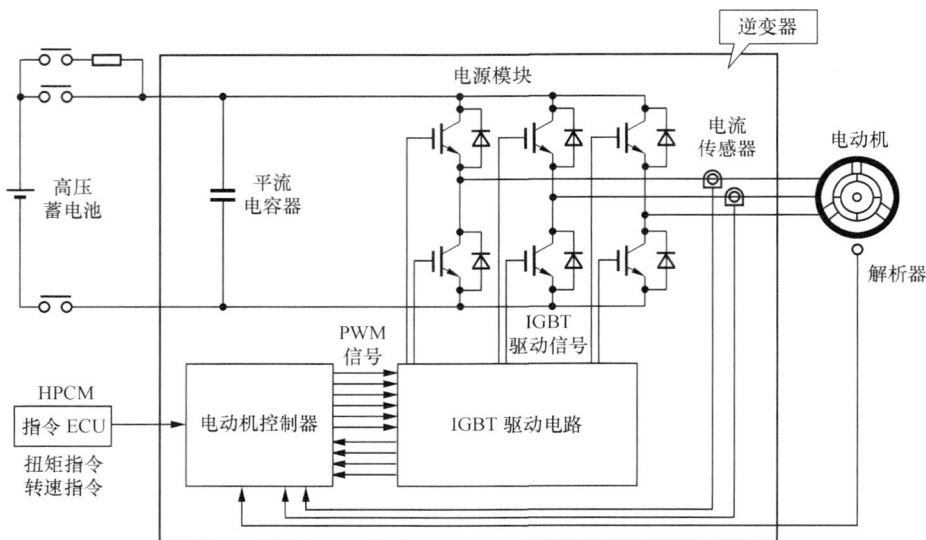

图6.29 永磁同步电动机驱动控制电路

第五节 磁阻电动机

一、概述

磁阻电动机是利用转子磁阻不均匀而产生转矩的小功率同步电动机，又称反应式同步电动机。它产生转矩不是依靠定、转子绕组电流所产生磁场的相互作用，而是依靠"磁阻最小原理"。所谓"磁阻最小原理"，即"磁通总是沿着磁导最小的路径闭合，从而产生磁拉力，进而形成磁阻性质的电磁转矩"和"磁力线具有力图缩短磁通路径以减小磁阻和增大磁导的本性"。如图6.30所示，当定子绕组均不通电时，转子可以停在任意位置，当给B相绕组通电时，则转子被吸引并停留在空气间隙最小的平衡位置上。

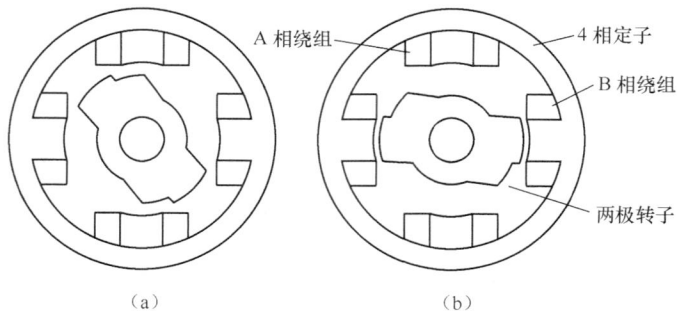

图6.30 开关磁阻电动机结构及工作原理示意图

最早的磁阻电动机由Dawidsen于1838年制造，但在其后一段漫长的时间内，它一直被认为是一种效率、功率因数、利用系数等不高的电动机，故仅应用于小功率场所。随着科学技术的进步和近几十年的研究和改进，磁阻电动机的性能不断提高，其性能在较大的功率范围内已不低于其他类型的电动机，并且在很多性能指标上超过了其他电动机。

磁阻电动机有开关磁阻电动机和永磁磁阻电动机两类。因此自20世纪80年代以后，国际上掀起了开关磁阻电动机研究热，并且持续至今，使开关磁阻电动机的应用领域不断扩大。开关磁阻电动机的应用已扩展到矿山机械、航空发动机、电梯、电动汽车、洗衣机、食品加工、火车空调、织布机等领域。

二、开关磁阻电动机

1. 开关磁阻电动机结构

开关磁阻式电动机（Switch Resistance Motor，SRM）也叫可变磁阻式电动机（Variable Reluctance Motor，VRM），其驱动控制系统组成如图6.31所示，主要由开关磁阻电动机、功率变换器、传感器和控制器4部分组成。

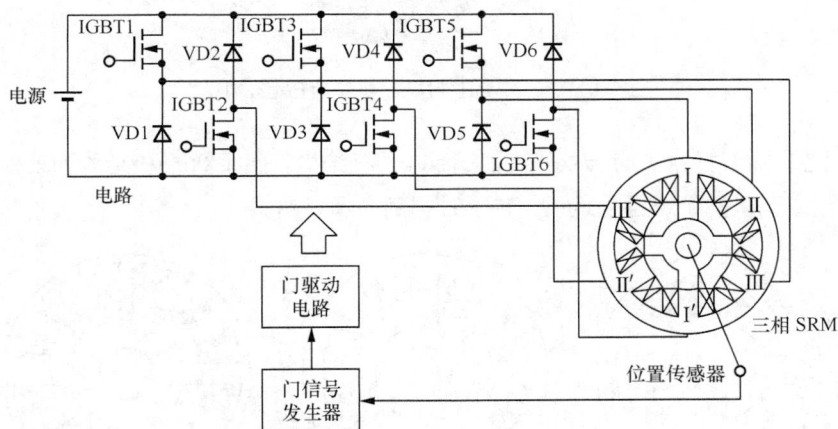

图6.31　开关磁阻电动机驱动控制系统图

（1）功率变换器。功率变换器将电源电压变换为其开关磁阻电动机所需要的电压。

（2）传感器。传感器的作用是检测转子的位置和输入电流的大小。

（3）控制器。控制器根据位置传感器检测到的定子与转子间相对位置的信息，结合给定的运行命令（正转、反转）导通相应定子相绕组的主开关元件。

（4）开关磁阻电动机的定子和转子。开关磁阻电动机的定子和转子是硅钢片叠片组成的凸极结构，因定子装置极数不同，则定子与转子有多种组合方式，最常见的是三相6/4结构和四相8/6结构，如图6.32所示三相6/4的开关磁阻电动机定子和转子结构，即定子有6个凸极，转子上有4个凸极。四相开关磁阻电动机的定子上有8个凸极，转子上有6个凸极。在定子相对称的两个凸极上的几组绕组相互串联，构成一相，而转子上没有任何绕组。因此，定子上有6个凸极的为三相开关磁阻电动机，定子上有8个凸极的为四相开关磁阻电动机，如此类推。开关磁阻电动机的不同组合结构方案见表6.4。

表6.4 开关磁阻电动机结构方案

相数	3	4	5	6	7	8	9
定子极数	6	8	10	12	14	16	18
转子极数	4	6	8	10	12	14	16
步进角	30°	15°	9°	6°	4.28°	3.21°	2.5°

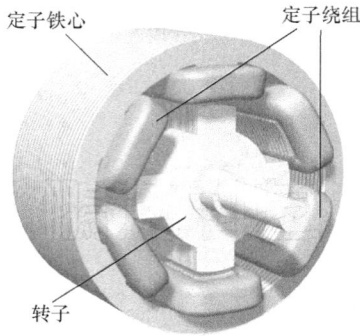

图6.32 开关磁阻电动机三相6/4结构

图6.33（a）、（b）、（c）所示分别为三相6/4凸极结构、四相8/6凸极结构和三相12/8凸极结构的开关磁阻电动机的带绕组的定子、转子结构剖面示意图。

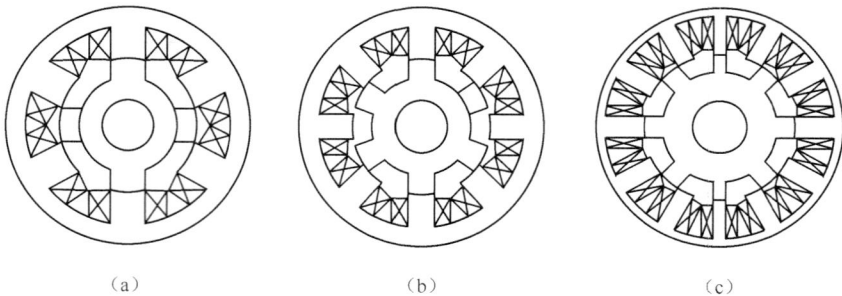

（a）　　　　　　　　　　（b）　　　　　　　　　　（c）

图6.33 开关磁阻转子和定子凸极结构剖面示意图

2. 开关磁阻电动机工作原理

以三相6/4凸极结构为例说明此类电动机的工作原理。如图6.34所示给出了三相绕组分别两通时的情况，开关磁阻电动机的工作原理遵循磁阻最小的原则。

三相6/4极开关磁阻电动机定子绕组与转子工作原理如图6.34所示，控制器根据位置传感器检测到的定子与转子间相对位置的信息，结合给定的运行命令（正转、反转）导通相应定子相绕组的主开关元件。对应绕组中就有电流流过，并产生磁场。由于磁场总是趋于"磁阻最小"，因而电磁转矩使转子转向"极对极"位置。当转子转动被吸引的转子磁极与定子激磁相相重合（平衡位置）时，电磁矩消失。此时控制器根据新的位置信息，在定子与转子即将达到平衡位置时，向功率变换器发出命令，关断当前相的主开关元件，而导通下一相，则转子又会向下一个平衡位置转动。

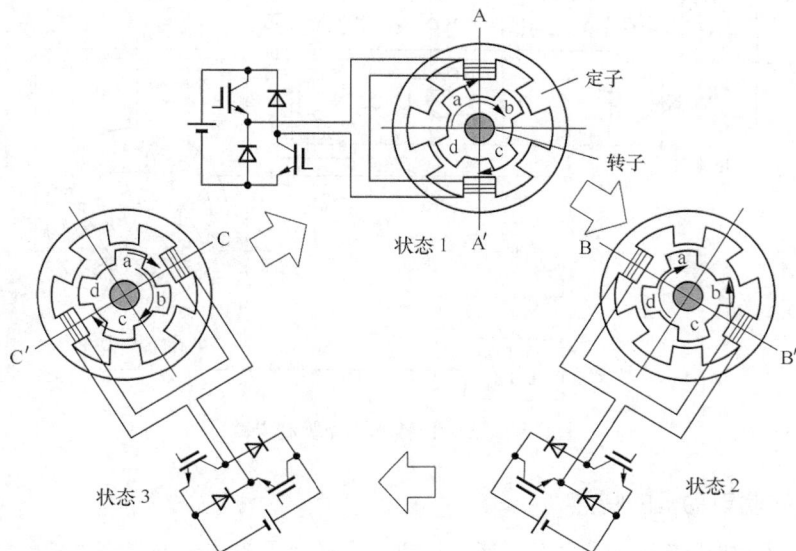

图6.34　三相6/4极定子绕组与转子工作原理图

　　当A相绕组受到激励时，为了减小磁路的磁阻，转子顺时针旋转，直到转子a极与定子的A极相对，此时磁路的磁阻最小（电感最大）。切断绕组A的激励，给绕组B施加激励，磁阻转矩使转子b极与定子B极相对。切断绕组B的激励，给绕组C施加激励，磁阻转矩使转子c极与定子C极相对。如果定子绕组按A→B→C→A的顺序导通，则转子沿顺时针方向连续旋转。反之，则沿逆时针方向旋转。

　　控制器根据相应位置信息按一定的控制逻辑连续导通和关断相应的定子绕组主开关，就可产生连续的同转向的电磁转矩，使转子在一定的转速下连续运转；再根据一定的控制策略控制各定子绕组的通、断电时刻以及绕组的电流大小，就可使系统在最佳状态下运行。

　　由以上的分析可以看出，电流的方向对转矩没有任何影响，电动机的转向与电流的方向无关，而只取决于定子绕组的通电顺序。若通电顺序改变，则电动机的转向与之也发生改变。为了保证电动机能连续可旋转，位置检查器要能及时给出定子、转子极间的相对位置，使控制器能及时和准确地控制定子各相绕组的通断，以使SRM能产生所要求的转矩和转速，达到预期的性能要求。图6.35所示为三相6/4极SRM的驱动电路，IGBT1～IGBT6为与绕组相连的可控开关元件，6个二极管为对应的续流二极管。当A相绕组的开关管导通时，电源给A相励磁，流通顺序为电源正极→上开关管IGBT1→绕组A→下开关管IGBT2→电源负极。A相绕组的电感处在电感上升区域内，转子转向极对极的位置。开关管关断时，由于绕组是一个电感，根据电工理论，电感的电流不允许突变，此时电流的续流回路（去磁阶段）流通顺序为绕组A→

上续流二极管VD1→电源→下续流二极管VD2→绕组A，存储于电感的磁场储能一部分转化为电能回馈给电源，另一部分则转化为机械能输出。当电动机相绕组按AA′、BB′、CC′的顺序导通时，转子沿顺时针连续旋转。

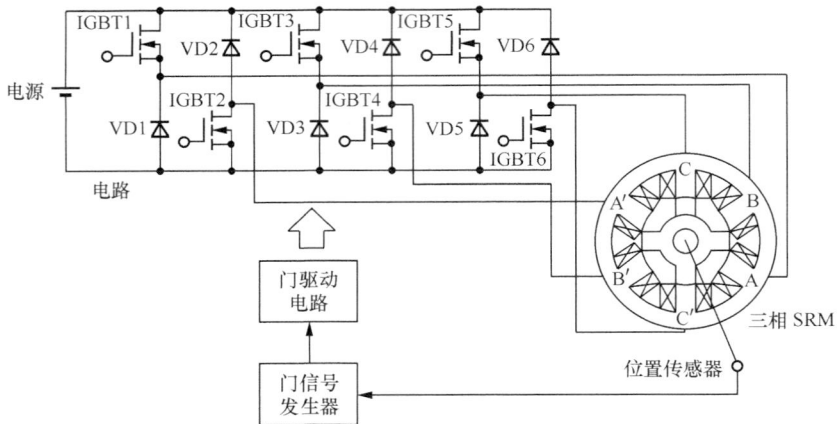

图6.35　三相6/4极SRM驱动电路

3. 开关磁阻电动机的特点

（1）电动机结构简单、成本低、适用于高速。转子上没有任何类型绕组，转子机械强度极高，可以用于超高速运转。

（2）功率电路简单可靠。它只需单方向绕组电流，故功率电路可以做到每相一个功率开关，既降低了成本又具有高的工作可靠性。

（3）各相独立工作，可靠性高。当一相绕组或控制器一相电路发生故障时，只需停止该相工作，电动机除总功率能力有所下降外，并无其他妨碍。

（4）起动电流小转矩大。试验表明，起动电流为15%、30%额定电流时获得的起动转矩可达额定转矩的100%、150%；起动电流小转矩大的优点可以延伸到低速运行段，很适合电动车辆等需要重载起动和较长时间低速重载运行的机械。

（5）适用于频繁起动、停止和正、反向转换运行。

（6）可控参数多、调速性能好。控制开关磁阻电动机的主要运行参数有相开通角、相关断角、相电流幅值、相绕组电压等。

（7）损耗小、效率高。转子不存在绕组铜损，加上可控参数多，灵活方便，故易于在宽转速范围和不同负载下实现高效优化控制。

（8）易于回收利用。定子和转子使用的是硅钢片，回收利用容易。

（9）高温运转特性好。运转时转子不发热，冷却控制比较容易，可在高温下运行。

（10）转矩有脉动现象。磁场是跳跃性旋转的，输出的转速与转矩产生脉动现象。

（11）震动与噪声。转速与转矩有脉动，加上单边磁拉力的作用，使其产生的震动与噪声比其他类型的电动机要大。

（12）控制系统复杂。其控制系统复杂，必须安装位置检查器和电流检查器等总成，引线比其他电动机要多，使得控制和接线更为复杂。

（13）脉动电流的影响。相电流是脉冲电流，功率变换器的直流电流一侧的电流波动也较大，在直流母线上需要一个很大的滤波器。

三、永磁磁阻电动机

永磁磁阻电动机（Permanent Magnet Reluctance Motor，PRM）是一种同步电动机，也属于磁阻电动机的一种，其特征是转子采用永磁—磁阻混合方式，即将永磁的磁钢固定在转子铁心中的反应槽与磁障槽之间，如图6.36所示，其磁钢的磁力线方向与转子半径方向垂直，在磁钢旁均设有磁障槽，将永磁体磁通与电枢反应磁通隔开。这种电动机的总力矩为永磁力矩与磁阻力矩之和，起动性能好。永磁磁阻电动机转子总成如图6.37所示。

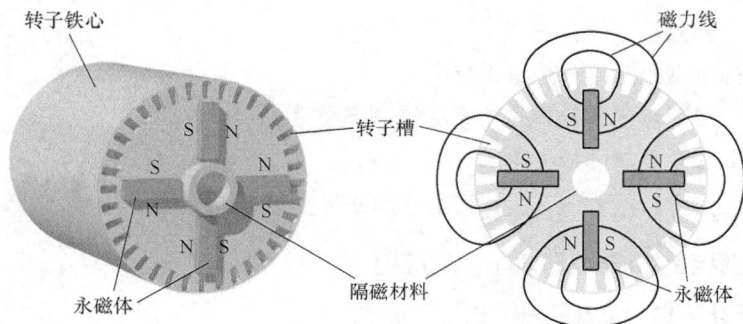

图6.36　转子铁心与永磁体位置关系

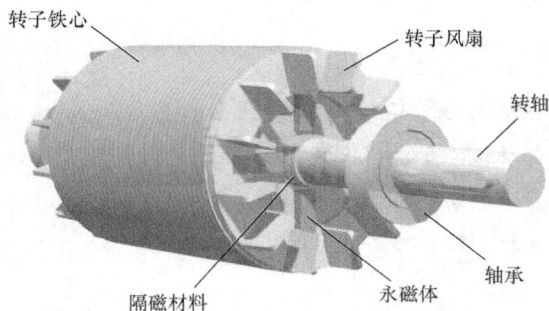

图6.37　永磁磁阻电动机转子总成图

1. 永磁磁阻电动机构造

永磁磁阻电动机的基本构造如图6.38所示，主要由定子铁心、转子铁心、转子、永久磁铁、定子绕组等组成。可见PRM实质是由永磁电动机和磁阻电动机复合而成的。为了产生大的磁阻转矩，把永久磁铁放入转子铁心的V型槽中。为了减小离心力的作用引起的应力集中，在设计转子铁心时通常设计有桥形和凸起的部分，以提高转子铁心的机械强度，提高可靠性。

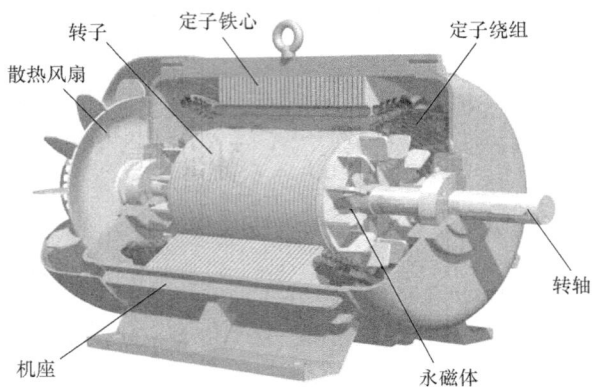

图6.38　永磁磁阻电动机的构造

2. 永磁磁阻电动机特点

（1）小型、高效率。

（2）在低速区域短时间产生最大转矩。

（3）在中、高速可使用的最高功率的转速范围宽。

（4）无负荷和小负荷的损失小。

（5）制造工序少、成本低、工作可靠、维修量少。

3. 永磁磁阻电动机在电动汽车中的应用

电动汽车用永磁磁阻电动机有两种主要形式。

（1）高功率乘用车，应选用适合高速的圆筒型。

（2）大转矩的载重车，应选用适合低速的圆盘型。

【思考题】

1. 新能源汽车常用驱动电动机有几种？特点是什么？

2. 电动汽车对驱动电动机的要求是什么？

3. 如何定义同步与异步电动机？

4. 简述交流异步电动机工作原理。

第七章
新能源汽车能量管理系统

【学习目标】

1. 掌握新能源汽车能量管理概念、管理系统组成以及电池管理系统的功能。

2. 理解新能源汽车管理系统控制思想。

3. 了解新能源汽车管理系统所用电子电器元件的类型和功用。

第一节 新能源汽车能量管理系统概述

电动汽车能源管理系统的功用是在满足汽车基本技术性能（如动力性、驾驶平稳性等）和成本等要求的前提下，根据各部件的特性及汽车的运行工况，实现能量在能源转换装置（如发动机、电动机、储能装置、功率变换模块、动力传递装置、发电机和燃料电池等）之间按最佳路线流动，使整车的能源利用效率达到最高。

新能源汽车管理系统可分为三级模块体系。以混合动力汽车为例，如图7.1所示，一级模块主要是指执行系统，包括充电设备、电动附件、储能系统、发动机、发电机、离合器、驱动电动机和齿轮箱。二级模块分为执行系统和控制系统两部分，执行部分包括充电设备的地面充电机、集电器和车载充电机；储能系统包括化学单体电池及电池组，物理电池；发动机部分的气体燃料机、汽油机和柴油机；电动机包括永磁同步和交流异步发电机、永磁同步和交流异步驱动电动机；离合器中的干式和湿式，齿轮箱部分的有级式或无级式自动变速器、行星排和减速齿轮。二级模块的控制系统包括电池管理系统（BMS）、发动机电子控制单元（ECU）、发电机控制器（GCU）、离合器控制单元（CCU）、电动机控制器（MCU）、变速器控制系统（AMT）和整车控制器（VCU）。三级模块体系中，包括电池单体的功率型和能量型，永磁和异步电动机的水冷和风冷形式，控制系统的三级模块主要包括硬件、底层和应用层软件。

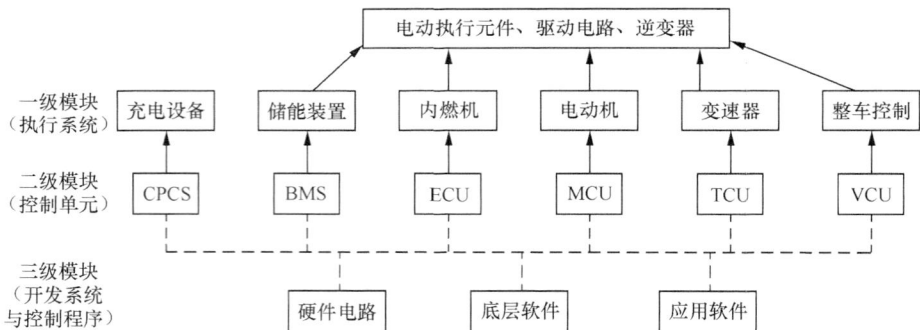

图7.1 混合动力汽车三级模块构成示意图

在三级模块体系和平台架构中，整车控制器（VCU）、电动机控制器（MCU）和电池管理系统（BMS）是最重要的核心技术，对整车的动力性、经济性、可靠性和安全性等有着重要影响。

（1）整车控制决策的核心电子控制单元（VCU）。一般仅新能源汽车配备该装置，传统燃油车无需配备。VCU通过采集油门踏板、挡位、刹车踏板等信号来判断驾驶员的驾驶意图；通过监测车辆状态（车速、温度等）信息，由VCU判断处理后，向动力系统、动力电池系统发送车辆的运行状态控制指令，同时控制车载辅助电力系统的工作模式；VCU具有整车系统故障诊断保护与存储功能。

图7.2所示为整车控制单元的结构组成，主要包括外壳、硬件电路、底层软件和应用层软件，其中，硬件电路、底层软件和应用层软件是VCU的关键核心技术。

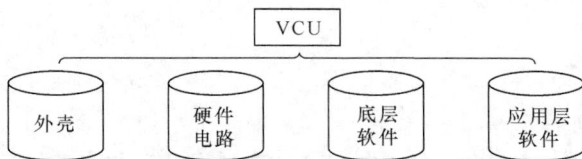

图7.2　整车控制器结构示意图

（2）MCU是新能源汽车特有的核心功率电子单元。通过接收VCU的车辆行驶控制指令，控制电动机输出指定的扭矩和转速，驱动车辆行驶。它实现把动力电池的直流电能转换为所需的高压交流电，并驱动电动机本体输出机械能。同时，MCU具有电动机系统故障诊断保护和存储功能。

MCU由外壳及冷却系统、功率电子单元、控制电路、底层软件和控制算法软件组成，具体结构如图7.3所示。

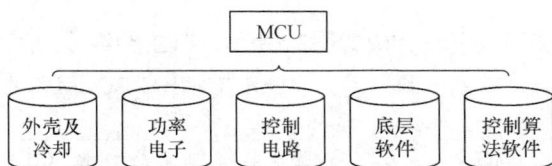

图7.3　电动机控制器结构示意图

（3）电池管理的主要目的。其主要目的是能够对电动汽车动力电池的工作状态进行实时监控，可以最大限度地使用电池能量，提高单位体积电池组的能量比；在提高蓄电池续驶里程的前提下，增加电池的使用时间。电池包是新能源汽车的核心能量源，为整车提供驱动电能，主要通过金属材质的壳体包络构成电池包主体。模块化的结构设计实现了电芯的集成，通过热管理设计与仿真优化电池包热管理性能，电器部件及线束实现了控制系统对电池的安全保护及连接路径；通过BMS实现对电芯的管理，以及与整车的通信及信息交换。电池包组成如图7.4所示，包括电芯、模块、热管理系统、电气系统、箱体和BMS。其中，BMS能够提高电池的利用率，防止电池出现过充电和过放电，延长电池的使用寿命，监控电池的状态。

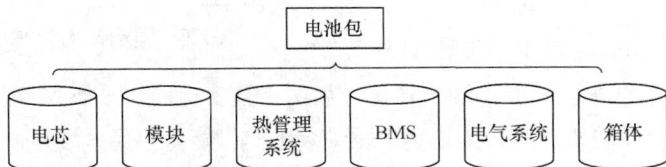

图7.4　电池包的组成示意图

不同种类的电动汽车其能源转换系统构成不同，因而其能源管理的软、硬件系统装置构成就不同。为了使新能源汽车具有良好的机械性能、电驱动性能及合理的能量分配等，新能源汽车的能源管理系统必须对能量系统的工作进行有效监测和控制，使新能源汽车的能量进行最佳流动，以实现最大限度地利用能量，提高汽车的经济性能。因此，可以说能源管理系统是新能源汽车整车设计的一个重要环节。

第二节 电力电子元件与功率变换装置

新能源汽车一般都具有电力驱动系统，并且在该系统上有不少电力电子器件。因此，了解电力电子技术的基本知识与原理，对掌握新能源汽车驱动系统的驱动和控制原理、使用性能和维护保养技术是不可或缺的。

一、电动汽车的电力驱动系统

混合动力汽车的电力驱动系统构成如图7.5所示，其主要组成为发电机/电动机、逆变器、升压型DC/DC、动力电源、辅助电源、动力电源ECU和HV ECU等。由于各个元件作用不同，故各自需要的功率等级、电压高低、电流大小、安全可靠性、电磁兼容性的指标不同，并且对电源的种类有要求直流的，也有要求交流的。电动汽车电子设备的这些要求主要通过功率变换器——交直流变换器AC/DC、直流交流变换器（逆变器）DC/AC等完成，这些功率变换器通常由一系列的电力电子器件组成，因此，新能源汽车也成为电力电子器件的重要应用领域之一。由于HEV汽车无传统燃油汽车的14V发电机，因此传统汽车的用电器、发动机和动力电池等的电控模块不能直接使用动力电源的高压直流电，必须经过DC/DC变化为14V之后方可使用。

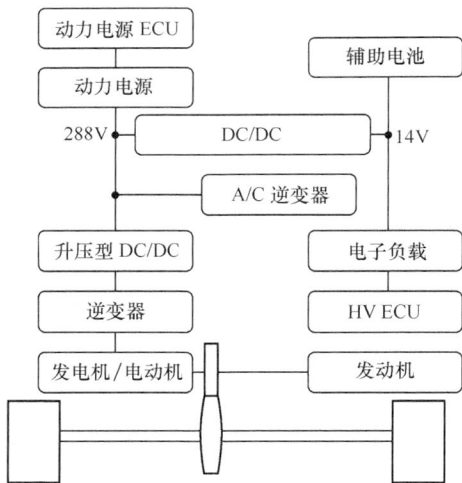

图7.5 混合动力汽车电力驱动系统构成

图7.6所示为丰田公司PRIUS混合动力汽车的电力驱动系统组成示意图。该混合动力汽车采用两种直流电源，一种是高压动力200V直流电源，该电源用于储存发电机电能，为车辆电驱动装置提供能量。另一种是低压电源，主要为随车负载提供电能。PRIUS混合动力汽车电驱动和发电系统均采用500V交流电，在对电动机供电时要将200V直流电升压到500V交流电，才能用于驱动电动机，这个任务由逆变器（DC/AC）完成。发电机对蓄电池充电时，要将发电机产生的500V交流电转换为200V直流电，这个任务

由整流降压转换器（AC/DC）完成。而直流电压200V降为车用12V或42V直流电源的功能，则由直流转换器（DC/DC）完成。

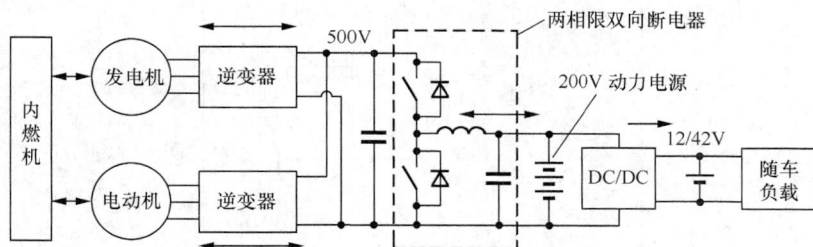

图7.6　丰田PRIUS混合动力汽车电力驱动系统组成示意图

二、电力电子器件的基本概念

电力电子技术是应用于电力领域的电子技术，也就是使用电力电子器件对电能进行变换和控制的技术，其转换的功率在1W～1GW。电能变换和控制过程中使用的电子元件被为电力电子器件，其主要特点是处理电功率的能力远大于处理信息的电子器件。从前面介绍的电动汽车动力系统的电路组成图可以看出，电力电子元件在电动汽车和混合动力汽车上应用广泛。由于电力电子器件处理的电功率大，因此，为了减小本身的损耗、提高效率，一般都工作在开关状态。电力电子器件在实践应用中往往由信息电子电路（为处理器或计算机）来控制，控制信息执行则由电力电子器件构成的驱动电路来完成。电力电子器件尽管工作在开关状态，但自身的功率损耗通常远大于信息电子器件，为了保证不至于因损耗散发的热量导致器件温度过高而损坏，故不仅在器件封装上考虑散热设计，而且在其工作时一般还需要设计安装散热器。

按照电力电子器件能够被控制电路信号所控制的程度，分为不控器件（电力二极管）、半控器件（晶闸管）和全控器件（门极可关断晶体管、绝缘栅双极晶体管、电力场效应晶体管）三类。常见的电力电子器件的等效电路及特点见表7.1，这些电力电子器件是电动汽车电力驱动系统常见元件的一部分。

表7.1　　　　　　　　　　**常见的电力电子器件的等效电路及特点**

名称及英文缩写	用电气图形及等效电路	主要特点
电力二极管D		不能用控制信号控制其通断，不需要驱动电路，只有两个端子
晶闸管（SCR）		半可控型器件，通过控制信号可控制其导通而不能控制其关断

续表

名称及英文缩写	用电气图形及等效电路	主要特点
门极可关断晶闸管（GTO）		全控型器件，很高的正反向阻断电压的能力和电流导通能力，较短的导通和关断时间，较小的控制功率
电力（大功率）晶体管（GTR）		全控型器件，与普通双极结型晶体管基本原理相同，主要特性是耐压高、电流大、开关特性好
电力场效应管（MOSFET）		开关时间短，导通电阻大。目前的容量水平为50A/500V，频率为100kHz
绝缘双极晶体管（IGBT）		全控型器件，通过控制信号即可控制其导通与关断；GTR和MOSFET复合，结合二者的优点，具有良好的特性；目前的容量水平为（1 200～1 600）A/（1 800～3 330）V，频率为40kHz

三、直流变换器DC/DC的功用

在电动汽车的电子系统或设备中，系统中的直流总线不可能满足性能各异、种类繁多的元器件对直流电源的电压等级、稳定性的高要求，因而必须采用各种DC/DC变换器来满足电子系统的各种要求。DC/DC变换器的直流输入电源可来自系统中的电池，也可来自直流总线。车载动力电池和辅助电源（通常有24V、12V）工作时，其电源稳定性能差、且会有较高的噪声。例如，一个12V的汽车电池在充电时其电源可高达15V以上，起动电动机时电压可低至6V。要使汽车电子设备正常工作，必须使用一个DC/DC变换器，将宽范围变化的直流电压变换为稳定性能良好的直流电压。

电动汽车的DC/DC变换器的主要功能是给车灯、ECU、小型电器等汽车附属设备提供电力和向辅助电源充电，其作用与传统汽车交流发电机相似。传统汽车依靠发动机带动交流发电机供电给附属电气设备和辅助电源。由于纯电动汽车或燃料电池汽车无发动机，混合动力汽车的发动机是间断地工作，并且带有"自动怠速停止与起动"装备，因此电动车无法使用交流发电机提供电源，必须依靠动力电池箱附属用电设备及其电源供电，DC/DC设备成为必备设备。

DC/DC变换器有升压变换器与降压变换器之分，根据电压调制方式又有脉宽调制和频率调制的区别。

1. PWM和PFM

DC/DC变换器也称为斩波器，通过对电力电子器件的通断控制，将直流电压断续地加到负载上，通过改变占空比改变输出电压的平均值。其基本原理如图7.7（a）所示，U_d为直流电源的电压，R为电路电阻，开关管K断开时，输出电压等于0；开关管K导通时，输出电压等于U_d，K导通和断开时输出端电压随时间的变化如图7.7（b）所示，输出电压的平均值为U_o。

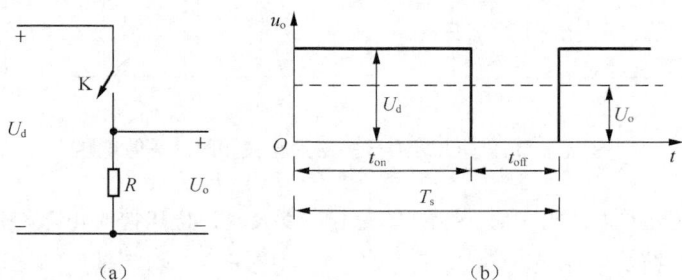

图7.7　基本的DC/DC变换器及其输出波形

由此可见，保持周期T不变，改变开关管导通时间即可改变U_o，此种方法通常称为脉宽调制（PWM）法；若保持开关管导通时间t_{on}不变，改变开关周期T，同样可以改变U_o，此种方法通常称为脉冲频率调制（PFM）法。PWM和PFM方法是DC/DC最常用的两种方法。

2. 降压型转换器

降压型转换器（DC/DC）的原理如图7.8所示，降压型转换器在开关K导通时就会有电流流过电感L，使能量储存在电感上，并为负载供电。而当开关K断开时电感上的能量要释放，电感的左端被强制降到0V以下，使二极管正偏导通，电感能量经负载、二极管构成的回路释放并减小，输出电压随之下降。降压型DC/DC输出电压的高低与开关K的工作周期大小，以及每个周期中开关导通时间t_{on}和断开时间t_{off}的长短有关。开关导通和断开时间的电感元件上的电压U_L和电流I_L变换如图7.9所示，负载R_L上的平均电流为I_0，电压为I_oR_L，低于输入电压U_d。

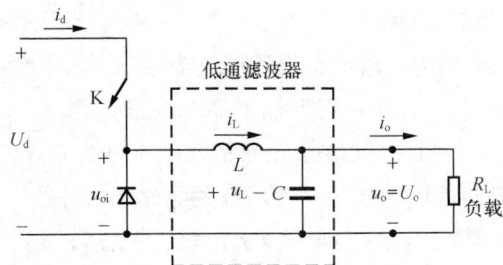

图7.8　降压型DC/DC转换器电路原理图

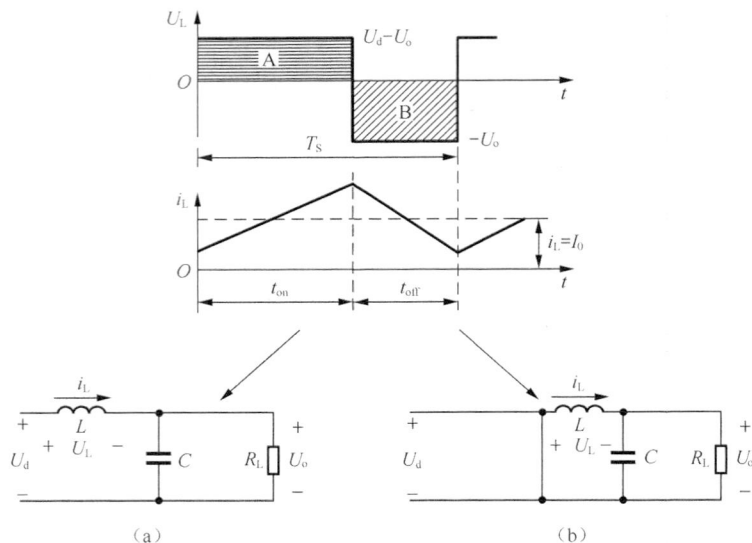

图7.9 降压型DC/DC开关导通与关闭时的等效电路

实际降压型DC/DC中通常用MOSFET等替代开关K，并且用控制电路控制MOSFET的导通与关断，其电路组成如图7.10所示。为了达到所需的电压值，通常采用回馈电路把输出电压反馈到控制电路，并和参考电压比较，以决定MOSFET的工作周期大小与开管导通和关断时间的长短，得到稳定的输出直流电。

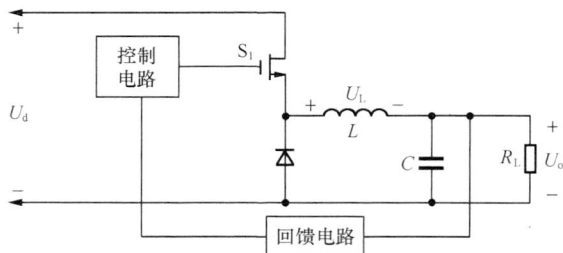

图7.10 降压型DC/DC转换电路简图

3. 升压型转换器

升压型转换器与降压型转换器所使用的组件类型相同，升压型DC/DC的原理如图7.11所示，升压型转换器在开关K导通时，就会有电流流过电感L，使能量储存在电感上，当开关K断开时，由于楞次效应，电感电压反向，而且加上输入电压U_d通过二极管VD构成回路，使输出电压U_o大于输入电压U_d。升压型DC/DC输出电压的高低与开关K的工作周期大小，以及每个周期中开关导通时间t_{on}和断开时间t_{off}的长短有关。开关导通和断开的电感元件上的电压U_L和电流I_L的变换如图7.12所示，负载R_L上的平均电流为I_0，电压为I_0R_L，高于输入电压U_d。图7.13所示为带反馈控制的升压型DC/DC转换电路。

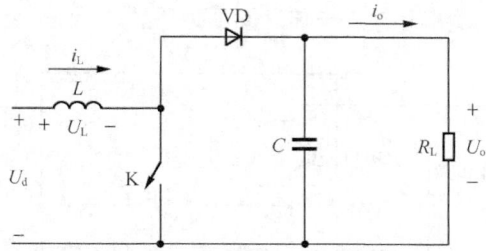

图7.11　升压型DC/DC电路原理图

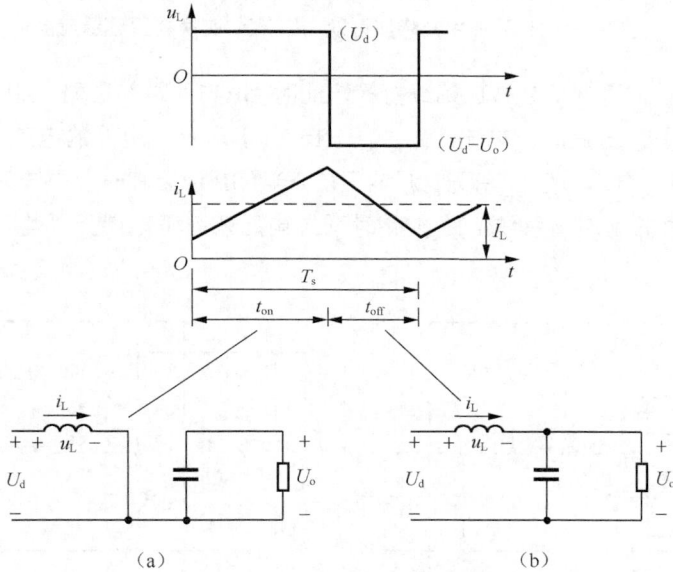

图7.12　升压型DC/DC开关导通与断开的等效电路

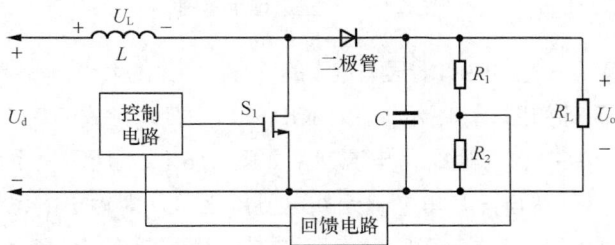

图7.13　升压型DC/DC转换电路图

4. 升降压型双向DC/DC变换器

图7.14所示为丰田汽车公司开发的THS—II混合动力系统使用的升降压变换器原理示意图，其主要组成为用于降压的开关型IGBT1，用于升压的开关型IGBT2，续流二极管VD1和VD2、感性滤波元件和容性滤波元件。该变换器也被称为两象限双向断路器，两端分别与动力电池和其他设备连接。升降压型双向DC/DC变换器的原理是通过控制周期性地流过感应器电流

的时间，来实现想要得到的输出和输入电流之间的关系。

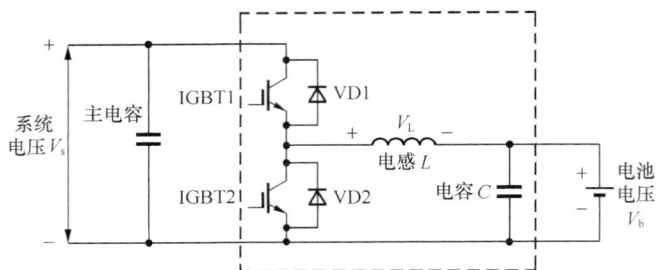

图7.14 THS—II用升降压型双向DC/DC变换器原理示意图

升压原理如图7.15所示，IGBT1始终打开，此时IGBT1可以被忽略，相当于只有一个续流二极管VD1。当IGBT2导通时，电流回路如图7.15（a）所示，电池的电流流向电感元件，对电感元件充电储能，电感电压V_L等于电源电压V_b；当IGBT2断开时，电流回路如图7.15（b）所示，电感元件的电流流向系统回路，此时系统电压V_s等于电感元件电压V_L与电源电压V_b之和。

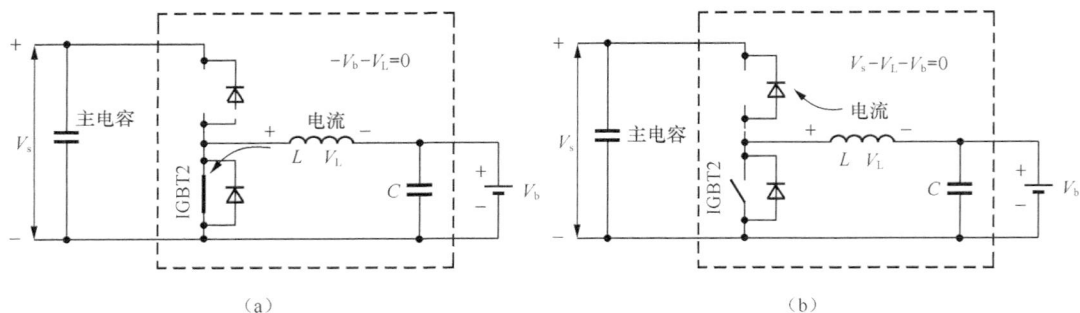

（a）   （b）

图7.15 升压原理示意图

其升压比的大小取决于控制IGBT导通与截止的信号占空比的大小，占空比越大升压比越大。

降压回路工作时原理如图7.16所示，由于IGBT2始终打开，故IGBT2可以被忽略，看作一个续流二极管即可。当IGBT1导通时，电流回路如图7.16（a）所示，系统的电流流向电感元件回路，电源电压V_b为系统电压V_s与电感元件电压V_L之差，即输出的系统电压V_s被降低；当IGBT1被断开时，电流回路如图7.16（b）所示，电感元件的感应电流经续流二极管VD2构成回路，则电源电压V_d等于电感元件的电压V_L。

其降压比的大小取决于控制IGBT1导通与截止的信号占空比大小，占空比越小其降压比越大。

5．DC/DC变换器的实际电路组成举例

DC/DC变换器由功率回路和控制回路组成，实际DC/DC电路构成如图7.17所示，功率变换电路以控制电路的驱动信号为基础，打开、关闭晶闸管的输入直流电，并将其变换为交流电压

供给变压器。在变压器中变压后的交流电压经整流二极管整流，整流后的断续直流电压经平滑回路平滑后对辅助电池充电。控制回路除了完成以上功能外，还具有输出限流、输入过压保护、过热保护和报警等功能。

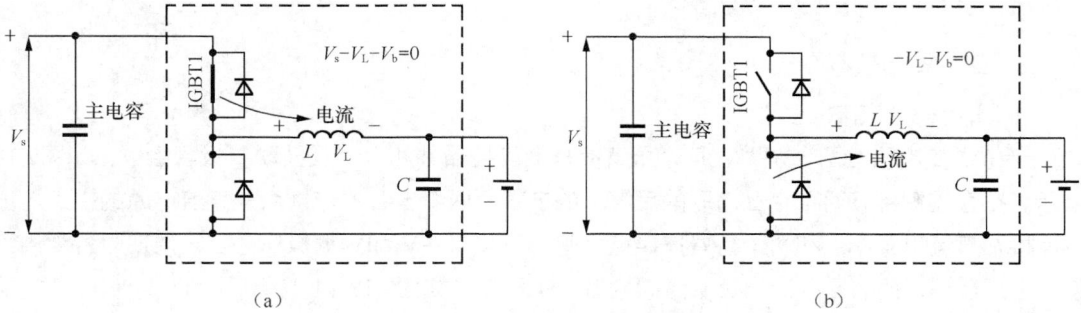

图7.16　降压时的原理示意图

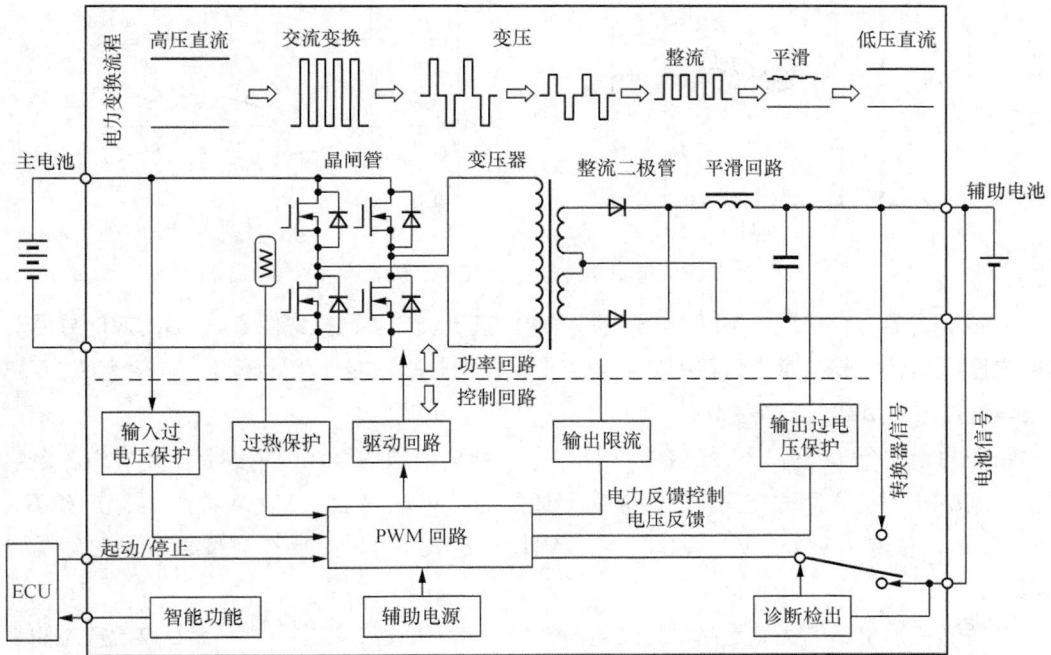

图7.17　DC/DC变换器的构成示意图

四、DC/AC变换器

1. DC/AC变换器的功用

通常使用的普通电源是由220V交流电整流而成的直流电，而DC/AC功率变换器的作用与此相反，因此又被称为逆变器。它是一种将直流电转变为交流电的电力电子元件（Power Inverter或Inverter）。电动汽车上使用的DC/AC变换器的主要作用是将HV的直流电转变为电动机/发电机用交流电。近年来出现的车载AC电源也是一种逆变器，其特点是能够将直流电（12V或24V）转换为交流电（220V）供一般电器使用，是一种方便的电源转换器。

电动车的DC/AC功用是将蓄电池的直流电变换为交流电，提供给驱动电动机和单相交流用电器使用。

2. DC/AC的基本原理

（1）半桥逆变电路。

半桥逆变电路有两个桥臂，每个桥臂有一个可控器件和一个反并联二极管组成，如图7.18所示。在直流侧接有两个相互串联的足够大的电容，两个电容的连接点是直流电源的中点。负载连接在直流电源中点和两个桥臂连接点之间。开关器件V_1和V_2栅极信号在一周期内各半周正偏、半周反偏，两者互补。当负载为感性时，工作波形如图7.18（b）所示。

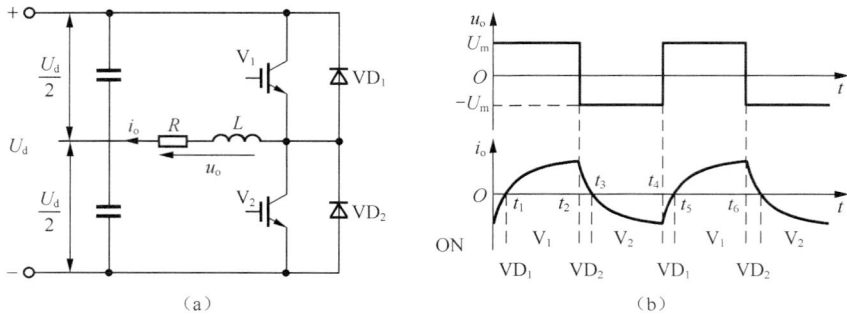

图7.18　单向半桥电压型DC/AC原理示意图

V_1或V_2导通时，负载电流i_o和电压u_o同方向，直流侧向负载提供能量。VD_1或VD_2导通时电流或电压反向，负载电感中储藏的能量向直流侧反馈，输出电压为矩形波，幅值为$U_m=U_d/2$，输出电流波形随负载情况而变化。

t_2时刻以前V_1通V_2断，t_2时刻给V_1关断信号，给V_2导通信号，则V_1关断，V_2导通。但感性元件负载L中i_0不能立即改变方向，于是V_2导通续流。VD_1、VD_2、V_1、V_2的导通顺序如图7.18（b）所示，依次为VD_1、V_1、VD_2、V_2、VD_1，工作过程如此反复交替导通，即可得到交流电。

半桥逆变器电路的优点是简单，使用器件少；其不足是交流电压幅值为$U_d/2$，直流侧需要两电容器串联，要控制两者电压均衡，仅适用于几千瓦的小功率逆变器。

（2）全桥逆变电路。

全桥逆变电路如图7.19所示，是单向逆变电路中应用最多的。电压型全桥逆变电路可看成由两个半桥电路组合而成，共4个桥臂，桥臂1和4为一对，桥臂2和3为另一对，成对桥臂同时导通，两对交替各导通180°；VD_1、V_1、VD_2、V_2相互导通的区间，分别对应VD_1和VD_4、V_1和V_4、VD_2和VD_3、V_2和V_3相继导通的区间。电压型全桥逆变电路输出电压U_0的波形是矩形波，其幅值与电流电源的电压相等，即$U_m=U_d$；输出电流波形如图7.19（b）所示，与半桥逆变电路的波形相同但幅值增加一倍。

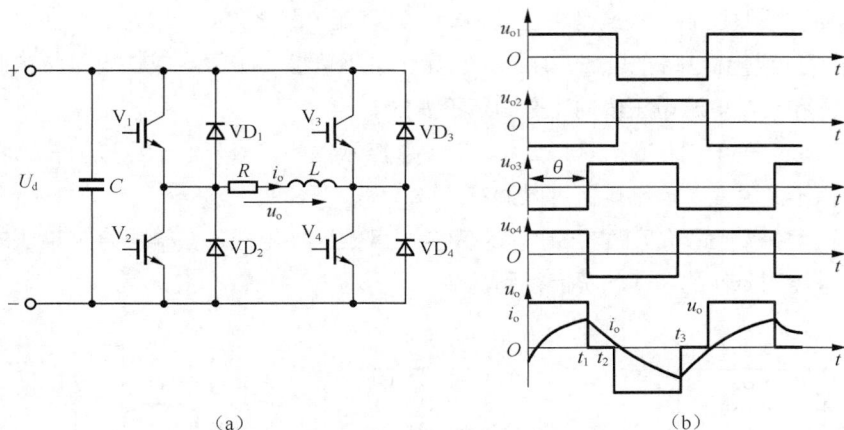

图7.19　电压型全桥逆变电路原理

（3）三相电压型逆变器。

三个单个逆变电路可组成一个三相逆变电路。图7.20所示为采用IGBT作为开关器件的电压三相桥式逆变电路，它可以看成由3个半桥逆变电路组合而成。

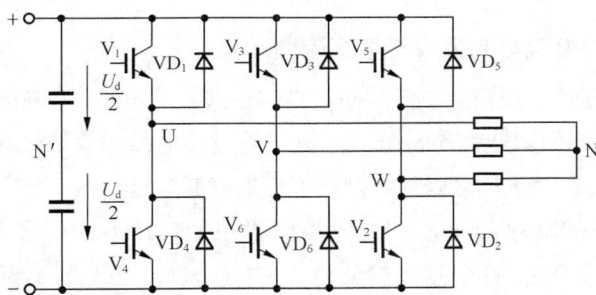

图7.20　三相电压型桥式逆变电路

电压型三相桥式逆变电路也是180°导电方式，每桥臂导电角度180°，同一相上下两臂交替导电，各相开始导电的角度依次相差120°。在任一瞬间将有三个桥臂同时导通，每次换流都是在同一相上下臂之间进行，也称为纵向换流。

五、AC/DC电源变换装置

1. AC/DC功率变换器的功用与种类

AC/DC是出现最早的电力电子电路，它将交流电变为直流电，又称为整流器。AC/DC功率变换器的功用是将交流电转换为直流电，电动汽车中AC/DC的功用主要是将交流发电机的交流电转换为直流电，供给用电器或电能储能设备储存。

在所有的电能基本功能转换形式中，AC/DC出现最早，从20世纪20年代迄今，所有出现过的整流形式均被半导体开关形式的整流器所取代。按照电路中变流器件开关频率的高低，所有半导体变流电路可分为低频和高频两大类。按照组成的部件可分为不可控、半控和全控3种

AC/DC变换器。按照控制方式又有相控式和斩控式整流电路之分。

（1）不可控整流电路（见图7.21）。它完全由不可控二极管组成，电路结构确定之后其直流整流电压和交流电源电压值的比是固定不变的。

（2）半可控整流电路（见图7.22）。它由可控元件和二极管混合组成，在这种电路中，负载电源极性不能改变，但平均值可以调节。

（3）全控整流电路（见图7.23）。它完全由可控元件组成，其输出直流电压的平均值及极性可以通过控制元件的导通状况而得到调节。

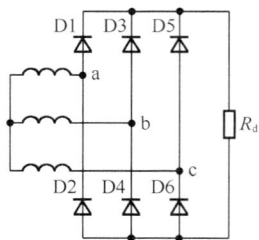

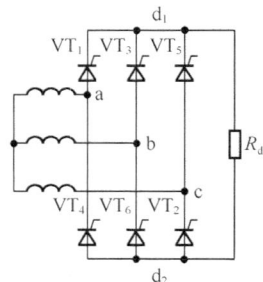

图7.21　不可控整流电路　　　图7.22　半控整流电路　　　图7.23　全控整流电路

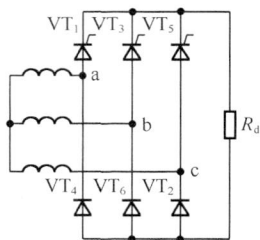

2. 三相桥式全控整流器的组成与工作原理

三相桥式全控式整流是应用最广泛的整流电路形式，其电路原理如图7.23所示。三相交流电u、v、w分别连接到晶闸管连线的a、b、c中，三相电压经晶闸管后进入负载，由于晶闸管的导通时间与顺序得到控制，因而可以得到接近不变的直流电压。

晶闸管按从1至6的顺序导通，为此将晶闸管按图7.23所示的顺序编号，即共阴极组中与a、b、c三相电源相接的3个晶闸管分别为VT_1、VT_3、VT_5，共阳极组中与a、b、c三相电源相接的3个晶闸管分别为VT_4、VT_6、VT_2。编号如表7.2所示，晶闸管的导通顺序为$VT_1 \rightarrow VT_2 \rightarrow VT_3 \rightarrow VT_4 \rightarrow VT_5 \rightarrow VT_6$。

晶闸管输出整流电压u_a的情况如表7.2所示。每时刻导通的两个晶闸管分别对应阳极所接交流电压值最高的一个和阴极所接的交流电压值最低的一个。

表7.2　　　　　三相桥式全控整流电路电阻负载$\alpha=0°$时的晶闸管工作情况

时段	I	II	III	IV	V	VI
共阴极组中导通的晶闸管	VT_1	VT_1	VT_3	VT_3	VT_5	VT_5
共阳极组中导通的晶闸管	VT_6	VT_2	VT_2	VT_4	VT_4	VT_6
整流输出电压u_d	$u_a-u_b=u_{ab}$	$u_a-u_c=u_{ac}$	$u_b-u_c=u_{bc}$	$u_b-u_a=u_{ba}$	$u_c-u_a=u_{ca}$	$u_c-u_b=u_{cb}$

a、b、c的电压波形与负载的输出电压U_d如图7.24所示。任意时刻共阴极组晶闸管和共阳极组晶闸管中各有一个导通。从线电压波形看，共阴极组晶闸管导通时，整流输出电压U_{d1}为相电压在正半周的包络线；共阳极组晶闸管导通时，整流输出电压U_{d2}为负半周的包络线，总

的整流输出电压是两条包络线的差值即$U_d=U_{d1}-U_{d2}$。将其对应在线电压波形上，即为线电压在正半周的包络线，从而实现了由交流到直流的转换。

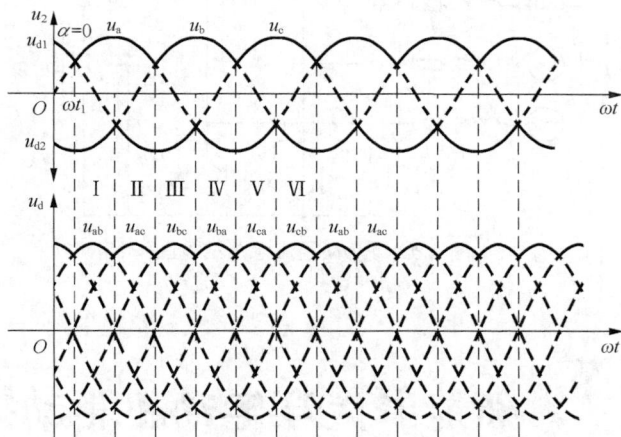

图7.24 三相桥式全控整流电路带负载时的输出波形

3. AC/DC功率变换器电路的主要组成

AC/DC功率变换模块电路的一般原理如图7.25所示，图中U_{ref}为参考电压，U_o为AC/DC的输出电压，PWM为脉冲宽度调制式开关变换器。AC/DC功率变换模块由输入滤波电路、全波整流和滤波电路组成。整流电路的作用是将交流电压变为直流脉动电压，输入滤波电路的作用是使整流后的电压更加平滑，并将电网中的杂波滤除以免对模块产生干扰，同时输入滤波器也可以阻止模块自身产生的干扰影响。DC/DC变化电路和控制电路是模块的关键环节，由它实现直流电压的转换和稳压，为了得到稳定的输出电压U_o，图7.25所示电路采用了实时反馈控制方式。保护电路的作用是在模块输入电压或电流过大情况下使模块关断，从而起到保护作用。

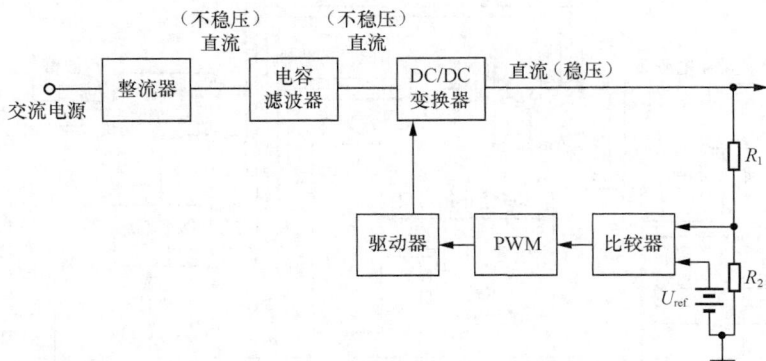

图7.25 AC/DC功率变换模块电路原理图

图7.26所示为AC/DC功率模块电路中整流部分的结构示意图。此电路图与前面介绍的逆变器电路（见图7.20）有很多相似之处，它其实是逆变电路的逆向工作模式，被称为脉宽式（PWM）整流电路。

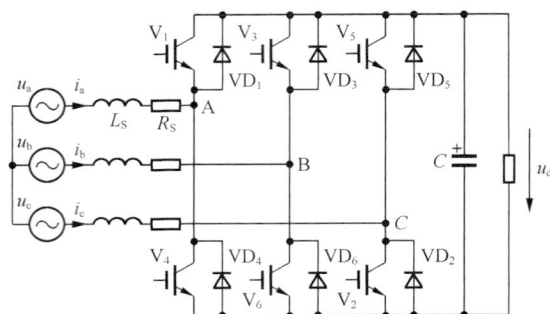

图7.26　PWM整流电路结构图

第三节　新能源汽车电动机驱动控制装置

之前介绍了新能源汽车的电力电子装置。可以发现电力电子装置只是完成了电动机驱动的电压、电流的供给，若要使电动机以及其他用电装置根据需要运转，并满足实时、可靠、安全的要求，还需要有设计好的工作程序、动作指令、检测信号等来实现智能化的管理，使被控制装置自动按照预定的规律运行。每个独立具有自动运行程序、专用的算法语言，能够采集数据、进行数据分析并发送驱动指令的装置称为控制器。该系统包括执行设备电动机、功率装置电子换向器、电动机运转信息反馈装置和控制器。新能源汽车控制器不仅对单一装置进行自动控制，还要根据汽车其他系统的实时信息或参数，不断修改控制策略，调整指令，以获得最优的驱动效果。图7.27所示为混合动力汽车的驱动系统控制方案电路图。

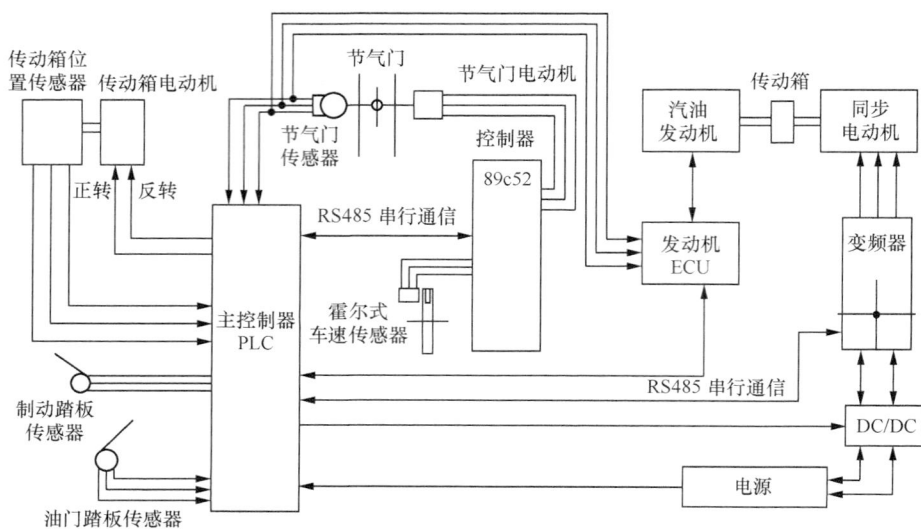

图7.27　混合动力汽车驱动系统控制方案

电动汽车和混合动力汽车同属于新能源汽车范畴。在混合动力汽车中对电动机控制的目的是，保证车辆的安全、节能、环保、舒适和通信等要求的前提下，对新能源汽车的动力系统、车身、底盘、车载电子和电气设备进行全方位的自动控制。因此，混合动力汽车智能化控制系统与电动汽车控制系统的结构基本相同。由于混合动力车辆也采用电源、电源转换器、电动机驱动的动力系统，因此，对电动汽车和混合动力汽车驱动电动机自动控制的研究，成为新能源汽车的关键技术之一。

电动汽车的电动机有多种控制模式。传统的控制（如PID）模式已不能满足高性能电动机和车辆动力实时变化的要求。传统的变频变压控制技术，不能使电动机满足所有高性能驱动性能。近年来，许多先进的控制策略不断出现，如自适应控制、变结构控制、模糊控制和神经网络控制等均被应用于新能源汽车电动机驱动。

尽管控制模式在不断发展，但新能源汽车的控制系统构成仍然包括动力电池组、逆变器、发动机、发电机/电动机、控制器和汽车必要的其他辅助动力系统。

一、新能源汽车控制器组成

新能源汽车控制器的结构组成包括以下4个部分。

（1）信号输入部分。驱动汽车运行的一切必要的信息：加速踏板、发动机/电动机温度、转速、车速、挡位、电池的电流/电压、制动、空调等，这些信息经输入电路转换为电信号，输入计算机存储器。

（2）中央处理器。车载计算机以中央处理器为核心，其中包括乘法器、比较元件、逻辑单元控制元件、数据存储单元等。中央处理器按照运行程序，根据输入的信号进行快速运算、分析、比较，产生相应偏差信号，形成相应的驱动指令输送到执行元件。

（3）执行元件。执行元件又称为功率驱动装置。由中央处理器输出的驱动指令在功率驱动装置中被放大并按照指令要求分别驱动电动机/发电机和其他电动执行结构。

（4）信息反馈。电动机或电动执行元件装置上装有监测运转的传感器，对电动执行元件的运转状况进行监测，将电动机运转中的机械量和电参量的变化及时反馈到中央处理器，中央处理器将反馈信息对比运算后，对输出指令进行调整和修改，使被控对象的运行参数与输入信号的给定值趋于一致，并使被控对象按照新指令运行。

二、驱动电动机控制类型

现代电动机驱动需要通过电压或电流调节力矩，通过相位调节产生驱动电动机运转的旋转磁场的交流电。具有这种功能的装置被称为变频器（逆变器），现在变频器主要是以开关方式对电流或电压控制的大功率电力电子装置。一般分为以下几种类型。

（1）PAM（Pulse Amplitude Modulation）控制。PAM称为脉冲振幅调制，是指在变频器整流电路中对输出电压（电流）的幅值进行控制，以及在变频器逆变电路中对输出的频率进行控制和保留。PAM控制时在逆变器换流器件的开关频率为变频器的输出频率，是一种同步调速方式。

PAM控制载波频率比较低，在用PAM控制进行调速驱动时，电动机的运转效率高，噪声较低。但PAM控制必须对整流电路和逆变电路同时进行，控制电路比较复杂，另外在电动机低速运转时波动较大，其基本电路如图7.28所示。

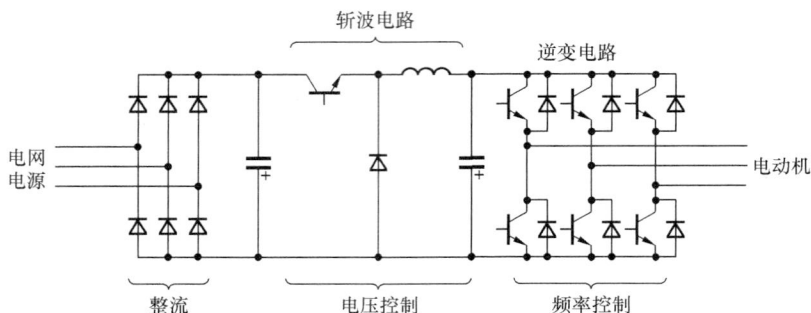

图7.28　脉冲振幅调制型电控控制电路

（2）PWM（Pulse Width Modulation）控制。PWM称为脉宽调制，是在变频器的逆变电路中，同时输出电压（电流）的幅值和频率进行控制的控制方式。在PWM控制时，比较高的频率对逆变电路的半导体开关器件进行通断控制，通过改变脉冲的宽度来实现调节电压（电流）的目的。PWM控制时变频器输出的频率不等于逆变器电路换流器件的开关频率，属于异步调速方式。

PWM控制方式可以减少高次谐波带来的各种不良影响，转矩波动小，控制电路简单，成本也较低。但当载波频率不合适时，电动机在运转时会产生较大的运转噪声，在系统中增加一个调整变频器载波频率的系统，即可降低电动机运转时的噪声。脉宽控制型电动机驱动电路如图7.29所示。

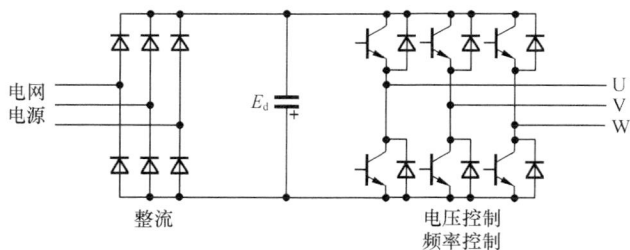

图7.29　脉宽控制型电动机驱动电路

通常采用正弦波PWM的控制，通过改变PWM输出的脉冲宽度，使电压的平均值近似等于正弦波，可以使异步电动机在进行调速运转时能够更加平稳。

（3）高载频PWM控制。高载频PWM称为高载脉冲宽度调制，是PWM的改进控制方式。在高载频PWM控制方式中，可将载频的频率提高到人耳可以分辨的频率（10～20kHz），从而降低电动机运转噪声。高载频PWM控制时的频率不等于逆变器电路换流器的开关频率，属于异步调速方式，高载频PWM控制器适用于低噪声变频器。

三、电动机驱动控制器

控制器由微机系统的CPU、数字逻辑电路、控制电路和各种I/O接口等电子元器件组成，是电动机驱动控制的核心。微处理器系统主要根据电动机运转的信息，通过CPU进行分析、计算处理，在很短时间内做出决策并发出一系列指令，来控制功率电路产生与道路情况相适应的工作电压和工作电流，调节电动机的输出转矩和转速。

对于不同的电动机结构，具有不同的参数和数学模型，需要采取不同的控制策略或算法才能获得较好的电动机控制效果。即使同类型电动机也可以通过采取不同的控制策略和算法以获得最佳的驱动效果。所以，尽管电动机功率电路有相似之处，但控制器内的控制思想、数学模型、计算方法等可能完全不同，带来信息采集元件和位置的变化，这些都成为控制软件研究和开发的重要内容。

（1）交流异步电动机控制。

对交流异步电动机通常采用的控制方法是，先将直流电转换为频率和幅值都可以调节的交流电，再通过变压变频控制法、转差频率控制法或矢量控制法等，获得IGBT晶体管的控制信号，实现改变电动机转矩和转速的目的。矢量控制具有调速范围广、动态性能等优点，因而非常适合于电动汽车感应电动机的控制。矢量控制法的原理框图如图7.30所示。进入系统的是稳定的三相正弦电压。三相正弦电通过6个二极管进入高速IGBT晶体管逆变器电路，最后进入感应电动机。为了对电动机进行有效的控制，通过编码器检测转子的相位及转速等信号，用电流传感器检测相电流。根据检查的信号，经DSP系统分析计算，得到IGBT晶体管等的门电路控制信号，改变进入电动机的电流、电压信号，达到改变电动机转矩和转速的目的。

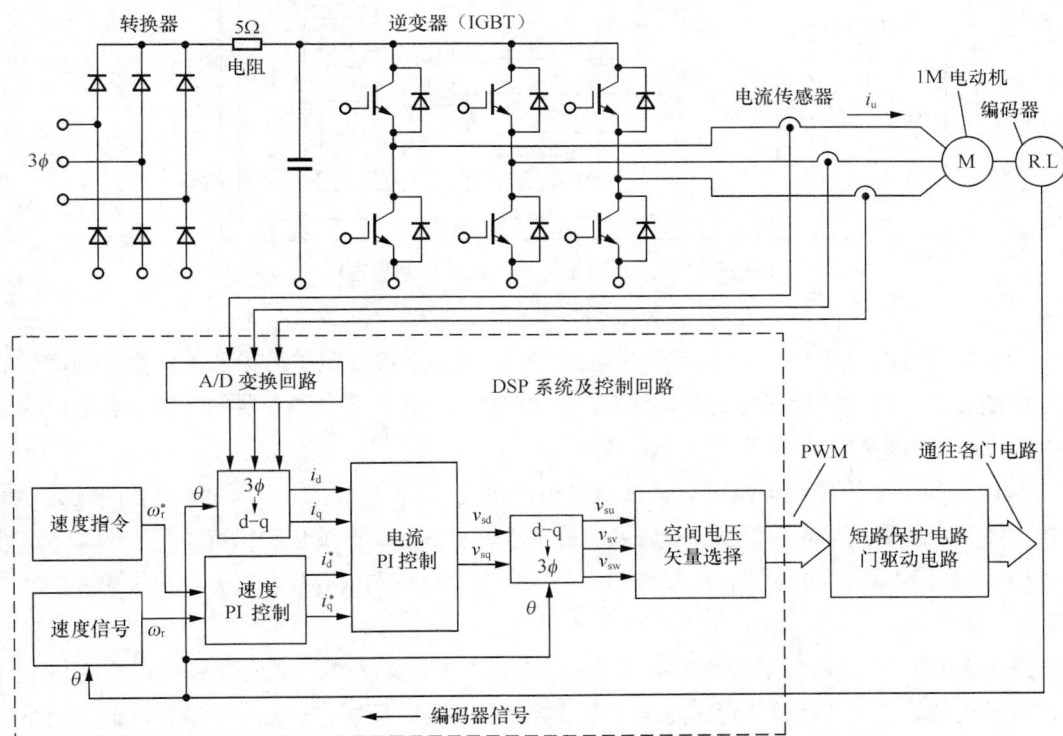

图7.30　交流异步电动机矢量控制原理图

（2）永磁同步电动机控制。

图7.31所示为永磁同步电动机采用直接转矩控制的电路控制原理图。直接转矩控制是在定子坐标下分析电动机的数学模型，控制电动机磁链和转矩。它不需要与直流电动机进行比较、等效和转化，因此不需要简化交流电动机模型，省掉了坐标变换。其控制方式：通过转矩两点式调节器把转矩检测值与转矩给定值做滞环比较，把转矩波动限制在一定的容差范围内，容差大小由频率调节器来控制。因此，其控制效果不取决于电动机数学模型是否简化，而是取决于转矩的实际情况。

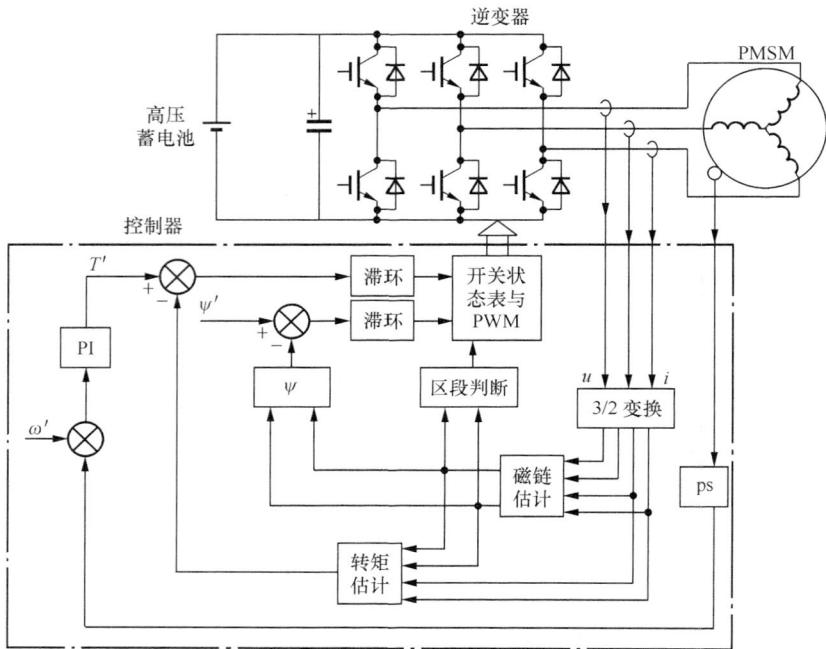

图7.31　永磁同步电动机转矩控制原理图

总之，直接转矩控制技术用空间矢量的分析方法，直接在定子坐标系下计算与控制交流电动机的转矩，借助转矩与磁链估计调节产生PWM信号，直接对逆变器的开关状态进行最佳控制，以获得转矩的高动态性能。

从以上的电动机控制电路可见，欲获得电动机的最佳控制，除选择可靠的硬件装置，更需要选择和开发更好的数学模型、算法及可靠的软件程序。不同的电动机选用不同的算法或数学模型，采用不同的控制模式，所以电动机控制是电动汽车的核心技术之一，也是更高层次的研究和开发工作。

从一般的专业技能知识角度看，只要了解电力电子装置的控制策略和基本控制特点即可，对于控制算法和分析计算远远超出了专业技能的需要。所以，一般的电动机驱动控制系统都简化为由电力电子装置与控制器构成，如图7.32所示。

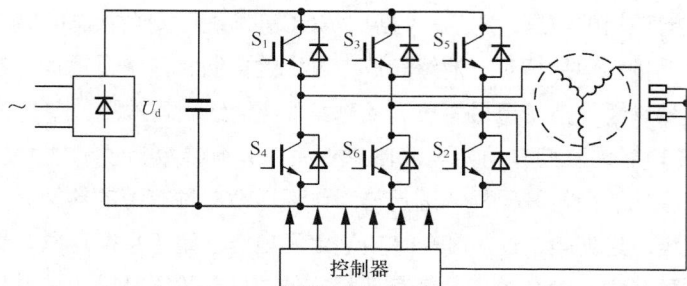

图7.32　新能源汽车电动机控制系统的一般性描述电路结构

第四节　新能源汽车电源管理系统

　　由于电动电池能量和端电压的限制，纯电动汽车需要采用多块电池的串、并联组合，但是动力电池特性是非线性和时变的，加之复杂的使用条件和苛刻的使用环境，故在纯电动汽车使用过程中，要使动力电池工作在合理的电压、电流、温度范围内，纯电动汽车上动力电池的使用都需要进行有效的管理。对于镍氢电池和锂离子电池，有效的管理尤其重要，如果管理不善，不仅可能会显著缩短动力电池的使用寿命，还可能引起火灾等严重安全事故。因此，动力蓄电池管理系统（Batter Management System，BMS）成为电动汽车的必要装置。

一、动力蓄电池管理任务

　　动力蓄电池管理系统与电动汽车的动力电池紧密联系，对动力电池的电压、电流、温度进行时刻监测，同时要完成漏电检测、热管理、电池均衡管理、报警提醒、计算剩余容量和放电功率等任务，提交电池荷电状态（State Of Charge，SOC）和性能状态（State Of Health，SOH），还要根据动力电池电压、电流及温度用算法控制最大输出功率以获得最大行驶里程，及用算法控制充电机进行最佳电流的充电，通过CAN总线接口与车载控制器、电动机控制器、能量控制系统、车载显示系统等进行实时通信。常见动力电池管理系统如图7.33所示，其主要功能包括数据采集、数据通信、数据显示、状态估计、热管理、安全管理、能量管理和故障诊断等。其中，前6项功能为动力电池管理系统的基本功能。数据采集是动力电池管理系统所有功能的基础，需要采集的数据信息有电池组总电压、电流、电池模块电源和温度；电池状态估计包括SOC和SOH估计，SOC提供电池剩余电量信息，SOH提供电池健康状态的信息。目前的动力电池管理系统都实现了SOC功能，SOH估计技术还有待完善。热管理是指BMS根据热管理控制策略进行工作，以使电池组处于最佳工作温度范围。数据通信是指电池管理系统与整车控制器、电动机控制器等车载设备及上位机等非车载设备进行数据交换的功能。安全管理是指电池管理系统在电池组的电压、电流、温度、SOC等出现不安全状态时给予及时报警并进行断路等紧急处理。能量管理是指对电池组充放电过程的控制，其中包括对电池组内单体或模块进行电量均衡。故障诊断是指使用相关技术及时发现电池组出现故障的单体或模块。

BMS最基本的功能是监控与动力电池自身相关的运行参数，预测动力系统优化控制有关的运行状态参数和相应剩余行驶里程，进行与工作环境适应性有关的热管理，进行动力电池管理以避免出现过放电、过充电、过热和单体电池之间电压严重不平衡现象，最大限度利用动力电池存储能力和循环寿命。BMS的主要任务及相应的传感器输入和输出控制见表7.3。

表7.3　　　　　　　　　　　　BMS的主要任务及相应的传感器输入和输出控制

任务	传感器检测信号	接收信号装置
防止过充电	动力电池电压、电流和温度	充电器
避免深放电	动力电池电压、电流和温度	电动机控制器
温度控制	动力电池温度	热管理系统
动力电池组件电压和温度均衡	动力电池电压和温度	均衡装置
预测动力电池SOC和剩余行驶里程	动力电池电压、电流和温度	显示装置
动力电池诊断	动力电池电压、电流和温度	非在线分析装置

通常在车辆运行中，能够通过传感器直接测量得到的参数仅有动力电池端电压U、动力电池工作电流I、动力电池的温度T，而车辆动力系统控制需要用到的物理量包括电池当前的SOC和SOH、最大可充放电功率等，动力电池管理系统内部各物理量之间的关系如图7.33（b）所示。在车载动力电池管理系统中，热管理技术、准确的荷电状态（SOC）和性能状态（SOH）在线实时估计技术具有较大难度，是其核心技术。

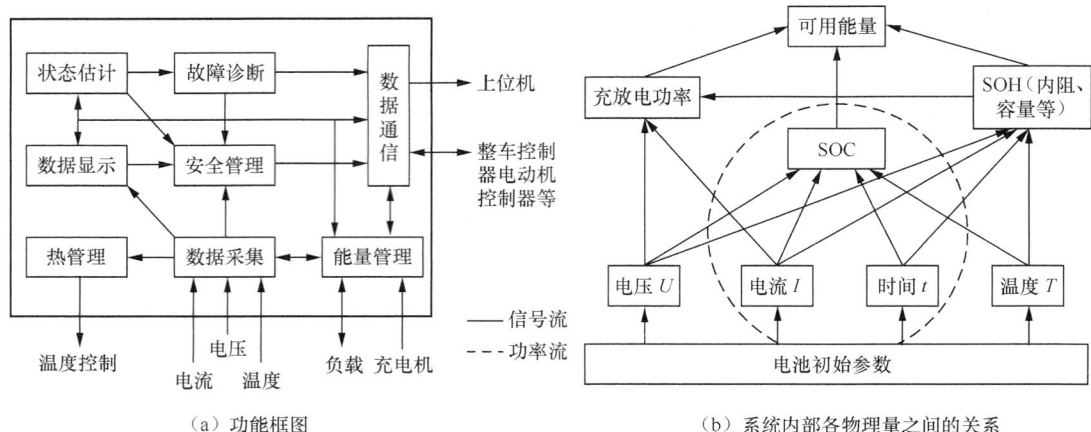

（a）功能框图　　　　　　　　　　　（b）系统内部各物理量之间的关系

图7.33　动力电池管理系统示意图

二、动力电池管理系统的组成与工作模式

动力电池管理系统一般包括动力电池组、动力电池管理控制单元MCU、动力电池单体电

压和温度信号采集模块、总电流和总电压信号采集、整车通信模块、高压电安全系统及电流均衡模块、热管理系统和检测单元等。图7.34所示为两种典型动力电池管理系统方案。

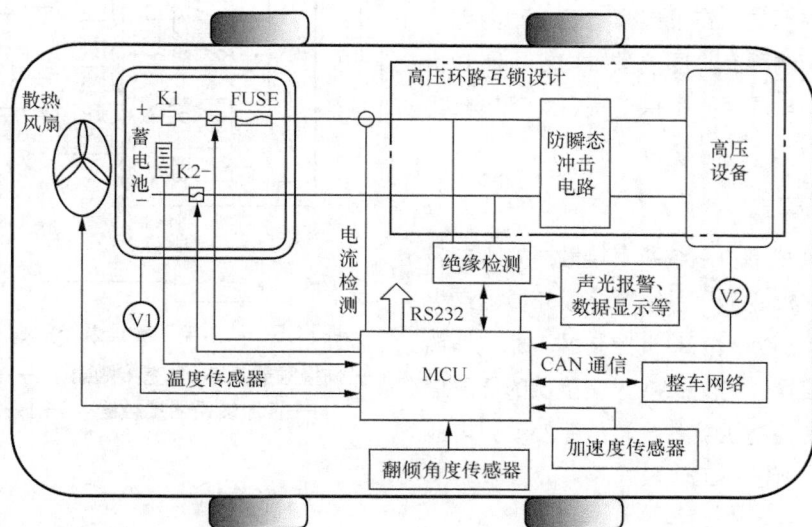

（a）方案1

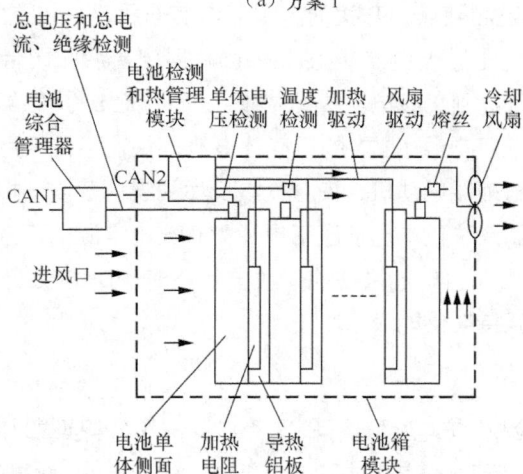

（b）方案2

图7.34　典型动力电池管理系统方案

　　图7.35所示为一动力电池管理系统的高压接触器原理图。高压接触器包括B+接触器、B−接触器、预充接触器、直流转换器（用于低压电池及车载低压用电设备供电）接触器和车载充电器接触器。均衡功能包括电池单体电压及温度均衡两个方面，附带有监测并响应碰撞及电池渗漏功能，当监测到影响安全的信号时，管理系统立即切断高压电供给。BMU主要用于采集电池单体的电压、温度信息，通过相应的接口传至高压接触器控制及电流均衡模块，经过控制策略算法，实现各接触器动作，从而使动力电池管理系统进入不同的工作模式。动力电池管理系统可工作于以下几种模式。

1. 下电模式

下电模式是整个系统的低压与高压处于不工作状态的模式。在下电模式下，动力电池管理系统控制的所有高压接触器均处于断开状态，低压控制电源处于不供电状态。下电模式属省电模式。

2. 准备模式

在准备模式下，系统所有接触器处于未吸合状态。在该模式下，系统可接收外界的点火开关、整车控制器、电动机控制器、充电插头开关的硬件信号，或受CAN报文控制的低压信号来驱动控制各高压接触器，从而使动力电池管理系统进入所需的工作模式。

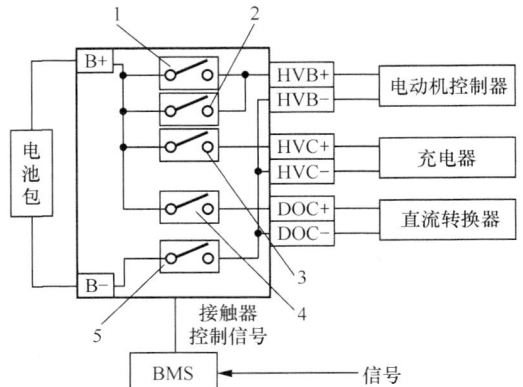

图7.35　动力电池管理系统的高压接触器

1—B+接触器　2—预充接触器　3—充电器接触器
4—直流转换器接触器　5—B−接触器

3. 放电模式

动力电池管理系统监测到点火开关的高压上电信号后，系统首先闭合B−接触器，由于电动机是感性负载，故为防止过大电流冲击，B−接触器闭合后即闭合预充接触器进入预充电状态；当预充电容两端电压达到母线电压的90%时，立即闭合B+接触器并断开预充接触器进入放电模式。目前汽车常用低压电源由12V的铅酸蓄电池提供，不仅可为低压控制系统提供供电，还为助力转向电动机、雨刮器电动机、安全气囊及后视镜调节电动机等提供电源。为保证低压蓄电池能持续为整车控制系统供电，低压蓄电池需有充电电源，而直流转换接触器的开启即可满足这一需求。因此，当动力电池系统处于放电状态时，B+接触器闭合后即闭合直流转换器接触器，以保证低压电源持续供电。

4. 充电模式

动力电池管理系统检测到充电唤醒信号时，系统即进入充电模式。该模式下，B−接触器与车载充电接触器闭合，同时为保证低压控制电源持续供电，直流转换接触器仍处于工作状态。在充电模式下，系统不响应点火开关发出的任何指令，充电插头提供的充电唤醒信号可作为充电模式的判别依据。对于磷酸铁锂电池，由于其低温下不具备很好的充电特性，甚至还伴随一定的危险性，因此基于安全考虑，还应在系统进入充电模式之前对系统进行一次温度判别。当电池组内温度低于0℃时，系统进入充电预热模式，此时可通过接通直流转换接触器对低压蓄电池进行供电，并为预热装置供电以对电池组进行预热。当电池组内温度高于0℃时，系统可进入充电模式，即闭合B−接触器。

无论在充电状态还是放电状态，电池的电压不均衡与温度不均衡程度都将极大地妨碍动力电池性能的发挥。在充电状态下，极易出现电压、温度不均衡的状态，充电的过程可通过电压比较及控制电路，使电压较低的单体电池充电电流增大，而让电压较高的单体电池充电电流减小，进而实现电压均衡的目的。温度的不均衡性将会大大降低动力电池的使用寿命，因此，当单体电池温度传感器检测出各单体电池温度不均衡时，可选择强制风冷的方式，实现电池组内气流的循环流动，以达到温度均衡的目的。

5. 故障模式

故障模式是控制系统中常出现的一种状态。由于车用动力电池的使用关系到用户的人身安全，因而系统对于各种相应模式总是采取"安全第一"的原则。动力电池管理系统对于故障的响应还需要根据故障等级而定，当故障等级较低时，系统可采取报错或发出报警信号的方式告知驾驶人员。当故障等级较高或者有可能产生危险时，系统将采取断开高压接触器的控制策略。低压蓄电池是整车控制系统的供电来源，不论处于充电模式、放电模式还是故障模式，直流转换接触器的闭合都可使低压蓄电池处于充电模式，从而保证低压控制系统工作正常。

三、动力电池的均衡充电管理和热管理

由于电动汽车动力电池组中，众多动力电池之间存在制造工艺、材质、使用环境、接线方式等差异，因此，单个电池之间存在容量、端电压和内阻不一致在所难免，使用充电机直接为电池组进行预充电，必然导致单个电池之间的不一致性加剧，出现个别电池的过电压充电。同样，单个电池间不一致性的存在也会导致电池组放电过程中个别电池的过放电。在车上的布置分散、动力电池单体的使用环境不同，导致电池组单体间不一致性的积累恶化，严重影响动力电池组的使用寿命，对电池组的均衡充电以及有效的热管理是BMS的主要功能。

1. 动力电池组的均衡充电管理

动力电池组均衡管理充电具有以下3种模式。

（1）充电结束后实现单体电池间的自动均衡。其工作原理如图7.36所示，当1号电池的端电压高于2号电池的端电压值，且控制开关处于图7.36（a）所示的连接位置时，1号电池向电容充电，使电容器端电压与电池端电压相等。然后控制开关动作，切换到图7.36（b）所示位置，这时，电容器向2号电池充电，使2号电池的端电压增大趋向于电容器的端电压，待电容器端电压与2号电池的端电压平衡后，再控制开关动作，切换到图7.36（a）所示的连接位置，如此反复几次，1号电池和2号电池的端电压就达到均衡。同样，当2号电池的端电压高于1号电池的端电压时，开关按上述动作反复几次后，也能使两电池端电压达到平衡。

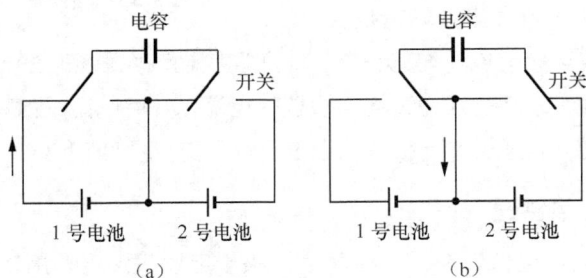

图7.36　均衡电压充电原理

（2）充电过程中实现单体电池间的自动均衡。其主要有3种方案，如图7.37所示。充电器均衡充电控制实现了对串联电池组中单个电池的并联充电或独立充电，在完成统一的充电模式和充电策略保证下，可以完全实现电池组的均衡充电，但系统组成比较复杂。

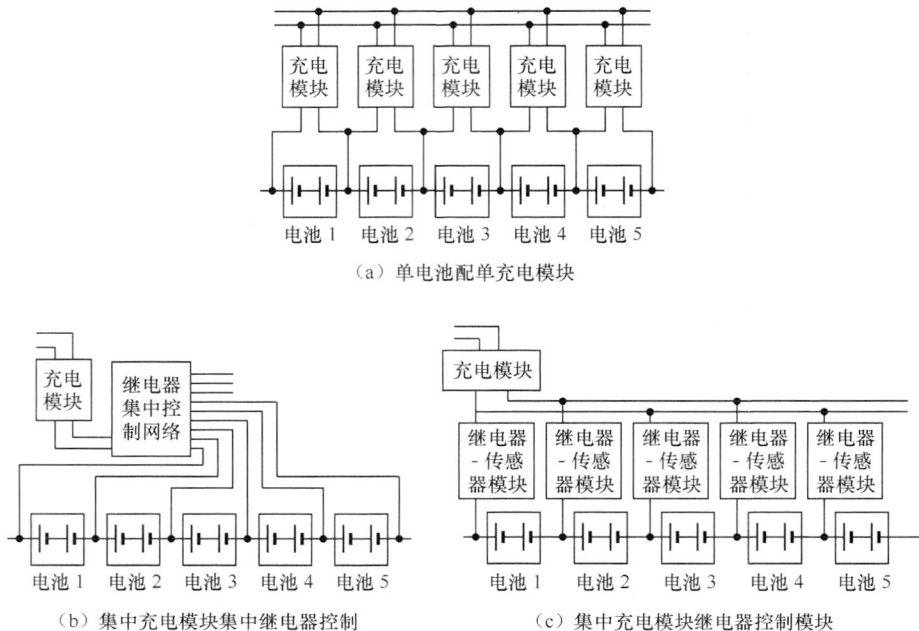

（a）单电池配单充电模块

（b）集中充电模块集中继电器控制

（c）集中充电模块继电器控制模块

图7.37　充电器均衡充电控制

（3）采用辅助管理装置，对单个电池的电流进行调整。如图7.38所示，电池均衡充电过程可描述为：按照既定的充电模式和充电策略，根据实测的串联电池组总电压，充电器输出一定的充电电流值I_{charge}，当所有电池的端电压均低于充电截止电压时，均衡管理模块不起作用；若有个别电池首先达到充电截止电压，则此时该电池的均衡模块起作用，分流一部分电流I，则通过该电池的电流下降避免了对该电池的过电压充电；当所有电池的端电压均达到充电截止电压时，充电器转为恒电压充电，充电电流逐渐减小，通过电池均衡模块的电流也逐渐减小，直至所有电池均充满电。均衡模块是该均衡充电模式的关键部件，包括功耗型和能量回收型两类，功耗型对通过均衡模块的电流以热耗的方式散掉；能量回收型通过特殊元件，如陶瓷储能器，将通过均衡模块的电流反馈到充电主回路中。

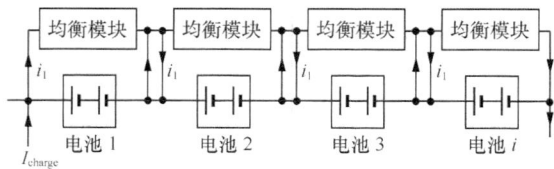

图7.38　均衡管理模块辅助控制

2. 动力电池组的热管理

由于动力电池的充放电特性在很大程度上取决于电解液温度，所以BMS的一个重要作用是在动力电池的充放电过程中将电池组的温度保持在正常的工作温度范围内。动力电池的充放电是典型的电化学过程，其伴生的反应热容易引起动力电池组内部的温升及一定温差，如果不及时散热，对动力电池的安全性、可靠性及动力电池的寿命都有很大影响。因此在热管理方面主要面临的问题：充放电时产生的反应热如何散出、电池组模块内部单体之间的温度如何均衡、寒冷环境下如何将电池预热到设定温度范围。

影响动力电池热管理的因素包括产热率、电池形状、冷媒类型、冷媒流速、流道厚度等。目前车载动力电池主要考虑外部散热结构，很少将动力电池内部传热与外部散热过程耦合分析，因此，无法从根本上控制电池散热所带来的负面影响。从控制的角度看，目前的动力电池组热管理系统可分为主动式和被动式两类；从传热介质角度看，热管理系统主要包括气体冷却法、液体冷却法、相变材料冷却法及一些带加热的热管理系统。

（1）气体冷却法。

即采用空气作为传热介质，直接把空气引入动力电池，使其流过动力电池以达到散热目的。一般需有风扇、进出口风道等部件。气体冷却法主要包括被动式空气对流和主动式空气对流冷却两种。根据进风来源的不同，一般有外界通风和乘客舱空气通风。被动式系统结构相对简单，直接利用现有环境，如冬季电池需要加热，可以将乘客舱的热环境空气吸入；若行驶中电池温度过高，乘客舱空气的冷却效果不佳，则可将外界冷空气吸入降温。而主动式系统，则需要建立单独系统，提供加热或冷却的功能，一般通过安装局部散热器或风扇的方式来强制散热。有的还利用辅助的或汽车自带的蒸发器来提供冷风，根据电池状态独立控制，这将增加整车能源消耗和成本。不同系统的选择主要取决于电池的使用要求，图7.39所示为几种典型的气体冷却方式。

（2）液体冷却法。

以液体为介质的传热，需要在动力电池组与液体介质之间建立传热通道，如水套，以对流和导热两种形式进行间接式加热和冷却。传热介质可以采用水、乙二醇，甚至制冷剂。也有把动力电池组沉浸在电介质液体中直接传热的，但必须采用绝缘措施以免发生短路。液体冷却法主要有被动式液体冷却系统和主动式液体冷却系统。被动液体冷却一般是通过液体与环境空气热交换后再将其引入动力电池进行二次换热。而主动式液体冷却则是通过发动机冷却液，利用乘客舱空气、空调制冷剂、液体介质实现一级冷却。图7.40所示为一种典型的液体冷却系统的构成。

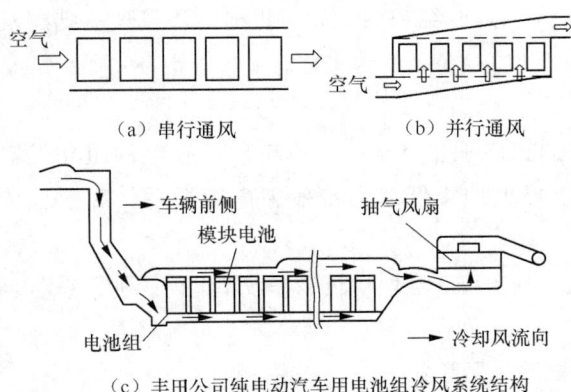

（a）串行通风　　（b）并行通风

（c）丰田公司纯电动汽车用电池组冷风系统结构

图7.39　几种典型的气体冷却方式

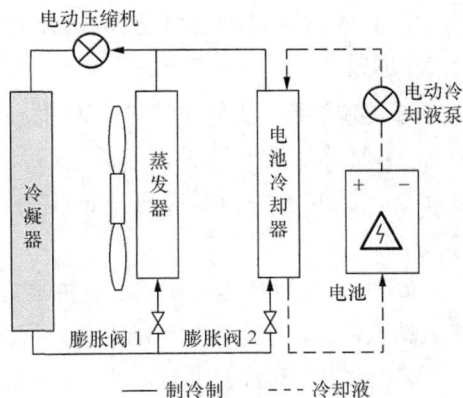

图7.40　一种典型的液体冷却系统构成

（3）相变材料冷却法。

近年来在国外和国内出现了采用相变材料PCM冷却的动力电池热管理系统，针对动力电池在充电时吸热，放电时放热的特点，在全封闭的动力电池单体之间填充相变材料，靠相变材料的融化和凝固来工作。

利用PCM进行动力电池冷却的原理：当动力电池进行大电流放电时，PCM吸收动力电池放出的热量，自身发生相变（熔化），而使动力电池温度迅速降低，此过程是系统把热量以相变的形式储存在PCM中。在动力电池进行充电，特别是在天气比较寒冷的情况下（即大气温度远低于相变温度）充电时，PCM把热量排放到环境中去。相变材料用于动力电池管理系统中时，不需要在动力电池连接处插入额外的冷却元件，也不需要动力电池组间的冷却通道或封装外部流体循环的冷却系统，更不需要耗费动力电池的额外能量，同时对于寒冷环境下给动力电池进行加热也有借鉴作用。

（4）带加热的热管理系统。

在较冷的环境中，动力电池性能会降低，造成电动汽车整车性能下降，此时需要对动力电池进行加热。在寒冷环境中给动力电池加热比使动力电池散热更困难，福特公司研究出的锂离子电池热管理包括冷却和加热两种功能。

第五节　混合动力汽车机电能源管理系统应用实例

丰田汽车公司生产的混合动力轿车采用混合动力系统（THS—Ⅱ），可以根据车辆行驶状态，灵活地使用两种动力源，并且弥补两种动力源之间的不足之处，从而降低燃油消耗，减少有害气体排放，发挥车辆的最大动力。丰田混合动力汽车是目前世界上应用比较成功的新能源汽车，其THS—Ⅱ电动机驱动系统和能源管理系统尽管结构复杂，但技术先进、应用广泛。本节将以丰田凯美瑞混合动力汽车为例，介绍THS—Ⅱ中机电能源管理的结构及基本原理。

凯美瑞混合动力汽车THS—Ⅱ的特点如下。

① 凯美瑞混合动力汽车采用了比以前的THS—Ⅱ更高的工作电压，在电动机和发电动机之间采用AC650V高压电路传输，可以极大地降低动力传输中电能损耗，高效地传输动力。

② 采用大功率电动机输出，提高电动机的利用率。当发动机工作效率低时，此系统可以将发动机停机，车辆依靠电动机动力行驶。

③ MG2电动机的冷却方式由原来的水冷式改为风冷式。

④ 极大地增加了减速和制动过程中的能量回收，提高能量的利用率。

一、凯美瑞混合动力机电控制系统构成与原理

图7.41所示电路为丰田THS—Ⅱ混合动力汽车双电动机驱动控制系统电路原理图，其组成和功能如下。

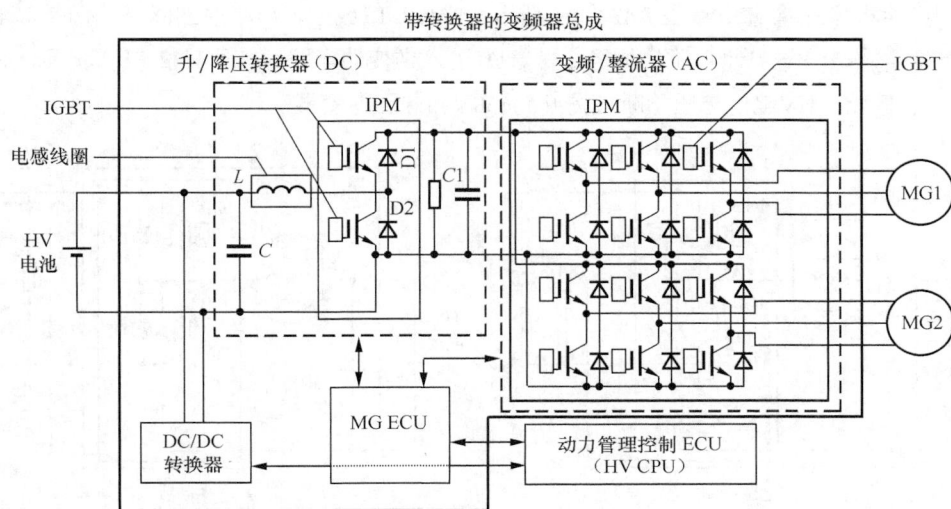

图7.41 丰田THS—Ⅱ混合动力汽车双电动机驱动控制系统电路原理图

丰田混合动力汽车采用两个交流永磁同步电动机。电动机MG1主要用于发动机的起动和作为汽车的交流电源向蓄电池供电；电动机MG2用于车轮的驱动和辅助制动时的能量回收。因此，两个电动机都要求具有四象限运行能力，即正转电动、正转制动、反转电动和反转制动，且在不改变电动机结构和控制器硬件电路的情况下，通过软件能够实现正反转、电动制动和发电能力。

1. 电动机驱动与升压变频功能

电动机驱动功率来自245V直流高压蓄电池，由于驱动电动机均为交流同步电动机，需要由变频器将直流电升压并转换为650V三相交流电，故变频器内有升压转换器和逆变/整流器为电动机提供电能转换与调控任务。

逆变电路（以供给MG2电源为例）为由6个绝缘栅双极型晶体管IGBT、续流二极管D和电容器C1组成的电压型三相桥式逆变电路。由MG ECU触发绝缘栅双极型晶体管控制极，使IGBT快速导通和关断，强行将DC650V直流电转换成三相AC650V交流电。如果改变IGBT的触发信号频率和时间，就能改变逆变器输入电动机MG2定子绕组电流空间相量的相位和幅值，以适应电动机MG2的驱动需要。反之，电动机MG2在车辆减速或制动时产生再生制动电能，经绝缘栅双极型晶体管IGBT全控型桥式整流电路整流，经降压后，向HV蓄电池充电。

HV蓄电池储存的是245V直流电，进入逆变器前需要经升压式直流斩波电路将电压提升到650V直流电。升压式直流斩波电路由HV蓄电池、电感线圈L、绝缘栅双极型晶体管IGBT1和

IGBT2、二极管D、电容器C组成电路如图7.42所示。电感线圈L的作用是抑制电流的变化。升压时，HV ECU控制导通和关断绝缘栅双极型晶体管IGBT的控制极，使电感线圈L上储存和释放能量，实现升压和降压的功能。

直流升压：当电动机驱动车辆时，控制器将IGBT2导通，电感线圈L回路接通，HV电池电流进入电感线圈储存能量，如图7.42（a）所示；当IGBT2截止，电感线圈回路被切断，电感线圈L上产生自感电势与电池电压叠加经二极管D1进入逆变器电路，如图7.42（b）所示。IGBT2反复导通、截止，HV电池电压不断被提升到650V并送至逆变器。

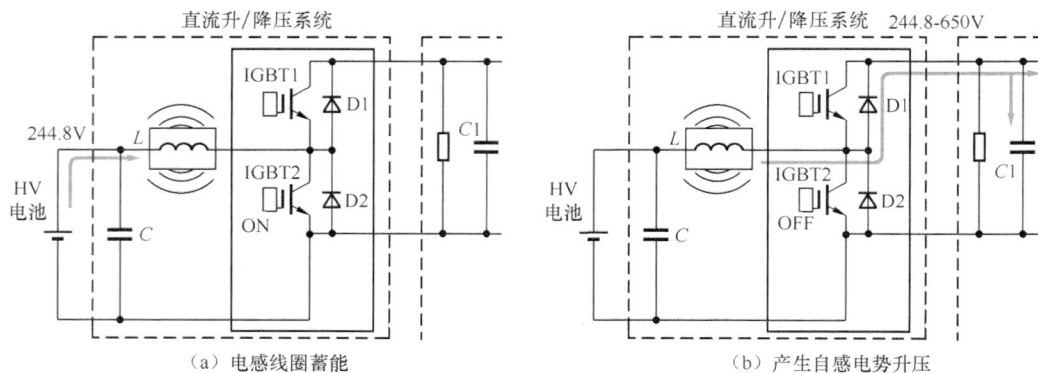

（a）电感线圈蓄能　　　　　　　　　　（b）产生自感电势升压

图7.42　直流升压转换原理

2. 交流发电与整流降压功能

当发动机或车辆减速时，电动机永磁转子被驱动，其磁场切割定子线圈而发电。此时，控制6个IGBT导通、截止，与6个二极管构成全控型三相桥式整流电路，将发电机产生的交流电转换为高压直流送到降压直流斩波电路，经降压后送到HV蓄电池储存。

直流降压斩波电路如图7.43所示，当控制器控制IGBT1导通时，使电感线圈上的感生电动势抵消部分发电机发电电压，把DC650V降压为平均值DC245V的直流电压，并向HV蓄电池充电，如图7.43（a）所示。IGBT1截止时，电感线圈产生的自感电势向电容C充电，消除脉动高压对电池的冲击，如图7.43（b）所示。

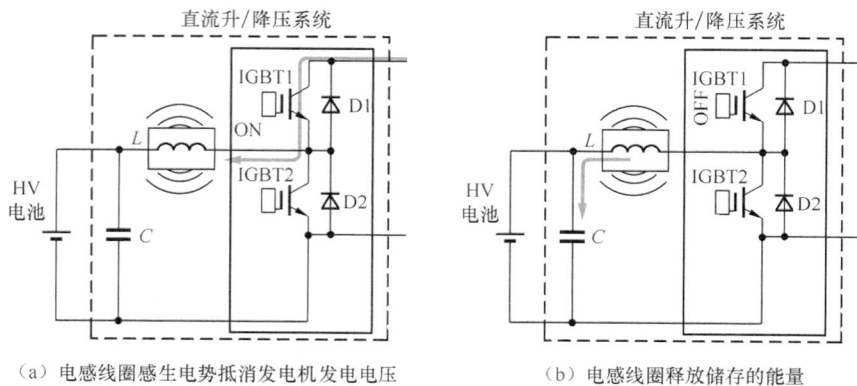

（a）电感线圈感生电势抵消发电机发电电压　　　　（b）电感线圈释放储存的能量

图7.43　直流降压变换原理

3. 解析器的结构与工作原理

丰田混合动力THS—Ⅱ采用交流同步电动机，MG ECU控制逆变器实现DC/AC转换和频率调节，以实现电动机的转速和转矩的控制。为了对电动机的转速和转矩实现高效调节，需要了解电动机的转速和转矩的实时变化，为此，需要采集电动机的转速、定子与转子磁极相对位置、电动机的工作电流等参数作为控制器进行计算、比较和分析的依据，从而实施正确的控制指令。解析器是THS—Ⅱ进行电动机控制的重要传感器之一。

（1）解析器的结构。

解析器是可靠性极高且结构紧凑的传感器，它被用来精确检测磁极的位置，MG ECU根据它的信号来计算电动机的转速。解析器由定子和转子构成。定子包括3种线圈：励磁线圈A、检测线圈S和检测线圈C，其外形结构如图7.44所示。解析器的转子为椭圆形，定子与转子之间的距离随转子的旋转而变化。交流电流入励磁线圈A，产生恒定的交变磁场，线圈S和线圈C将输出与转子位置对应的感应电压值。由于转子为椭圆形，故转子不转动时，转子与检测线圈的位置关系固定，由于椭圆转子对应两个检测线圈的气隙不同，故在检测线圈中会感应出大小不同的电压波形。MG ECU根据两个检测线圈输出的电波波形的差异判断出它们之间的位置关系，并能根据规定时间内的位置关系变化计算电动机的转速。

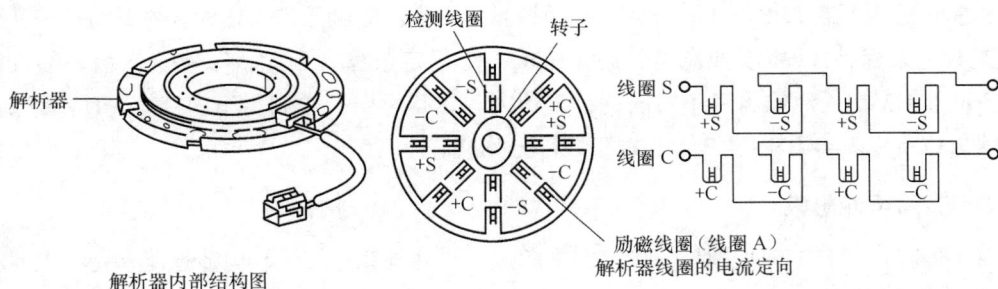

图7.44　解析器的外形结构

（2）解析器的工作原理。

检测线圈S与检测线圈C之间保持45°安装位置关系，如图7.45所示。因为励磁线圈A中为频率恒定的交流电，所以无论转子转速如何，频率恒定的磁场均会由转子作用到检测线圈S和检测线圈C，转子与检测线圈气隙小时，该线圈中产生较大的感应峰值。据此，各线圈输出的电压峰值大小随转子位置的变化而变化。MG ECU持续监测这些电压峰值，连接成虚拟波形，并根据检测线圈S和检测线圈C的虚拟波形计算转子的绝对位置。它还利用检测线圈S与检测线圈C的虚拟波形的相位差判别转子的旋向，并根据规定时间内转子位置的变化率计算电动机的转速。转子旋转180°时，励磁线圈A、检测线圈S和检测线圈C的输出波形如图7.46所示。

4. 电动机MG1和MG2的驱动原理

变频器内的IGBT管受MG ECU输出指令控制，按照规律在导通（ON）与截止（OFF）之间切换，将650V的直流电转换为交流电，驱动电动机旋转。三相交流电经过电动机定子线圈的三相绕组时，产生旋转磁场，转子的永久磁铁受旋转磁场吸引而产生转矩。产生的转矩与电流的大小大致成正比，且转速由交流电的频率控制。此外，通过控制旋转磁场与转子磁铁的角度，可以有效产生大转矩和高转速。

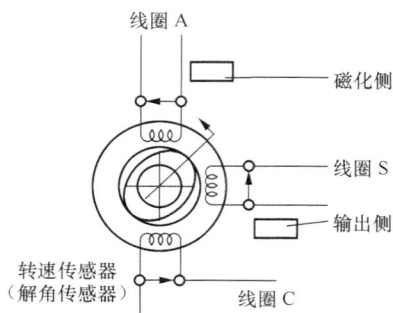

图7.45　解析器工作原理示意图

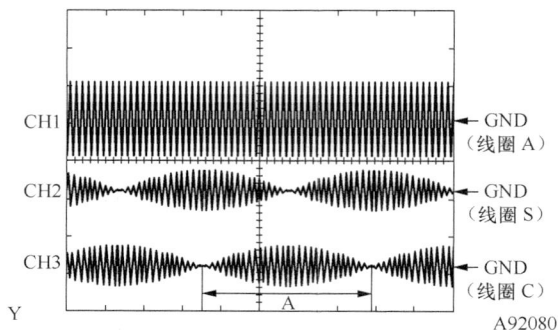

图7.46　用示波器观察到的各线圈的电流波形

二、电池管理系统实例

丰田凯美瑞轿车采用密封的镍氢混合动力蓄电池作为HV的蓄电池。这种HV蓄电池具有能量高、重量轻、配合THS—Ⅱ系统使用时间较长的特点。车辆正常工作时，由于THS—Ⅱ系统通过充放电来保持HV蓄电池充电状态（SOC）为恒定数值，因此，车辆不依赖外部设备再进行充电。HV蓄电池位于汽车后座的行李箱内，这样可以有效利用车内空间。HV蓄电池位置如图7.47所示。丰田HV蓄电池由以下几部分构成。

1. HV蓄电池总成

HV蓄电池总成由电池模块、HV接线盒总成、维修插销连接器、电池智能单元和电池冷却风扇组等组成，如图7.48所示。

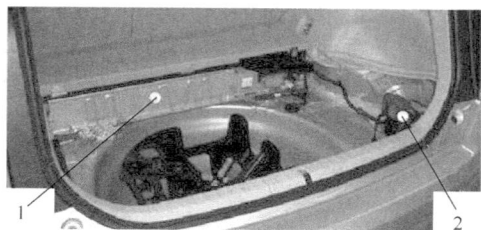

图7.47　HV蓄电池和辅助电池的位置
1—HV蓄电池　2—DC辅助蓄电池

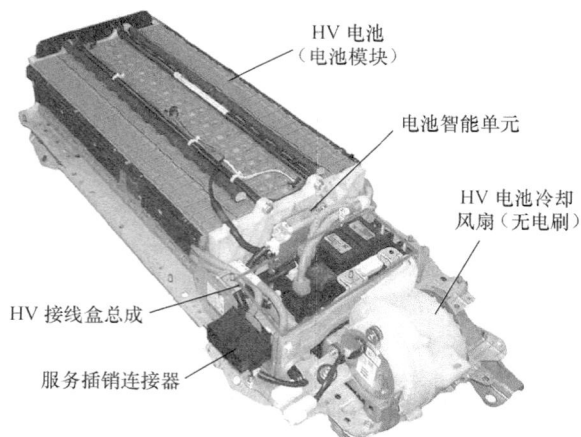

图7.48　镍氢HV电池整体结构

HV蓄电池由34个电池模块构成，每个电池模块由6个1.2V的单元电池构成，将所有电池模块串联就形成6单元（7.2V）×34模块=244.8V DC电压。HV电池的排列结构如图7.49所示。

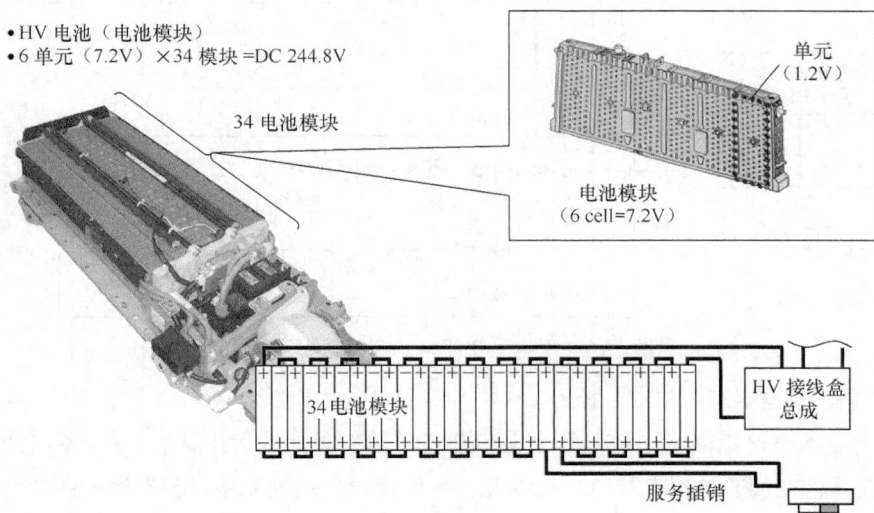

- HV电池（电池模块）
- 6单元（7.2V）×34模块=DC 244.8V

34电池模块

单元（1.2V）

电池模块（6 cell=7.2V）

34电池模块

HV接线盒总成

服务插销

图7.49　HV蓄电池构成

2. 电池智能单元

电池智能单元位于HV蓄电池整体结构的接线盒总成中。电池智能控制单元的功用：监控高电压系统的绝缘电阻、电池的工作温度、电池电压和电流的变化，并将HV电池的信息传给动力管理控制ECU（HV ECU），电池智能单元功能示意图如图7.50所示。

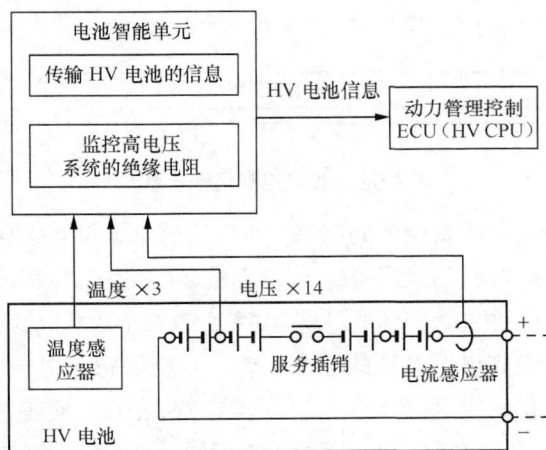

电池智能单元

传输HV电池的信息

监控高电压系统的绝缘电阻

HV电池信息

动力管理控制ECU（HV CPU）

温度×3　电压×14

温度感应器

服务插销

电流感应器

HV电池

图7.50　电池智能单元功能示意图

电池智能模块的主要任务：进行电池充电状态（SOC）控制、蓄电池冷却风扇控制，进行绝缘电阻异常检测。智能单元与其他装置的关系如图7.51所示。

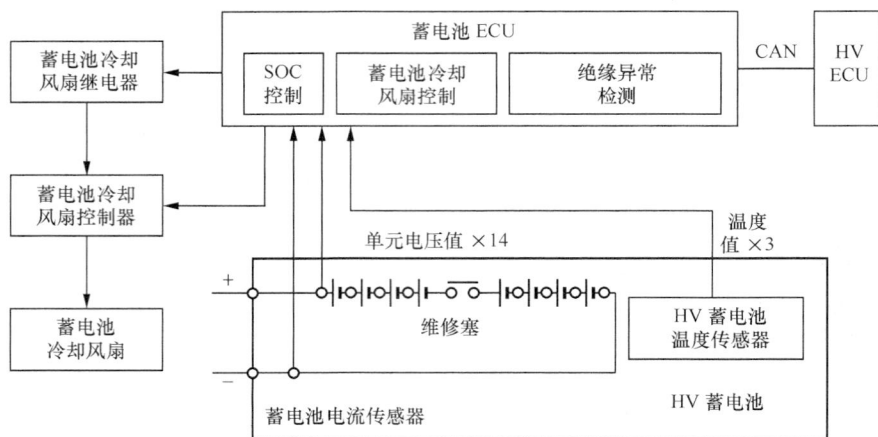

图7.51 蓄电池智能单元控制功能示意图

（1）电池充电状态（SOC）控制。

电池充电状态是指储能电池还剩余多少能量或储能电池的荷电状态。HV蓄电池经过反复充电放电循环，在加速过程中放电，在减速过程中由再生制动充电。蓄电池智能单元始终根据计算电池的荷电状态进行充放电控制，以使SOC保持接近设定的目标水平，如图7.52所示。

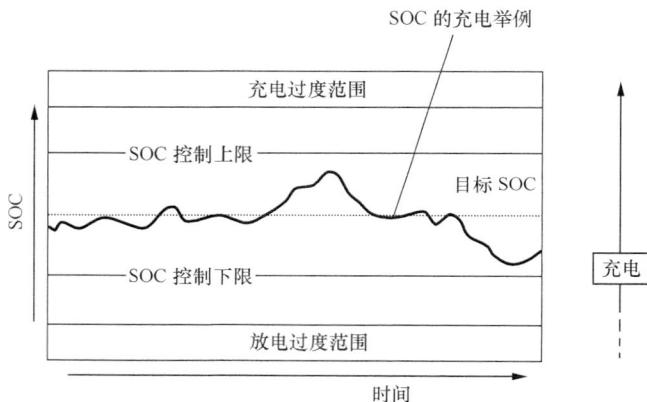

图7.52 SOC控制目标示意图

电池智能单元随时检测HV蓄电池的电流、蓄电池的电压和蓄电池的温度，并预测电动汽车蓄电池的剩余能量，通过调节发电系统对电池电量进行控制。SOC的控制目标值约为60%，最大值为80%（通常控制上限约为75%），最小值约为20%（通常控制下限为30%）。

丰田混动汽车采用浅充电多循环的控制策略，在市区行驶时一般只会用到电池容量的10%，哪怕在最极端的情况，电池最大用量也只能是40%左右。换言之，电池有约60%的电量是永远都用不到，这保证了"浅充电"。另外，丰田混动汽车能在刹车及滑行时回收能量，因而充电次数相当频繁，这就是所谓的"多循环"。这种策略能大大提升电池的寿命。

（2）HV蓄电池冷却风扇控制。

电池智能单元通过检测HV蓄电池温度，并在温度升高时适当控制冷却风扇转速或空气流速,将HV蓄电池温度控制在适当水平。

（3）电池绝缘电阻异常检测。

为安全起见,混合动力汽车高压电路与车身搭铁绝缘,内置有蓄电池智能单元的漏电检测电路持续监测,电压电路和车身搭铁之间的绝缘电阻保持不变。一旦绝缘电阻降至低于规定级别,则储存一个高压绝缘异常（DTC）码,且通过组合仪表显示（警告灯）将异常告知驾驶员。高压电池绝缘异常检测原理示意图如图7.53所示。

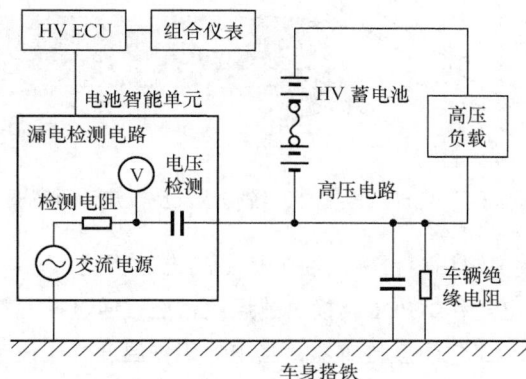

图7.53 高压电源绝缘异常检测示意图

绝缘电阻检测原理:漏电检测电路有交流电源,允许少量交流电流至高压电路,交流电流经电阻器和电容器至车身搭铁。车辆绝缘电阻越小,检测电阻器的电压就越低,交流波的波幅也越低,根据交流波的波幅,可以检测绝缘电阻值。绝缘电阻值的减小转换为ECU的数据,可以通过HV ECU内的漏电检测电路进行检测,其值为0～5V,并可用车用智能检测仪查看其数值。

一般丰田混合动力汽车绝缘电阻值为1～10MΩ,其准确值因组件不同有差异。当绝缘电阻值在100～200kΩ则为异常状态。当电控系统持续30s检测电阻值为异常时,则设定故障码DCT并在组合仪表上报警显示。

3. 冷却风扇及冷却系统

冷却系统是HV蓄电池热管理系统重要组成部分。其作用是:①在电池温度较高时进行有效散热,防止产生热失控事故;②在电池温度较低时进行预热,提升电池温度,确保低温下的充电、放电性能和安全性;③减小电池组内的温度差异,抑制局部热区的形成,防止高温位置处电池过快衰减,降低电池组整体寿命。

HV蓄电池工作中产生的热量由电池冷却风扇通过推动空气流动进行冷却。电池冷却风扇采用无刷直流永磁电动机。HV蓄电池和DC/DC转换器的冷却系统使用专用冷却风扇。该冷却系统采用风冷法,利用冷却风扇和来自车厢内部的空气冷却HV蓄电池和DC/DC转换器。HV蓄电池冷却系统由冷却风机、冷却空气流动通道、进/排气管和进行温度测量的温度传感器构成。HV蓄电池空气冷却系统组成及空气流动示意图如图7.54所示。

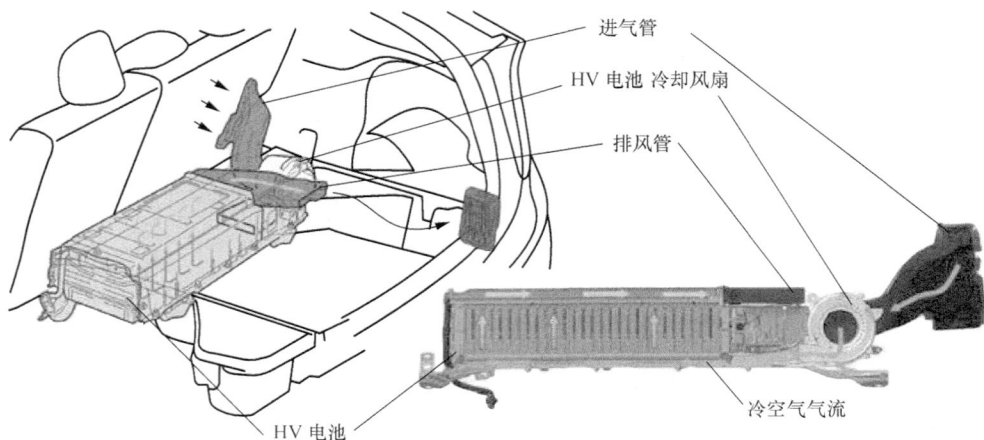

图7.54　电池空气冷却系统构成及空气流动示意图

　　车厢内部的空气通过位于后窗台板后装饰板上的进气管流入，向下流经HV蓄电池或DC/DC转换器，以降低HV蓄电池和DC/DC转换器的温度，空气通过排气管从车内排出。在电池组内和进气通道上安装有电池工作温度传感器，当电池工作温度高于设定值时，电池智能单元发出指令，通过调节冷却电动机转速以改变空气流动速度，起到保持正常工作温度的作用。

4. 维修插销

　　HV控制在系统中设计有自动和手动切断高压电装置，以防止汽车出现故障和维修时发生触电事故。图7.55所示为HV控制系统的自动和手动切断高压电的原理图。当系统中任意环节出现问题，如电源开关关断时、变频器维修变频器盖被打开时、变频器总成高压线断开时、维修插销拔下时，电源管理控制器都会停止系统主继电器动作，将高压电路切断，以防止出现意外高压电伤害事故。汽车发生碰撞时，丰田电池保护还有另一道防线，就是当探测有气囊弹出时（即发生严重碰撞），车辆会自动切断高压电源，这样就能防止车辆损坏时的漏电可能。

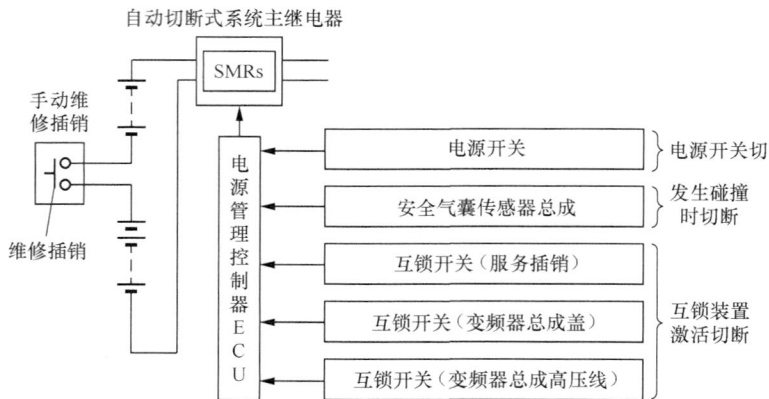

图7.55　HV控制系统高压电路自动和手动切断原理图

除了由ECU控制的高压系统自动切断功能，系统还保留了手动断开高压系统的措施。目的是在误操作情况下，人能够主动断开高压系统保障人身安全。这个任务由维修插销实现。

维修插销连接器位于HV蓄电池接线盒一侧。维修插销连接器内装有一个主保险丝，当需要对电池进行检查或更换保险丝时，需要手动断开HV电池中部的高电压电路，这样可以保证维修期间人员的安全。维修插销连接器内部包括主保险丝和互锁开关，如图7.56所示。互锁开关的作用是在进行拔插销操作时先切断系统主继电器控制电路，使用电装置脱离与电池的连接。维修插销与电池连接关系如图7.57所示。维修前需要拔下维修插销，操作步骤如图7.58所示，按箭头所示方向拉动卡框，既能打开互锁开关又能自动断开系统主继电器盒（SMR），使HV电池与其他用电系统隔离，随后拉下维修插销。但是从安全角度考虑，在拔下维修插销前一定要关闭点火开关。

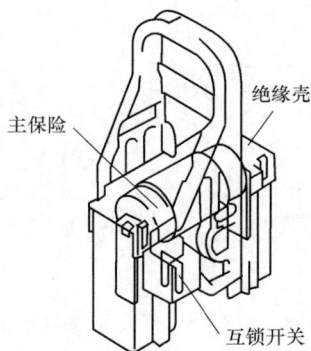

图7.56 维修插销结构图

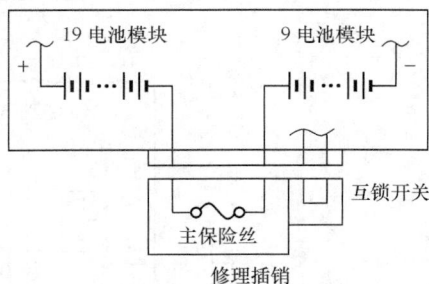

图7.57 维修插销与电池连接关系图

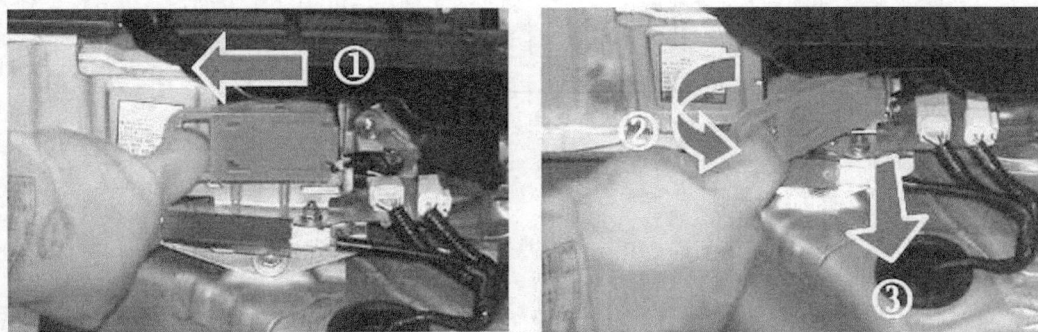

图7.58 拔下维修插销操作步骤图

5. HV接线盒总成

系统主继电器盒（SMR）集成了3个系统继电器：蓄电池系统主继电器（SMRP）、电流传感器继电器（SMRB）和系统搭铁继电器（SMRG），SMR根据来自混合动力车辆控制ECU的指令，连接或断开高压动力系统。接线盒及继电器位置如图7.59所示。继电器蓄电池电路连接关系如图7.60所示。

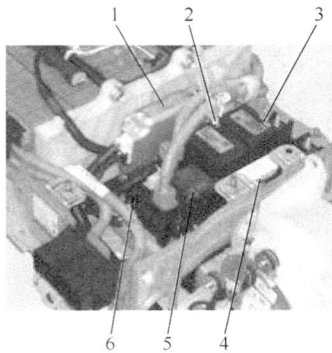

图7.59　接线盒及继电器位置

1—电池智能单元　2—电流继电器　3—电池系统主继电器
4—电阻器　5—系统搭铁继电器　6—电流传感器

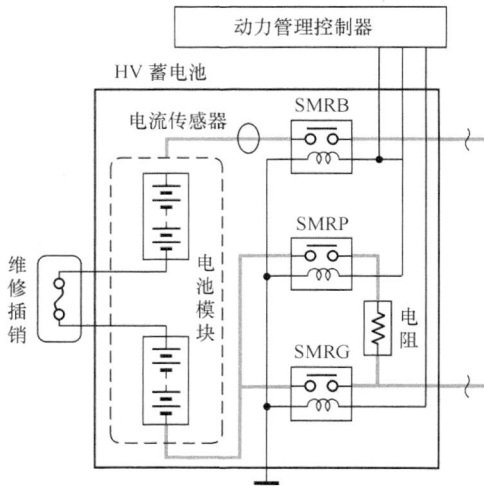

图7.60　继电器与蓄电池电路连接关系

【思考题】

1. 什么是新能源汽车能量管理系统?

2. 简述电动汽车电池管理系统的功能。

3. 简述DC/AC、AC/DC的种类及功用。

第八章
电动汽车充电技术

【学习目标】

1. 掌握电动汽车的充电方法及特点，蓄电池对充电技术的要求。
2. 理解电动汽车充电装置的结构及工作原理。
3. 了解电动汽车无线充电技术特点与发展趋势。

电动车产业的快速发展，使智能、快速的充电方式成为电动汽车充电技术发展的趋势。电动汽车充电技术的开发研究是一项巨大的工程，没有任何一个部门能够独立完成这项工程。必须依靠政府、社会组织、电动汽车厂商、电力部门、电池厂商等各方面的通力合作，才能促使电动汽车充电技术的研究与电动汽车产业化进程有序、协调地发展。

第一节 电动汽车充电设备

一、蓄电池对充电技术的要求

1. 充电快速化

相比发展前景良好的镍氢和锂离子动力蓄电池而言，传统铅酸类蓄电池有技术成熟、成本低、电池容量大、跟随负荷输出特性好和无记忆效应等优点，但同样存在着比能量低、一次充电续驶里程短的问题。因此，在目前动力电池不能直接提供更多续驶里程的情况下，如果能够实现电池充电快速化，从某种意义上也就解决了电动汽车续驶里程短这个致命弱点。

2. 充电通用化

在多种类型蓄电池、多种电压等级共存的市场背景下，用于公共场所的充电装置必须具有适应多种类型蓄电池系统和适应各种电压等级的能力，即充电系统需要具有充电广泛性，具备多种类型蓄电池的充电控制算法，可与各类电动汽车上的不同蓄电池系统实现充电特性匹配，能够针对不同的电池进行充电。因此，在电动汽车商业化的早期，就应该制定相关政策措施，规范公共场所用充电装置与电动汽车的充电接口、充电规范和接口协议等。

3. 充电智能化

制约电动汽车发展及普及的最关键问题之一，是储能电池的性能和应用水平。优化电池智能化充电方法的目标是要实现无损电池的充电，监控电池的放电状态，避免过放电现象，从而达到延长电池的使用寿命和节能的目的。

充电智能化的应用技术发展主要体现在以下几方面。

（1）优化的智能充电技术和充电机、充电站。

（2）电池电量的计算、指导和智能化管理。

（3）电池故障的自动诊断和维护技术等。

4. 电能转换高效化

电动汽车的能耗指标与其运行能源费用紧密相关。降低电动汽车的运行能耗，提高其经济性，是推动电动汽车产业化的关键因素之一。对于充电站，从电能转换效率和建造成本上考虑，应优先选择具有电能转换效率高、建造成本低等诸多优点的充电装置。

5. 充电集成化

本着子系统小型化和多功能化的要求，以及电池可靠性和稳定性要求的提高，充电系统将和电动汽车能量管理系统集成为一个整体，集成传输晶体管、电流检测和反向放电保护等功能，无需外部组件即可实现体积更小、集成化更高的充电解决方案，从而为电动汽车其余部件节约出布置空间，大大降低系统成本，并可优化充电效果，延长电池寿命。

二、传统充电技术设备

1. 充电设施

电动汽车充电设施是指为电动汽车动力电池提供电能补给的设施。根据电动汽车充电方式的不同，电动汽车充电设施可以分为充电桩、充电机和换电站3种类型。

（1）充电桩。充电桩为配置车载充电机的电动汽车提供交流常规充电电流，其外形如图8.1所示。其布点灵活、占地面积较小，可安装在停车场、居住社区等，提供常规充电服务。

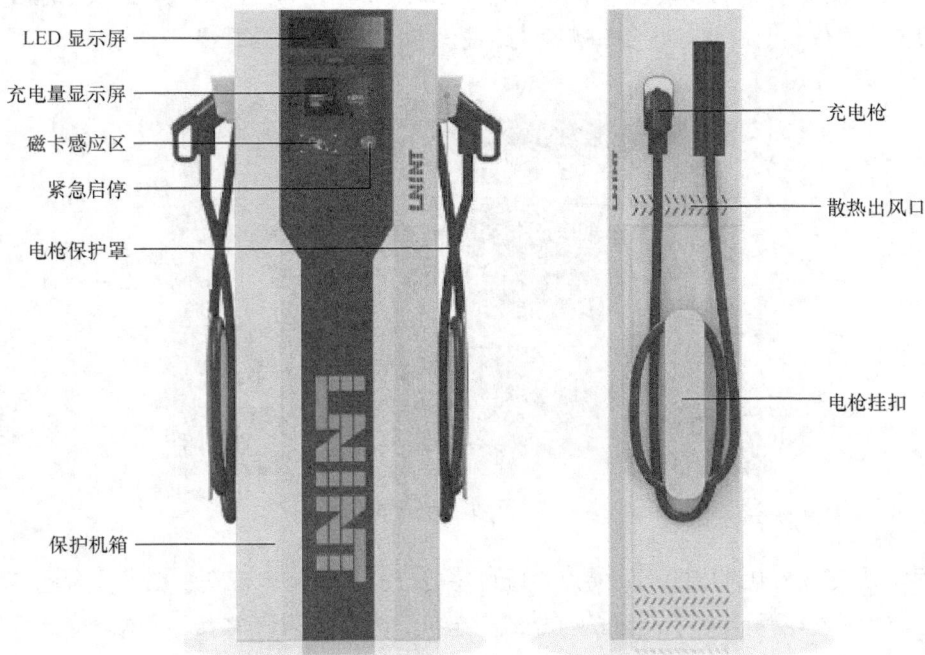

图8.1　电动汽车充电桩外形示意图

（2）充电机。充电机通常指直流充电机，对各类电动汽车提供较大的直流电流进行快速充电，设备技术要求较高，通常安装在电动汽车充电站，如图8.2所示，为各类电动汽车提供应急充电服务。

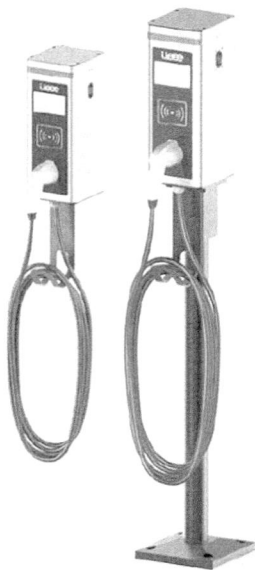

图8.2　电动汽车充电机

（3）换电站。换电站配备若干动力电池组，如图8.3所示，为电动汽车更换电池和提供电池维护服务，操作专业性强可结合车辆行驶路线、区域等情况适当配置。

图8.3　电动汽车换电站

根据电动汽车充电设施的不同特点，既可将壁挂式交流充电桩安装在街头、停车场和加油站等地，如图8.4所示安装在小区的壁挂式充电桩，方便电动汽车就近接入电网进行常规充电，也可以根据实际需求与预测建设一些电动汽车充电站，充电站中可配备一定数量的交流充电桩、直流充电机和电池组，可同时为各类电动汽车提供不同的充电服务。

2. 充电装置

对于一辆电动车来讲，蓄电池充电装置是不可缺少的子系统之一，它的功能是将电网的电能转化为电动车车载蓄电池的电能。电动汽车充电装置的分类有不同的方法。总体上可分为车载充电装置和非车载充电装置。

（1）车载充电装置。车载充电装置即将电压升降装置和整流装置安装在车内，充电时只要有合适的市电和匹配的插件即可。车载充电装置一般尽可能设计得体积小、质量轻，便于利用内部线路网络与电池管理系统乃至整个能量管理系统进行通信。充电方式是预先定义好的，不能改变，车载充电装置包括车载充电机、车载充电发电机组和运行能量回收充电装置等。它将一根带插头的交流动力电缆线直接插到电动汽车的插座中给电动汽车充电。车载充电装置通常使用结构简单、控制方便的接触式充电器，也可以是感应充电器，如图8.5所示。

图8.4 壁挂式充电桩

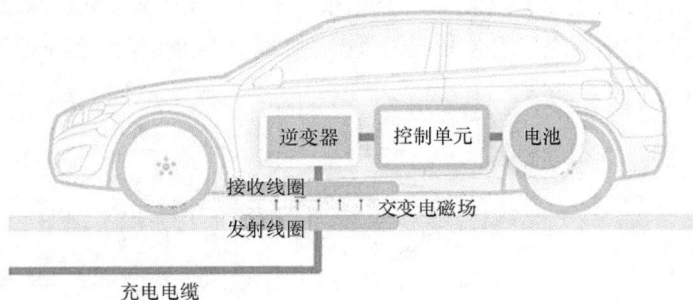

图8.5 车载感应式充电装置

带有车载充电装置的电动汽车充电时就像到公共加油站加油一样，可将充电装置设计成公共充电站，设置在合适的路口、道旁，也可以设计成家用停车位充电站。前者设备不受质量和体积的限制，充电功率大，充电时间短。后者受使用空间限制，充电功率小，充电时间长，但是使用方便。它完全按照车载蓄电池的种类进行设计，针对性较强。

（2）非车载充电装置。非车载充电装置即地面充电装置，如图8.6所示，主要包括变压器、非车载充电机、电表等。非车载充电装置适用于专用充电站、通用充电机、公共场所用充电站等。它可以满足各种电池的各种充电方式。通常非车载充电器的功率、体积和重量均比较大，以便能够适应各种充电方式。

3. 电动汽车并网充电

电动汽车的充电行为具有随机性和间隙性，会对电网造成诸多不利影响。如果能在提供方便安全的电动汽车充电服务的基础上，将充电设施与新能源发电集成接入电力系统，将在一定程度上削弱新能源接入对电力系统造成的不利影响，降低充电设施带来的负荷增量，提高可再生能源的利用率。可在新能源丰富的郊区建立电动汽车充电站，同时在市区提供电池组更换服务，通过双向运输等方式促进电动汽车和新能源发电的发展。

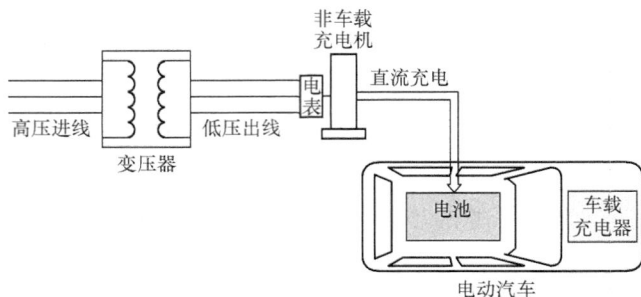

图8.6　非车载充电装置示意图

三、无线充电技术设备

无线充电系统包括4部分：供电组件、充电板、车载接收板和车载控制器。

无线充电设备中非接触变压器是核心元件，图8.7和图8.8所示为目前电动汽车的两种无接触充电方式和对应的非接触变压器结构示意图。

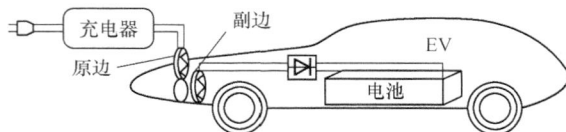

（a）插入式充电方式

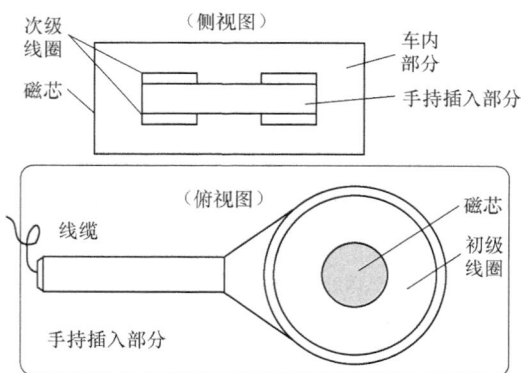

（b）SAE推荐的非接触变压器方案

图8.7　插入式充电方式及非接触变压器示意图

1. 插入式充电

图8.7所示为插入式充电方式示意图，该种方式已经应用于GM EV1车型。图8.7（b）所示为非接触型变压器，变压器原边绕组和部分磁芯（嵌在中部）作为可活动的手持部分，当手持

部分插入磁芯间隙，则构成变压器；且原边被副边绕组夹绕，实现了"非接触"和变压器的紧耦合。由于该变压器的耦合系数k高，易于实现高效率，当输出功率为1kW时，直流-直流变换效率可达到90%。该方案利用手持部分，使充电站与电动汽车无电气连接，但实际充电时变压器的原、副边仍为紧耦合，且无法实现自动或移动充电。该铁心外径超过140 mm，质量约6kg，体积重量均较大。

2. 全分离型充电

如图8.8所示，这种方式可实现自动和移动充电，是理想的非接触充电方式。静止充电用变压器的气隙通常在10～50mm，移动充电用变压器的气隙可达到150mm甚至更大。图8.8（b）所示结构的变压器的磁芯横向尺寸与气隙比值L/g越大，k越高。由于g相对较大，这种非接触变压器的k较低，变压器及变换器效率较低，一般系统效率低于70%甚至小于50%。目前可查最好的实验结果为：输出功率2kW，开关频率20kHz，L/g为5.33（L=800mm，g=150mm），系统效率为82%。

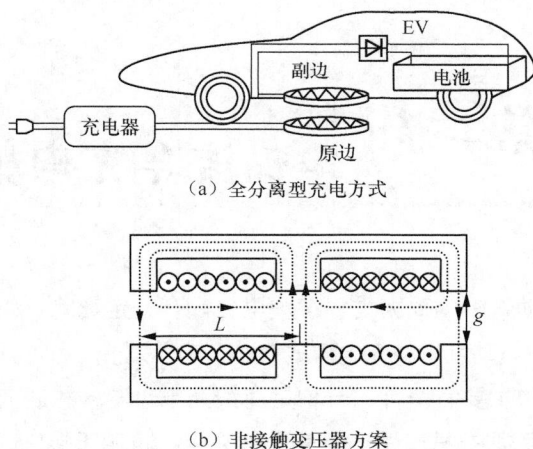

（a）全分离型充电方式

（b）非接触变压器方案

图8.8　全分离型充电方式及非接触变压器示意图

虽然补偿电路和控制策略能有效降低电路的无功损耗和开关损耗，却对提高变压器的效率无能为力。副边要输出一定功率，低耦合系数的变压器原边就需要流过较大电流，建立较强的磁场，则变压器损耗迅速增加，影响系统效率。因此，提高变压器耦合系数k，成为提高电磁感应式非接触变换器效率的关键。为了提高k，若以增大磁芯体积和重量为代价，则过大的体积重量削弱了其实用价值。如何提高变压器的k并减小其体积重量，成为电动汽车无线充电技术的研究难点。

四、充电场地的布置形式

（1）集中式充电站。即在指定区域内安排专门场地，设置20～30个充电位，以便夜间对电动汽车进行集中常规充电。为了安全起见，集中式充电站一般建有防雨棚并用栅栏隔离，如

图8.9所示。

（2）分散式充电站。在人员密集场地有限的条件下，或当小区规模较大时，可在小区的适当地方设置少量的充电机，如图8.10所示，主要用于补充充电。为了安全起见，其充电机装在铁箱子里面。

图8.9　电动汽车充电站

图8.10　分散式充电站

第二节　电动汽车充电模式

不同充电方式对电动汽车的动力性、续驶里程都有一定影响。由于电动汽车动力电池组的技术和使用特性不同，电动汽车的充电模式存在一定差别。

电动汽车的充电方法主要有两种：一种是有线充电也叫接触式充电，它主要包括标准充电、快速充电和电池更换3种方式；另一种是无线充电，也叫无接触式充电，这是一种新型的充电方式，主要利用无线电能传输技术。目前无线电能传输主要有3种形式：感应式、谐振式和微波无线电能传输。

一、接触式充电

1. 常规充电方式

常规充电是指采用小电流在较长时间内对蓄电池进行慢速充电，一般充电时间为10～12h，最长可达15h。常规充电方式通常采用恒压、恒流的传统充电方式对电动汽车进行充电。常规充电的优点：充电器和安装成本较低，便于实现车载，可充分利用电力低谷时段进行充电，降低充电成本，保证充电时段电压相对稳定，充电设施体积小可携带，便于车辆在停车场以外的地方充电。采用这种充电方式，电动汽车的续驶里程需要尽可能大，能满足车辆行驶一天的需要。如果采用规模比较大的充电站，则可以对多辆电动汽车同时充电。因此这种充电方式目前多用于城市公交车和部分家庭用汽车，充电站多分布于停车场、小区与公交车站场。

2. 快速充电方式

快速充电又称应急充电，是指以较大电流在较短时间内，为电动汽车进行充电，以满足汽车行驶需求的充电方式。蓄电池的快速充电方法通常是围绕着最佳充电曲线进行设计的，目的是使其充电曲线尽可能逼近最佳充电曲线，如图8.11所示。快速充电常用方法有脉冲式充电方法、变电流间歇充电方法、变电压变电流波浪式间歇正负零脉冲快速充电方法3种。

3. 更换电池充电方式

更换电池充电方式，是在蓄电池电量耗尽时，用充满电的电池组更换已经耗尽的电池组。这种充（换）电的方式优点是通过快速更换电池，提高了车辆的使用效率，方便用户使用；解决了充电时间长、蓄存电荷量少、电池质量差、续驶里程短等问题。但是这种充电方式同时对电池与电动汽车的标准化、电动汽车的设计改进、充电站的建设和管理以及电池的流通管理等提出了更高要求。所以，这种充电方式要求电动汽车电池组标准化，易更换；同时由于电池组快速更换专业化要求高，因而电池组快速更换方式只适用于标准充电站。

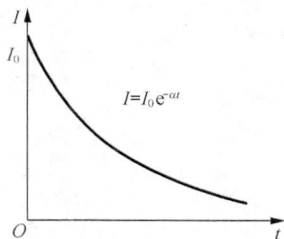

图8.11　蓄电池最佳充电曲线

I—充电电流　I_0—初始最大充电电流
α—最大接受力比　t—充电时间

$$I = I_0 e^{-\alpha t}$$

二、无接触式充电

相对于电动汽车的接触式充电而言，无接触式充电具有使用方便、安全、可靠，没有电火花和触电的危险，无积尘接触损耗，无解析磨损，没有相应的维护问题，可以适应雨雪等恶劣天气和环境等优点。另外，非接触式充电可以降低人力成本，节省空间等。

感应式无线输电是松散耦合结构，相当于可分离变压器；谐振式无线电能传输利用近场电磁共振耦合，可以实现电能中距离有效传输；微波电能传输是一种远场辐射型能量传输方式，由于其输出效率很低，且容易对人体产生危害，因此不宜用于电动汽车无线充电。

1. 感应式无线充电

感应式无线充电技术已经相继应用于手机、MP3、笔记本电脑等无线充电中，由于传输距离比较短，因此在电动汽车无线充电中应用比较少。美国工业协会将电动汽车感应充电系统按功率分为3个等级：用于应急的小功率充电器，充电功率1~3kW；中等功率充电器，功率等级5~25kW；快速充电器，功率等级75~300kW。

感应式无线充电技术已经被成功应用到一些电动汽车充电系统中。如通用汽车公司的EVI，发射系统埋在地面以下，接收线圈一般位于汽车底盘上，发射线圈与接收线圈发生感应耦合，相当于一个可分离变压器，通过线圈间的高频电磁场对电能进行无线传输，其基本结构如图8.12所示。

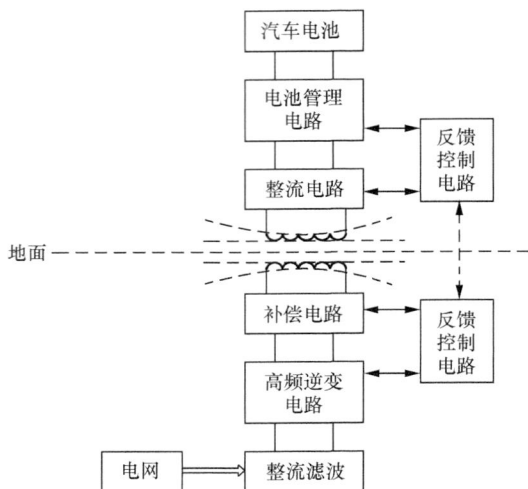

图8.12　电动汽车感应式无线充电基本结构

　　该系统的工作原理：首先来自于电网的交流电经过整流和逆变被转化为高频交流电，电流通过补偿电路到达原边发射线圈，并在线圈中产生高频电磁场，电动汽车上的接收线圈通过电磁场吸收来自原边的电能，之后再经过高频整流、电池管理电路等环节，最终给蓄电池充电。另外，可通过反馈控制使系统工作于最佳状态。

2. 谐振式无线充电

　　谐振式无线充电技术基于电磁谐振无线电能传输，其基本思想：拥有相同自谐振频率的两个线圈可以通过电磁场高效传输，而频率不同的物体基本不受磁场的影响，是一种近场非辐射电能传输技术，基本结构如图8.13所示。

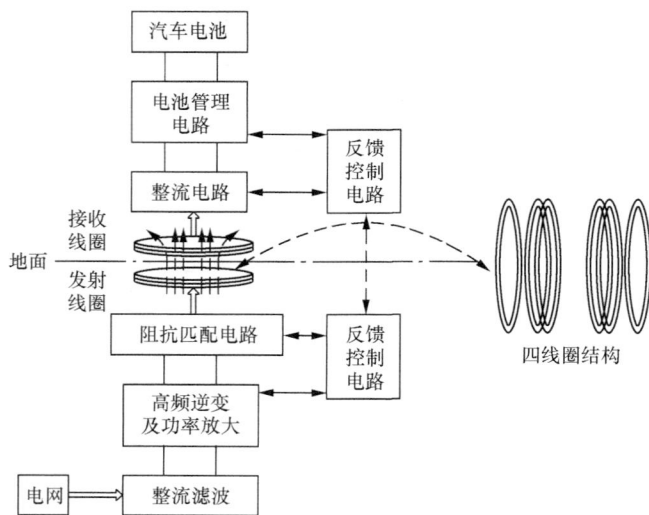

图8.13　电动汽车谐振式无线充电基本结构

其工作原理：系统从电网吸收电能，工频交流电经过整流滤波和高频逆变后产生高频交流电，再经过功率放大电路和阻抗匹配电路送至发射线圈，当发射线圈的自谐振频率与系统频率相同时，发射线圈的电流最大，产生的磁场最强；此时接收线圈若有相同的自谐振频率，则会通过磁场产生很强的耦合，从而实现电能的高效传输。接收线圈中的电能经过整流滤波和调节电路给蓄电池充电。同时整个系统通过反馈控制环节保证系统的稳定性和高效性。谐振式充电的优点是传输距离较远，对小范围位置变化不敏感，传输效率较高。缺点是易受到周围磁性物质的影响，频率相对较高，电路器件要求高，对人体健康的影响有待研究。

三、不同充放电对蓄电池续驶里程和寿命的影响

电动车中最脆弱的部件是电池，一组铅酸蓄电池的正常使用寿命为1年半左右，如果能把它的使用寿命延长30%以上，按每组电池价格6 000元计算，对电池使用维护适当时每组电池可节省费用1 500元；一组锂离子电池的正常使用寿命为5年左右，如果能把它的使用寿命延长30%以上，按每组电池价格65 000元计算，对电池使用维护适当时，每组电池可节省费用6 500元，体现出了电池维护的经济效益。蓄电池最忌过充过放、大电流放电，过充是充电问题，大电流放电是行驶中要注意的问题。

1. 过充过放

电动车使用的蓄电池严禁经常处于深放电状态，经常处于该状态将直接导致电动车行驶里程的减少和蓄电池寿命的缩短。蓄电池正确的充电法应是浅充浅放（不超过60%为好），中途进行短时间的补充充电，2个月左右进行一次深放深充（放电85%左右），进行均衡大电流充电激活，可有效延长蓄电池的使用寿命。

2. 大电流放电

在车辆的使用过程中大电流放电的罪魁祸首是急加速起动。电动机在0速度带负荷起动时电流是最大的，经测试满载时电动车起动电流超过运行电流的3～5倍，可以想象这对电池的损害是显而易见的。这么大的电流，不仅对电池是极大的损害，对控制器也是极大的考验，甚至可以说是摧残。同时，上坡也是大电流放电的主要原因，特别是运行在较长的大坡度上更要注意，应尽量避免在大坡度上急加速起动。

3. 续驶里程

其主要的影响因素是电池的容量，但在电池容量一定的条件下，续驶里程与电动车的使用关系极为密切，最理想的行驶工况是匀速，少加速。对于电动车的驾驶，需进行专门的培训，驾驶员上岗不仅需要相关的驾驶证件，还要经过电动车辆驾驶的培训，只有通过培训考核取得培训部门颁发的上岗证后方可上岗运营。驾驶电动车时，要时刻注意前方行人车辆和路况，如果行人车辆比较多、路况不好或行驶在十字路口、拐弯时，要提前松开油门滑行，因为刹一次车，至少减少行驶30m以上的动能。

四、电动汽车常用蓄电池充电过程

1. 铅酸蓄电池

铅酸蓄电池广泛采用多阶段恒流充电方式。这种方式的主要特点是充电效率高，过充电少。该种充电方式由3部分组成：主充电过程、脉冲均衡充电过程和涓流充电过程。

主充电过程又分为4步。

（1）充电率为C/6，充到冒气电压。

（2）充电电流为第一步75%，充到冒气电压。

（3）充电电流为第一步50%，充到冒气电压。

（4）充电电流为第一步25%，充电过程一直持续到电池电压在15min内不再上升为止。

当四步主充电过程完成后，电压下降到预定值2.13V时，便进入脉冲均衡充电过程。该过程充电电流大约为主充电过程第一步的25%，一直持续到电池电压在10min内没有明显的上升为止。均衡充电过程一共要重复三次，保证所有的单体电池都被充满，以延长电池的寿命。充电过程的最后阶段是涓流充电，目的是补偿蓄电池的自放电所引起的损失。涓流充电的充电率可以与均衡充电过程相同或者采用C/100的充电率，只要开路电压低于2.13V，涓流充电过程就会开始，此过程一直持续到电池电压在5min内没有明显上升为止。

2. 锂离子电池

锂离子电池比较常用的是多步恒流充电方式和多步恒压充电方式。

（1）多步恒流充电方式。在充电的初级阶段，充电电流维持在一个额定的电流值，直到电池组中单体电池的电压都达到预定电压值，每个单体电池中安装的电子控制电路就会分流充电电流，以避免可能的过充，并激活下一个充电过程。接下来的充电过程采用较小的恒流进行充电，这个过程不断重复直到充电电流减小到预定的最小值，再使用最小充电电流充电一定时间，整个充电过程结束。

（2）多步恒压充电方式。当锂离子电池电压非常低（0.5V）时，用小电流充电，充电率小于0.1C，若电压已足够高，但低于4.2V，就用恒定电流对电池充电，多数厂家会指定在这一过程中1C的电流，电池上的电压不会超过4.2V。在恒定电压期间，经过电池的电流会缓慢下降，而电池的充电继续进行。电池电压达到4.2V，充电电流降到0.1C时，电池充到80%～90%，再转变成对电池涓流充电。有两个参数在充电器中可以调整，即正常的充电电流和涓流充电电流（当电池充"满"时）。要注意的是选择充电电流要谨慎，应保持充电电流低于厂家推荐的最大值。

3. 镍镉电池

镍镉电池一般采用电压关断控制的恒流充电方式，这种充电方式效率高且简单易行。具体充电方法为：首先采用1C充电率充电，当电池单元达到预定上线1.5V时，停止充电；当电池的开路电压下降到1.36V时，充电过程重新开始，仍然采用1C充电率。此后有规律地重复这个过程，而且该过程重复的频率和每次充电持续时间逐渐减小，使蓄电池始终保持在一个浮动的100% SOC状态。

4. 镍氢电池

与镍镉电池类似，镍氢电池一般也采用恒流充电方式。由于镍氢电池对过充电比较敏感，所以对充电电流必须加以限制以避免温度过高。常用的充电方法有3种：电池电压降法或者称为零电压降法、温度控制法和温升控制法。电池电压降法根据充电时的电压降来确定充电停充点；温度控制法采用变化量为1℃/min作为停止充电条件；温升控制法以某段时间间隔内的温度变化量作为停止充电依据。相对而言，温升控制法更可靠一些，它可以清除周围环境温度的影响，并能延长电池寿命。充电停止后，可以采用C20充电率的涓流充电方式补充镍氢电池的自放电。

【思考题】

1. 电动汽车充电方法有哪些？
2. 为什么过充电或过放电对蓄电池寿命有很大影响？
3. 简述谐振式无线充电工作原理。

第九章
新能源汽车使用

【学习目标】

1. 掌握安全使用新能源汽车的注意事项。
2. 理解新能源汽车维护检修的方法。
3. 了解新能源汽车与传统燃油汽车使用维护的区别。

由于新能源汽车目前尚处于初级应用阶段，相关的维护方法及检修技术均还有待发展提高。因此，该类型汽车在日常使用过程中需要用户懂得一些基本的维护及检修方法。

第一节　新能源汽车日常维护与保养

与传统燃油汽车相同，新能源汽车在使用过程中，因为汽车工作环境复杂，避免不了受到多种因素的影响，例如，各零部件会产生不同程度的磨损、变形、松动、老化、腐蚀及损伤，从而导致汽车出现相关问题，甚至有可能危及行车安全。因此，在新能源汽车日常行驶及行驶一定里程和时间后，应对汽车进行全面的保养护理，降低机件磨损速度，减少运行故障，使汽车具有良好的使用性和可靠性，延长使用寿命，确保行车安全。

一、电动汽车

由于传统的汽车发动机经过了近百年的不断改进，其可靠性及耐久性都达到了非常高的水平。而电动汽车的电池却没有通过这么大规模、长时间以及各种工况的检验。以锂离子电池为例，对于单体锂电池过充放电都不容易控制，但电动汽车所使用的锂电池是由若干个单体锂电池串并联在一起的，如果这些单体锂电池的一致性不好，就很容易造成有的过充，有的充不满的现象，最终影响整个电池的使用寿命和成本。因此，掌握一定的电动汽车电池的日常维护方法及基本检修技术是很有必要的。

1. 电动汽车维护与保养

（1）经常用抹布蘸开水把电瓶外部擦洗一遍，将面板、柱头擦拭干净。这有助于提高电池的使用寿命。

（2）日常行车时应经常检查蓄电池盖上的小孔是否畅通。

（3）定期检查蓄电池电缆连接，查看电缆是否有松动。

（4）如果电动汽车长期不用，则每隔一个月要对蓄电池进行一次充电维护。

（5）对蓄电池充电时，要把汽车放置在通风较好的位置。

（6）电动汽车的控制检查应该在断电情况下进行，至少3个月一次。

（7）控制器各项功能出厂时已经调整好，检查时不应拆开或调整。

（8）接触器接线不得调整，断开电源后，控制器功率单元内的滤波电容要保持几分钟的放电时间。

（9）经常清洁控制器外表的灰尘和杂物，切记不能用水冲洗电器元件，可以用刷子或高压空气去尘。

2. 电动汽车电池的维护与保养

（1）车辆充电尽量浅充浅放，当电池电量接近30%时，请立刻充电，这样可以提高电池的使用寿命。

（2）电池电量接近10%时，车辆将限速9km/h。

（3）纯电动车辆在冬季低温行驶后，应及时充电，避免因长时间停驶导致动力电池温度低，造成用电浪费和充电延时。

（4）按照保养规定里程定期进行车辆保养。

（5）车辆长期停放时应保证50%～80%的电量，将12V低压电源线断开，每2～3个月至少对电池进行一次充放电，以保证电池寿命。

（6）非专业维修人员绝对不要自行拆卸、调整、安装和改装电动汽车。

二、油气混合动力汽车

油气混合动力汽车主要是在燃油汽车上加装了天然气动力装置，使汽车既能使用燃油作为燃料也可以使用天然气作为燃料。长期使用天然气作为汽车燃料会缩短发动机的使用寿命，但是只要采取一定的维护及检修方法，还是可以在一定程度上保证发动机使用寿命的。

1. 定期维护保养

（1）检查燃气装置、管线的安装情况是否可靠，与其他部件有无磨损。

（2）检查汽油油泵（汽油电磁阀）、汽油管及接头是否渗漏；接头、卡箍、管道是否可靠。

（3）检查橡胶软管有无碰擦，密封性能是否可靠。

（4）检查储气瓶高、低压管路及各接头连接处是否有泄漏（可通过是否有燃气泄漏的异味判断），安装螺栓的紧固是否可靠。

（5）检查点火系统，发电机、起动机等电器系统是否有漏电、跳火现象，如有应及时处理。

（6）保持CNG系统各部件清洁。

2. CNG汽车操作时的注意事项

（1）运行过程中。对在驾驶室内有低压指示表的汽车，应注意低压表的指示情况。平稳运行时低压表的指针应无剧烈波动。如发现异常波动，应立即停车排除故障后方可运行。如故障不能排除，则应关闭高压截止阀，用汽油运行。

（2）驾驶天然气汽车时。不要急加油门，禁止高挡低速，防止造成回火放炮，引起不必要的机件损坏。

（3）进行燃料转换。在行驶中进行燃料转换时，应做好充分准备，因为会出现燃料供给的过渡期，即发动机工作会出现转速下降或轻微停顿现象，所以要避免在交通拥挤、上下坡、转弯或视线不好的地方进行。

（4）行驶中发生CNG泄漏。要根据实际情况立即按以下程序做出应急处理：开启应急灯，紧急停车→关闭电源，切断油、气路→疏散乘客→关闭储气瓶截止阀→隔离现场→待泄漏气体扩散或扑灭火灾后，联系有资质的CNG汽车定点改装厂及有关部门到现场处理。

3．CNG汽车特殊（冬夏季）驾驶注意事项

（1）冬季驾驶的特殊要求 。

① 冬季当气温低于10℃时，对于露天停放的天然汽车可用汽油起动发动机，并且让发动机在中、低速工况运转15～30min。当发动机温度达到65℃以上时，方可切换至天然气运行。

② 在行车途中，如果感到行车无力，应当检查减压器进出气口、供气管线接头是否结冰。如结冰可用热水浇烫，切忌用火烤。

（2）夏季驾驶的特殊要求。

① 夏季气温较高时，必须注意水温表读数。

② 如果水温接近或达到发动机使用说明书中规定的上限，则应当检查发动机冷却系统工作是否正常。如不正常应首先排除冷却系统故障。

4．CNG汽车维修注意事项

（1）天然气装置产生故障时，不要自行修理，一定要到定点改装、维修厂进行修理。

（2）天然气汽车在维护作业前，应首先进行CNG专用装置的密封性检查，如有泄漏应先排除故障，在确认密封良好后方可进行其他作业。

（3）维护作业中应先关闭气瓶阀使管路内的CNG耗尽，再进行其他项目作业。

（4）需要用明火切割作业时，应撤除蓄电池、重要总成的电气元件和气瓶，或在符合安全的场地进行CNG泄压。

（5）由于空气滤清器、火花塞及电喷车上的待速马达等原发动机部件的工作状况对使用天然气有较大的影响，因此，在对两用燃料汽车的汽油系统进行定期保养时，应特别对这些部件进行检查。必要时应予以维修或更换。

（6）不要采用高压清洗设备清洗发动机舱。洗车后应将接插件中的水分吹干。

（7）驾驶室内严禁私自增加高压表。

（8）使用高级别发动机润滑油，并按时更换，及时对车辆进行保养。

第二节　安全使用新能源汽车

一、夏季注意事项

（1）雨季行车前应先做好行车前检查，主要检查雨刷器、车辆空调除雾功能是否正常。

（2）行驶速度尽量不要超过60km/h，暴雨时尽量不要行驶，时速不应超过20km/h。

（3）当雨季行驶时车辆发生故障无法行驶后，应当靠边停车摆放三角架等待救援，严禁自行维修。

（4）在泥泞路面行驶时，不要猛踩加速踏板，以免发生侧滑。

（5）请勿驶入深水中，以免发生漏电短路事故。

（6）当车辆被积水浸泡时，不要考虑继续行驶，应迅速断电并离开车内，尽量不要与车身金属接触，以免发生触电。

（7）避免高温充电。因动力电池温度特性，故车辆高速行驶后，夏季建议停放30min后，在阴凉通风处进行充电。

（8）暴雨打雷时尽量不要充电。车辆在露天或者地势较低的地方充电时，下雨后应终止充电，以免积水高度超过充电口发生短路。

（9）避免车辆暴晒。建议将车辆停放在阴凉通风处，以防车内温度过高，造成安全隐患。

二、冬季注意事项

（1）纯电动车辆在冬季低温行驶后，建议及时充电，避免因长时间停驶导致动力电池温度低，造成用电浪费和充电延时。

（2）车辆充电时，建议将车辆尽量停放于避风朝阳且温度较高的环境存放。

（3）充电时应预防雪水淋湿充电接口，更不要将充电插头直接暴露在雪水下，防止发生短路。

（4）避免因冬季气温较低导致充电异常等情况出现，建议车辆充电开启后检查车辆充电是否开启。检查充电桩充电电流，若充电电流达到12A以上，充电已开启。

三、车辆起火

车辆行驶中机舱电器起火的主要原因：电机控制器出故障元件温度失控起火、电线接头接触不良，通电时打火引燃电线绝缘层破损及动力电池内部故障起火。当车辆起火时，应按照以下步骤冷静处理起火事故。

（1）迅速停车。

（2）切断电源。

（3）取下随车灭火器。

（4）依据实际情况采用不同灭火方式。

四、拖车

（1）拖车救援。车辆在需要求援时，应首先选择专业拖车公司，不得盲目自行拖拽，以免对车辆造成不可逆损坏。

（2）如无专业拖车公司时，在保证安全的前提下，选择自行拖车时应保证车辆钥匙处于ON挡，换挡手柄置于N挡。